Sophie R. Nikolay

Danyel

Mit dem Schicksal lässt sich handeln

Impressum
© dead soft verlag, Mettingen 2013
http://www.deadsoft.de

© the author

Cover: Sophie R. Nikolay

1. Auflage
ISBN 978-3-944737-14-0 (print)
ISBN 978-3-944737-15-7 (epub)

Anmerkung der Autorin:

Die Geschichte beruht auf der Vorstellung, dass die Welt sich verändert hat, als das Schicksal sich zu erkennen gab. Alle geschichtlichen Ereignisse müssen folglich neu definiert werden.

Der Zweite Weltkrieg hat stattgefunden, doch kurz darauf erschien Danyel auf der Bildfläche. Der Fortschritt und die technische Entwicklung sind anders verlaufen, als wir es kennen. Das Leben und der Alltag sind nicht so, wie von uns gewohnt. Es gibt weder Mobiltelefone noch das Internet, folglich fallen diese als Informations- und Kontaktmöglichkeit weg.

Ein Großteil der Menschheit hat sich damit abgefunden, zu wissen, wann das eigene Leben endet. Andere wiederum nutzen es für ihre kriminelle Energie – denn kurz vor dem Tod hat eine Strafe für begangene Verbrechen keine abschreckende Wirkung mehr …

Dieses Buch zu schreiben hat mich sehr gereizt. Die Behauptung aufzustellen, das Schicksal wäre eine Person aus Fleisch und Blut, nur äußerlich gleich einem Menschen – dennoch nicht mit einer Gottheit oder Ähnlichem zu verwechseln – und mit einer Macht ausgestattet, die jegliche Vorstellungskraft sprengt. Ein sichtbares, ja greifbares Wesen, welches alles lenkt.

An dieser Stelle möchte ich noch einen Hinweis der Lektorin aufgreifen. In der Geschichte erwähne ich bewusst nicht, woher Danyel und seine Begleiter stammen. Wer sie schuf, oder was sie sind. Danyel ist weder Gott noch eine vergleichbare Person. Er ist nicht der Schöpfer. Man könnte seine Entstehung physikalisch erklären, oder aber spirituell. Ich wollte weder das eine noch das andere. Wie alles begann, darf sich jeder selbst ausmalen. Denn ich möchte keine Richtung vorgeben.

Der Einfall kam spontan und schrie nach Umsetzung. Geboren war die Idee für eine Geschichte, die nicht in eine „Normschublade" passt. Sie hat mich nicht mehr losgelassen und mich in Rekordtempo schreiben lassen. Ich hoffe, ihr fühlt euch unterhalten und habt am Lesen so viel Spaß, wie ich am Schreiben hatte! Kilian zeigte sich widerspenstig und änderte von selbst die Haarfarbe; Monja erwies sich als junge Frau, die genau weiß, was sie will und Danyel am Ende loszulassen, fiel mir unheimlich schwer … seid herzlich eingeladen, euch selbst eine Meinung zu bilden, ob das Schicksal fair oder unfair ist.

Damit kein Missverständnis aufkommt: Die Welt in dieser Geschichte ist nicht wie unsere. Die Weltbevölkerung wächst nicht so rasant wie in der Realität. Das Schicksal muss pro Stunde die Lebenszeit von ca. 7200 Neugeborenen festlegen. (Im Vergleich zur Realität: Laut aktuellen Berechnungen werden jede Stunde rund 14.400 Babys geboren.)
Wenn der Mensch zum festgesetzten Zeitpunkt stirbt, geschieht das meist im Schlaf. Das Herz hört auf zu schlagen. Anders ist es, wenn der Mensch sich selbst vergiftet, indem er Medikamente im Übermaß einnimmt, Drogen oder Alkohol konsumiert oder sich anderweitig schädigt. Auf die Folgen hat das Schicksal keinen Einfluss und die Bezeichnung ‚Schicksalsschlag' ist eine Erfindung des Menschen.

Zu guter Letzt möchte ich einigen Leuten danken:

Meiner Familie, für den Rückhalt und die Beständigkeit.

Mick, für das erneute Ausleihen der wachsamen Augen, die meine Macken finden und den ersten Entwurf gnadenlos durchforstet haben.

Danke an die Lektorin Alex, die mit einer ganzen Reihe Anmerkungen dafür gesorgt hat, dass alles ein wenig runder wurde. So hoffe ich zumindest.

Danke an Simon, für das Aufspüren der letzten Makel und Unstimmigkeiten.

Prolog

Die Welt hat sich verändert. Er hat sie verändert.

Er ist der Bestimmer über die Lebenszeit. Die Pflanzen und Tiere lassen sich leicht lenken, sodass er diesen nur wenig Aufmerksamkeit schenken muss. Ganz anders verhält es sich bei den Menschen. Danyel legt den Tag fest, an dem der natürliche Tod eintritt. Jeder Mensch auf Erden weiß, wann dieser Moment ist. Sie haben es schriftlich, überbracht von einem Boten binnen Stunden nach der Geburt. Ein nettes Willkommensgeschenk – sofern die Eltern beim Entrollen des handgroßen Pergaments erleichtert feststellen, dass er ihrem Kind mehrere Jahrzehnte des Lebens gewährt …

Danyel ist so alt wie der Planet. Langeweile ist sein steter Begleiter. Seine Entscheidungen stützt er nicht auf Menschenkenntnis, nicht auf Erfahrungswerte und auch nicht auf schwerwiegende Überlegungen. Wie viel Zeit er dem neugeborenen Menschlein schenkt, liegt allein am Zufall oder einem Spiel. Würfel, Karten oder Mikadostäbe entscheiden oftmals darüber, wie viele Jahre, Monate und Tage das neue Erdenkind am Leben bleibt.

Je mehr die Bevölkerung wuchs, umso uninteressanter wurde sie für Danyel. Die Wünsche und Träume der Sterblichen interessieren ihn nicht, dennoch liebt er es, mit ihnen über die zugeteilte Lebenszeit zu verhandeln. Dies erheitert ebenfalls seinen schnöden Alltag. Er weiß, was viele von ihnen denken: Das Schicksal ist unfair.

Die interessanteste Phase seines endlosen Daseins erlebte er, als er sich der Welt vor sieben Jahrzehnten offenbarte.

Mit Belustigung verfolgte er, wie die Religionen haltlos in sich zusammenfielen, nachdem die Menschen erkennen mussten, dass es weder Gott noch Teufel gab – keinen Himmel, keine Hölle – nur die Realität. Der Glaube starb. Denn nur das Schicksal lenkt ein jedes Wesen … und dieses trägt den Namen Danyel.

Die Entscheidung, statt im Verdeckten, vollkommen offen inmitten der Lebenden zu agieren, war eine gute gewesen. Sie schmälerte Danyels Langeweile. Zudem fand er rasch ein Domizil.

Danyel nennt die Vatikanstadt sein zu Hause, den Petersdom seinen liebsten Platz – und nichts erinnert mehr an den christlichen Hintergrund dieses Gebäudes. Dort empfängt er die Menschen, die kommen, um mit ihm zu feilschen. Einen Grund haben sie alle. Die meisten lassen sich von ihren Gefühlen leiten, andere von Vernunft und wieder andere handeln aus Berechnung. Danyel gewährt gegen einen gewissen Preis eine Änderung der Lebenszeit. Gewinner ist dabei niemals der Mensch, auch wenn der das glaubt …

Die Pergamentbögen, die gerade vor ihm lagen, trugen die Namen der kürzlich geborenen Kinder. Seine beiden Gehilfen saßen an ihrem Tisch, das kratzende Geräusch der Schreibfedern verstummte immer nur kurz, kaum wahrnehmbar. Seufzend griff Danyel zum Würfel.

Auf dem obersten Bogen stand: Monja Hein, geb. 12.01.1997

Der Würfel fiel und zeigte zwei Augen, dann vier, wieder zwei und beim letzten Wurf fünf. Danyel griff seine Feder und schrieb: 2 Jahrzehnte, 4 Jahre, 2 Monate, 5 Tage. Damit war entschieden.

Das Pergament schob er auf die andere Tischseite und nahm sich das nächste vor. Zu jeder vollen Stunde kam der Herr der Boten, sammelte die fertigen Bögen ein und reichte sie an die Überbringer weiter. Danyel wusste, die Menschen nannten seine Boten Todesengel, dabei waren sie keine Engel im altbekannten Sinne. Übermenschlich ja, aber gewiss nicht diese Figuren, wie sie im christlichen Glauben existiert hatten. Allerdings amüsierte ihn der Vergleich, vor allem, da seine Boten nicht mal Flügel besaßen.

Ein paar Bögen beschrieb er noch auf diese Weise, ließ die Augen des Würfels entscheiden. Doch die Menge, die jeden Tag anfiel, ließ nicht zu, dass er mit der Zeit zu lange spielte. Es war nur eine Ablenkung, da es ihm sonst zu eintönig erschien. Die Geburtenrate war zwar um die Hälfte gesunken, nachdem er sich der Welt offenbart hatte, dennoch kamen binnen eines Tages etwa 172.800 Menschen zur Welt. Die meisten Pergamente füllte er gedanklich aus. Die Papiere und die Schreibfedern bewegten sich von allein, nur weil er es so wollte. Aktuell führte er dreißig Federn nur mit der Kraft seines Willens. Wenn er willkürliche Zahlenfolgen diktierte, geschah das in rasender Geschwindigkeit. In diesen Momenten saß Danyel oft da, als würde er meditieren. Die Zahlen setzte er unsystematisch, Namen und Herkunft waren ihm einerlei, ebenso wie das, was er festlegte. Im Großen und Ganzen setzte er ein durchschnittliches Alter fest. Dazwischen schob er wahllos welche, die sehr jung oder sehr alt sterben würden. Eine spezielle Auswahl traf er dabei nicht.

Die Tür schwang auf und Dafour, der Herr der Boten, kam mit gerunzelter Stirn auf ihn zu.

„Du bist im Verzug, Danyel", merkte er an, ohne dass es wie eine Rüge klang. Das hätte er sich auch nicht erlauben dürfen.

„Lass das meine Sorge sein."

Dafour deutete ein Nicken an. Anschließend wies er mit der Hand auf die Kiste mit den Stapeln fertiger Lebenszeitdokumente und ließ sie auf sich zufliegen. Neben der Fähigkeit, wie Danyel die Dinge willentlich zu bewegen, war er wie die anderen Boten in der Lage, zu fliegen.

Danyel bezweifelte nicht, dass jedes dieser Pergamente zum richtigen Empfänger gelangen würde. Noch nie war Dafour ein Fehler bei der Zuteilung unterlaufen. Dass die Menschen die Dokumente ausgehändigt bekamen, war im Vergleich zum Alter der Welt eine absolute Neuigkeit.

Vorher war es einfacher gewesen. Doch die Zeit, als die Pergamente noch in hohen Regalen lagerten, lag in der Vergangenheit. Dafour war seit jeher zuständig für die Papiere und nun wurden sie eben ausgeliefert, statt in wie auch immer geordneten Fächern zu verstauben.

Mit Leichtigkeit hatte Danyel einhundert Männer ausgewählt und aus ihnen die Boten erschaffen. Für diese war es ein Geschenk, gern angenommen, und sie bewiesen ihre Loyalität und Dankbarkeit jeden Tag aufs Neue. Um die Logistik kümmerte sich Dafour und bisher lief alles reibungslos. Wie er seine Arbeit machte, war Danyel egal. Für ihn zählte nur, dass jeder Bote seine rund 720 Pergamente pro Tag ablieferte. Eine Übergabe dauerte bloß einige Sekunden – wenn sie sich Zeit ließen. Wer schnell agierte, hatte sein Pensum rasch erfüllt. Anschließend konnten sie ihre Freizeit gestalten, wie sie es wollten.

„Hat sich für heute wieder einer angekündigt?"

Dafour hielt inne. „Warum fragst du mich das jeden Tag aufs Neue? Natürlich! Du könntest zig Verhandlungen führen, wenn wir nicht auswählen würden. Das weißt du."

„Ja. Jeden Tag das Gleiche." Danyel stand auf und streckte sich.

Dafour positionierte die Kiste auf dem Rollwagen. Sie war nicht ganz voll, doch er ließ kein weiteres Wort deswegen verlauten. Stattdessen schob er die Fracht vor sich her. Danyel sah ihm nach und ließ dann einmal mehr zufrieden seinen Blick durch den großen Raum gleiten. Dafour fand es übertrieben, dass Danyel ausgerechnet eine Kirche als Domizil gewählt hatte. Aber es war ja auch nicht irgendeine. Der Petersdom, einst gefüllt mit christlichen Werten, war nun das Haus des Schicksals. Nichts war mehr so, wie es einst gewesen war …

Danyel grinste und war gespannt, wer ihm diesmal gegenüberstehen würde, um mehr Zeit zu erbitten. In der Zwischenzeit wandte er seine Aufmerksamkeit der Tier- und Pflanzenwelt zu. Deren Entwicklung gefiel ihm nicht sonderlich, doch untersagte er sich selbst, die Evolution zu beeinflussen. Das hatte er nie getan und wollte es auch nicht. Der Kreislauf der Natur war nicht seine Aufgabe, nur die Zeit.

Eins

Kilian strich über das Pergament, welches in einer Klarsichtfolie steckte. Es kam ihm vor, als würde die Zeit immer schneller vergehen. Gestern hatte er seinen vierundzwanzigsten gefeiert und wurde schmerzlich daran erinnert, dass dieser für Monja eine völlig andere Bedeutung hatte. Das Leben seiner Schwester wäre in diesem Alter fast vorbei. Monja ertappte ihn und schlug die Mappe zu.

„Denkst du schon wieder darüber nach?" In ihren Worten klang ein strafender Ton mit.

„Es fällt mir eben schwer, zu akzeptieren, dass dir nicht mehr viel Zeit bleibt."

„Mach es, wie ich. Denk einfach nicht dran", erwiderte sie leichthin.

„Ich kann es aber nicht!"

Monja sah ihn an. Der liebevolle Blick und das herzliche Lächeln auf ihren Lippen riefen Traurigkeit in ihm hervor. Er wollte und konnte nicht akzeptieren, dass er dieses Gesicht in etwas mehr als fünf Jahren nicht mehr ansehen könnte. Sie war eine Schönheit; das dunkelblonde Haar fiel leicht gelockt bis auf die Schultern, die wachen grün-grauen Augen und der sanft geschwungene Mund, die schmale Taille und eine schlanke Gestalt. Seine Prinzessin.

„Es ist noch gar nicht so lange her, da hast du mir von deinen Träumen erzählt ... sind sie es nicht wert, zu kämpfen? Damit sie in Erfüllung gehen können?"

Sie schüttelte den Kopf. „Manchmal frage ich mich, wer von uns beiden das ältere Kind ist. Man sollte meinen, dass du etwas mehr Verstand besitzt. Natürlich habe ich diesen Traum. Von einem Mann, mit dem ich alt werden kann, von Kindern und Enkeln … aber er wird nicht wahr werden. Hör auf, so traurig zu sein, großer Bruder! Genieße die Zeit, die wir haben."

Kilian schnaubte.

„Außerdem weißt du, was Mama davon hält! Wenn sie herausfindet, dass du noch immer die Entscheidung des Schicksals infrage stellst, wird sie ausflippen."

„Ich weiß. Aber ich kann nicht anders. Es geht dabei ja auch um sie. Wenn ich könnte, ich würde sofort mit dir tauschen! Ich werde sie nie zur Großmutter machen – aber ich will, dass sie ein Enkelkind in den Armen wiegen kann. Dein Kind."

Monja ließ die Schultern hängen. „Mag sein. Aber mit dieser Bürde könnte ich nicht leben. Selbst wenn du es schaffen würdest, wenn wir unsere Zeit tauschen könnten, blieben dir nur noch … zwei Monate und vier Tage übrig!"

„Dessen bin ich mir bewusst", entgegnete er ernsthaft.

„Wage es nicht!", drohte sie und ließ die Mappe in der Schublade der Anrichte verschwinden. „Ich liebe dich und deine selbstlose Art – aber ich kann nicht zulassen, dass du etwas unternimmst", erklärte sie. Anschließend drehte sie sich weg und ging in die Küche.

Kilian ließ sich auf einen Stuhl fallen, stemmte die Ellbogen auf den Esstisch und das Kinn auf die Hände. Er kannte die Einstellung seiner Mutter, die so ziemlich jeden verurteilte, der sich auf einen Handel mit dem Schicksal einließ. Sie fand, man musste eben akzeptieren, was einem gegeben war. Ohne Jammern oder Klagen und vor allem, ohne es ändern zu wollen.

Kilian würde alles dafür geben, mit Monja tauschen zu können. Schon vor Wochen hatte er eine Anfrage geschickt, weil er verhandeln wollte. Bislang war keine Antwort gekommen. Er wusste, die Chancen standen nicht sehr gut. Das Schicksal – oder besser Danyel – war dafür bekannt, nur wenigen Menschen die Möglichkeit zu geben, mit ihm über eine Änderung der Lebenszeit zu sprechen. Es wurde gemunkelt, er wäre arrogant und launisch, doch davon ließ Kilian sich nicht beirren. Er hoffte nur, die Genehmigung käme, ehe es zu spät war, um zu tauschen.

„Magst du auch einen Tee?", rief Monja ihm zu.

„Ja. Danke."

Kilian hörte sie in der Küche werkeln. Er wünschte ihr so sehr, dass sie einen Partner fand … die letzte und einzige feste Beziehung, von der er wusste, war vor einem halben Jahr in die Brüche gegangen. Monja behauptete immer, es habe nichts mit ihrer Lebenserwartung zu tun gehabt, aber das kaufte Kilian ihr nicht ab. Es war die Standardfrage – spätestens beim dritten Date: Wie alt wirst du? Je nachdem, wie die Antwort ausfiel, endete die Beziehung an diesem Punkt bereits. Kilian vermutete, dass Christian schließlich herausgefunden hatte, was wirklich auf Monjas Pergament stand …

Es klimperte an der Tür. Das untrügliche Zeichen, dass ihre Mutter nach Hause kam. Seit zwei Jahren nannte er es nicht mehr seines, doch kam er fast jeden Tag nach der Arbeit vorbei.

Als Gabriele ins Esszimmer trat, sah sie müde aus.

„Hey", grüßte Kilian sie, „du wirkst, als hättest du eine Doppelschicht gemacht."

Sie winkte ab. „Heute war die Hölle los! Als wenn am Montag nichts mehr in den Regalen wäre! Die Leute haben

gekauft wie die Irren, so schnell konnten wir gar nicht auf-
füllen."

„Hallo Mama. Für dich auch einen Tee?", schallte es aus
der Küche zu ihnen herüber.

„Das wäre lieb, Engelchen. Danke."

„Irgendwie ist es doch immer das Gleiche, wenn ein langes Wochenende bevorsteht", sagte Kilian, während er aufstand.

Sanft aber bestimmt dirigierte er seine Mutter zu einem
Stuhl. Bereitwillig setzte sie sich und Kilian knetete ihre
verspannten Schultern. Sie summte genüsslich.

„Du bist ein Schatz."

Kilian lächelte. Ihre Mutter hatte es nicht leicht. Der Job
im Supermarkt war anstrengend, aber sie brauchte ihn.
Monja steckte noch in der Ausbildung und Kilians Gehalt
reichte gerade für seinen eigenen Lebensunterhalt. Dass
seine Mama eine 45-Stunden-Woche hatte, war nur darauf
zurückzuführen, dass sein Vater keine Versicherung abge-
schlossen hatte. Die Prämie war ihm zu teuer gewesen.
Georg Hein war immer der Ansicht gewesen, die Leute von
der Versicherung wären Halunken und Gauner. Und da
jeder wüsste, wann das eigene Leben endet, könnten sie die
Versicherung sparen. Denn die zahlte nur, wenn man vor
dem vom Schicksal bestimmten Tag starb. Was den enorm
hohen Beitrag erklärte – Unfälle, Mord und Totschlag,
Krankheiten infolge von Drogen oder Alkoholmiss-
brauch ... was auch immer von Menschenhand verursacht
war, sicherte die Police ab. Von Normalverdienern war die
Police kaum zu bezahlen. Kilian schüttelte kaum merklich
mit dem Kopf, wenn er daran dachte. Sein Vater war nicht
davon ausgegangen, dass auch ihn dieses Los treffen könn-

te. Leider war dem so gewesen – bei einem Banküberfall hatte ihn ein Querschläger erwischt. Er war, wie man so schön sagte, zur falschen Zeit am falschen Ort gewesen und hatte das mit dem Leben bezahlt. Dabei wollte er nur das Geld für die Miete einzahlen.

Folglich musste ihre Mutter arbeiten gehen. Doch sie klagte nicht. Das tat sie nie. Um die Beerdigung zahlen zu können, hatte sie ihren gesamten Schmuck verkauft. Zwei Jahre war das nun her. Kurz bevor das mit seinem Vater passiert war, war Kilian zu Hause ausgezogen. Unweigerlich dachte er daran, dass sie für die nächste Beerdigung bereits sparen müsste … und er hoffte, es wäre seine.

Monja unterbrach seine Gedanken, als sie mit dem Tee ins Esszimmer kam.

„Oh je, du siehst aus, als hättest du eine anstrengende Schicht gehabt. Soll ich heute das Kochen übernehmen?"

„Nein. Das schaffe ich schon noch", schlug Gabriele das Angebot aus.

Sie tätschelte Kilian die Hände, worauf er von ihren Schultern abließ und sich neben sie setzte.

Während sie ihren Tee tranken, erzählte jeder etwas von seinem Tag. Bei Kilian war es ruhig gewesen, viele der Kollegen im Büro hatten sich schon auf das lange Wochenende eingestimmt. Ein stressfreier Tag. Die Hektik käme am Montagmorgen wieder, Kilian wusste das. Dann wäre das elektronische Postfach voll mit Mails von Kunden. Bestellungen, Reklamationen, Anfragen …

Monja hatte langweilige Stunden hinter sich, denn auf der Polizeischule, die sie besuchte, nahmen sie den ganzen Tag die Verbrechensstatistiken der vergangenen Jahre durch.

Der Professor habe so monoton gesprochen, dass sie beinahe eingeschlafen wäre.

Als sich Kilian eine halbe Stunde später verabschiedete, warf Monja ihm noch einen mahnenden Blick zu. Er wusste genau, was sie meinte – er nickte ihr zu, obwohl er von seinem Standpunkt nicht abrücken würde.

Seine kleine Wohnung lag fünfzehn Minuten Fußmarsch entfernt. Auf dem Weg dorthin hielt er ständig seine Hand in der Tasche. Darin verbarg er das Pfefferspray, das im Ernstfall sofort einsatzbereit wäre. Es gab einfach zu viele Menschen, die kurz vor dem eigenen Tod nicht vor Verbrechen zurückschreckten. Schließlich gelangte er unbehelligt vor dem Mietshaus an und sein erster Blick galt dem Briefkasten. Wie jeden Tag, seit er die Anfrage weggeschickt hatte. Rasch sah er die Umschläge durch und tatsächlich, da war er.

Der Brief, die Antwort.

Die Rune, die als Wasserzeichen durchschimmerte, verriet unmissverständlich den Absender. Nervös sputete Kilian die Stufen nach oben. In dritten Stock angekommen schloss er seine Wohnungstür auf und öffnete zitternd den Brief. Darin befand sich eine Karte, die ebenfalls von der Rune geziert wurde.

Ihre Anfrage ist bei uns eingegangen. Hiermit überstellen wir Ihnen die Genehmigung.

Ihr Termin: 08.05.2014, 15 Uhr

Diese Karte ist mitzuführen und vorzuzeigen. Gültig nur für Kilian Hein.

Mehr stand nicht darauf. Er las es drei Mal, ehe er es wirklich glaubte.

Die Frage nach dem Treffpunkt stellte sich gar nicht erst. Kilian musste dort hin, wo der Brief herkam. Nach Rom, ins Haus des Schicksals. Sein Herz klopfte ihm bis zum Hals. Die erste Hürde hatte er geschafft. Nun musste er nur noch überzeugend genug sein, um die Verhandlung in seinem Sinne abzuschließen. Seit Wochen bangte er darum, ob man ihm diese Chance geben würde. Das Geld für die Fahrt hatte er sich schon vom Mund abgespart. Ein Auto besaß er nicht und ein Flugticket überstieg bei Weitem seine finanziellen Möglichkeiten. So musste es der Zug sein, doch auch der war nicht gerade günstig.

Vier Tage noch – dann entschied sich, ob er mit seiner Schwester tauschen dürfte. Die Aufregung machte sich auch in seinem Magen bemerkbar, ein nervöses Ziehen breitete sich in seinem Bauch aus. So hatte er sich zuletzt gefühlt, als er mit siebzehn seinem Vater eingestand, dass er sich für Jungs und nicht für Mädchen interessierte. Damals hatte es ihn erstaunt, dass seine Eltern dies sehr locker aufgenommen hatten …

Kilian brauchte drei Anläufe, um die Karte zurück in den Umschlag zu schieben. Danach rief er seinen Vorgesetzten an und erklärte, er bräuchte aus familiären Gründen für den kommenden Montag und Dienstag Urlaub. Gelogen war das ja nicht. Außerdem hatte er im Büro nicht eine so gewichtige Aufgabe, sodass sie auf ihn einige Tage verzichten konnten. Er war einfach noch nicht lange genug dabei, um einen bedeutenden Posten zu haben. Nachdem das geklärt war, packte er seine Tasche und überlegte fieberhaft, was er seiner Mutter und Monja erzählen sollte.

Sonntags fuhren weniger Züge, was mehr Wartezeit bedeutete, so musste er wohl oder übel bereits am Samstag abreisen. Er hatte keine Lust, stundenlang auf den Bahnhöfen herumzuhängen, ehe er den Anschlusszug bekam. Die möglichen Verbindungen hatte er sich bereits herausgesucht, in der Hoffnung, seine Bitte würde angenommen werden. Da dies nun der Fall war, konnte er all seine Pläne in die Tat umsetzen. Was fehlte, war eine Ausrede, eine gute Tarnung ...

Erst am nächsten Morgen, während er unter der Dusche stand, fiel ihm eine brauchbare Erklärung ein, die er nutzen konnte. Er hatte schon länger keinen Freund mehr gehabt, und die letzte Affäre lag auch bereits Monate zurück. Wenn er nun einen Geliebten erfand, der mit ihm wegfahren wollte, würden Monja und seine Mutter das sicherlich glauben.

Mit einem zuversichtlichen Gefühl im Bauch trank er einen Instantkaffee und schaltete die Frühnachrichten ein. In der letzten Nacht hatte es wieder drei Raubüberfälle gegeben. Trotz der starken Präsenz von Polizei und privaten Sicherheitsunternehmen gab es noch genug Verrückte, die es wagten, einen Raubzug zu starten. Meist waren die Verbrecher kurz vor dem vom Schicksal festgelegten Sterbetag. Nach einem der Täter von vergangener Nacht wurde noch gefahndet. Kilian bezweifelte nicht, dass der in den nächsten Stunden dingfest gemacht werden könnte. Die anderen Meldungen betrafen die Wirtschaftslage, die neuesten Vorhaben der amtierenden Partei und das Wetter. Letzteres war die einzige Meldung, die Kilian als schön bezeichnete. Für das gesamte Wochenende war strahlender Sonnenschein vorausgesagt, mit steigenden Tagestemperaturen.

Der Wonnemonat Mai schien zumindest wettertechnisch seinem Namen alle Ehre zu machen. Kilian nahm das als gutes Omen.

Am späten Vormittag rief er bei seiner Mutter an. Nachdem sie sich gemeldet hatte, nahm er allen Mut zusammen und tischte ihr die Lüge auf.

„Mama, ich muss dir was erzählen. Ich hab da jemanden kennengelernt, Steve heißt er. Es ist noch ganz frisch, deshalb hab ich noch nichts gesagt."

„Das kling gut", unterbrach sie ihn, „wo ist der Haken?"

„Es gibt keinen. Steve hat mich eingeladen. Er will mit mir ein paar Tage ins Ferienhaus seiner Eltern fahren. Ich habe eben zugesagt ... also wundert euch nicht, wenn ich nicht vorbei komme." Kilian fühlte sich furchtbar. Er hörte seine Mutter leise lachen und schämte sich, weil er ihr nicht die Wahrheit sagen konnte. Doch die würde sie erst erfahren, wenn er zurück wäre. Gleich wie die Verhandlung ausgehen mochte – im Anschluss musste Kilian ihr reinen Wein einschenken.

„Ist in Ordnung. Solange für die Sicherheit gesorgt ist ... nun, ich wünsche euch viel Vergnügen. Und wenn ihr wieder da seid, musst du mir Steve vorstellen!"

„Ja, klar. Er ist ein toller Kerl. Du wirst ihn mögen", schwindelte er weiter.

„Wenn du ihn magst, werde ich das sicher auch tun."

„Ich hab dich lieb, Mama. Gibst du Monja einen Kuss von mir?"

„Mach ich. Ich hab dich auch lieb", erwiderte sie.

Kilian beendete das Gespräch und fühlte sich wie ein Betrüger. Es tat ihm weh, doch er war gezwungen, zu dieser

Lüge zu greifen. Sie würde ihn nie nach Rom fahren lassen. Von Angesicht zu Angesicht hätte er es nicht fertiggebracht, ihr diese Story auf die Nase zu binden. Das war ihm schon am Telefon schwer genug gefallen. Jetzt fühlte er sich wie ein gemeiner Schuft.

Etwas später machte er sich auf den Weg zum Bahnhof, um das Ticket für den nächsten Morgen zu kaufen. Die Kombifahrkarte und den Reiseplan mit allen Zügen, in die er umsteigen musste, bekam er binnen weniger Minuten. Die Frau am Schalter arbeitete routiniert, übertrug seine Daten aus dem Pass auf den Fahrschein und nannte ihm den Preis. Sie zog kurz eine Braue nach oben, als er ihr das Reiseziel nannte, doch sie sparte sich jeglichen Kommentar. Nachdem er gezahlt hatte, wünschte sie ihm eine angenehme Reise und blickte schon auf den nächsten Kunden, der hinter Kilian anstand.

Es blieben noch wenige Stunden, bis er losfuhr, und erneut befiel ihn Aufregung. Er konnte es kaum erwarten und doch hatte er Angst vor der Begegnung mit Danyel. Kilian wollte gar nicht darüber nachdenken, versuchte die Hoffnung zu bewahren, dass alles gut werden würde. Nicht für sich, für Monja. Schon vor Jahren hatte er für sich selbst beschlossen, dass er ihr seine Lebenszeit übertragen wollte. Es war nicht so, dass er sein eigenes Leben nicht mochte oder wertschätzte – er fand nur, sie hätte das längere Leben verdient. Ihm reichte das Wissen, dass die Seele nicht verloren war. Denn der Tod war nicht das Ende, auf jeden wartete die Wiedergeburt. Ein ewiger Kreislauf, ohne Erinnerungen an die vorigen Leben. Dieses Wissen, geteilt mit den Menschen vom Schicksal, war allerdings kein wirklicher Trost.

Die Zeit verging schneller, als ihm lieb war. Er schlief kaum, und wenn, dann wurde er von wirren Träumen geweckt. Als sein Wecker dann klingelte, fühlte er sich wie gerädert. Obendrein machten sich Kopfschmerzen bemerkbar, als er aus dem Bett stieg. Die ließen sich auch nicht von einer kalten Dusche vertreiben und es gab nur wenige Medikamente, auf die er nicht mit heftigen Nebenwirkungen reagierte, weshalb er auf eine Tablette verzichtete. Mit ziemlich schlechter Laune brach er schließlich zum Bahnhof auf.

Es wurde gerade erst hell und noch war wenig los auf der Straße. Kilian kaufte sich unterwegs einen Cappuccino und setzte seinen Weg fort. Das einzig Gute an dem nervtötenden Brummen in seinem Kopf war der Umstand, dass es keinen Raum für Nervosität ließ. Er hatte seine Sachen drei Mal kontrolliert. Pass, Fahrkarte und die Bestätigung waren sicher in der Innentasche seiner Jacke verstaut. Als er den Bahnsteig erreichte, trank er den letzten Schluck und warf den Pappbecher in den Mülleimer. Der Zug stand schon da und so stieg Kilian ein. Ihm kam der Gedanke, dass er eine Reise ins Ungewisse unternahm. Das Ziel stand zwar fest, aber mit welchem Ergebnis er zurückkehren würde, wussten allein die Sterne.

Kilian lief durch den Zug und suchte seinen reservierten Sitzplatz. Als er ihn fand, verstaute er seine Tasche und ließ sich in den Sitz fallen. In etwas mehr als zwölf Stunden wäre er in Rom. Dann musste er zusehen, dass er eine günstige Übernachtungsmöglichkeit ergatterte.

Die Minuten verstrichen und der Zug füllte sich. Als er schließlich anrollte, atmete Kilian tief durch und sagte sich selbst, dass er es schon schaffen würde. Er lehnte sich im Sitz zurück und schloss die Augen. Plötzlich wurde er unsanft angerempelt. Ein kräftig gebauter Mann in einem knapp sitzenden Anzug hatte sich neben ihn auf den Sitzplatz fallen lassen. Das hochrote Gesicht und die schnaufende Atmung ließen Kilian vermuten, dass der Mann gerannt war, um den Zug nicht zu verpassen. Als ihm unangenehmer Schweißgeruch in die Nase stieg, drehte er den Kopf zum Fenster.

‚Na das fängt ja gut an!‘, dachte er verstimmt.

So schnell die Stunden bis zur Abreise vergangen waren, umso langsamer kam ihm die Fahrt selbst vor. Er war extrem erleichtert, als sie den Bahnhof erreichten, in dem Kilian umsteigen musste. Ohne auf seinen Sitznachbarn Rücksicht zu nehmen – denn das hatte der die ganze Zeit nicht getan – zog Kilian seine Tasche hervor und verließ den Zug. Dabei wünschte er dem Ekel gedanklich eine unangenehme Weiterreise.

Das Glück schien ihm gewogen, denn als er in den Folgezug einstieg, gab es noch etliche freie Plätze. Wieder verstaute er seine Tasche und machte es sich gemütlich. Diesmal blieb er alleine auf der Zweier-Sitzbank, was ihm noch besser gefiel.

Unterwegs dachte Kilian darüber nach, wie das Schicksal wohl aussehen mochte. Er kannte nur Erzählungen und Gerüchte über Danyel, aber ein Bild hatte er noch nie gesehen. Es war untersagt, Fotos von ihm zu machen. Erstaunlicherweise hielten sich nicht nur die Medienvertreter daran, auch die Leute, die mit Danyel in Kontakt gekommen waren, taten es. Niemand prahlte mit einer Aufnahme des Schicksals … vielleicht im Verborgenen, doch darüber wollte sich Kilian nicht den Kopf zerbrechen. In seiner Vorstellung glaubte er gerne, es erwarte ihn ein weiser alter Mann mit einem weißen Rauschebart und Krückstock, doch das stimmte wohl nicht. Menschen, die Danyel gesehen hatten, berichteten von einem jung aussehenden Mann, der keine Güte besaß. Ob sie der Wahrheit entsprachen, würde sich herausstellen. Etwas Angst hatte Kilian immer noch, doch mehr als Nein sagen konnte Danyel schließlich nicht, oder? Wenn er dem Schicksal den Vorschlag unterbreitete, die Lebenszeiten einfach zu tauschen, war das keine große Bitte. Es wäre etwas anderes, wenn er für seine Schwester mehr Zeit erbat, seine eigene dafür aber nicht aufgeben wollte.

Zwei

Kilian kam planmäßig in Rom an.

Er freute sich, dass er bis zu seinem Termin noch die Gelegenheit dazu hatte, sich die Stadt anzusehen. Früher musste sie mal ein Anziehungspunkt und beliebtes Reiseziel der Katholiken gewesen sein. Kilian konnte sich nur wenig darunter vorstellen. Er gehörte zu einer Generation, die Religionen nur noch von Erzählungen kannte. In der Schule hatten sie das Thema behandelt, weil es zur Geschichte der Menschheit gehörte. Für ihn war es unvorstellbar, sein Leben mit dem Vertrauen und dem Glauben zu leben, dass über ihn eine unsichtbare Gottheit wachte. Ein Gott, der alles lenkte … und was er am schlimmsten fand, dass Kriege im Namen eines Herrn geführt wurden, den die Menschen verehrt hatten. Vielleicht war das der Grund dafür gewesen, dass Danyel sich offenbarte und damit das Leben der Menschen veränderte. War er es leid gewesen, dass die Kriege ihm seine Planungen durchkreuzten? Wie viele Menschen hatten ihr Leben gelassen, bevor der von Danyel festgelegte Tag erreicht worden war? Natürlich geschah das auch heute noch – so, wie es bei Kilians Vater passiert war – aber das hatte rein gar nichts mit religiösen Motiven zu tun. Mit Danyels Erscheinen hatte sich vieles geändert. Die Zustellung der Pergamente, zu wissen, wann das aktuelle Leben endete, um wieder ganz von vorne anzufangen … der ewige Kreislauf.

Monja hatte Kilian mal von einem Vortrag erzählt, der in der Polizeischule gehalten wurde. Ein Analytiker hatte eine Statistik aufgestellt, aus welchen Gründen Verbrechen verübt wurden. Am Häufigsten war Geld der Grund gewesen. Konnte der Mensch in seiner Lebenszeit nicht ausreichend erwirtschaften, um ein sorgenfreies und glückliches Leben zu führen, wurde der Neid irgendwann zu Hass. Kurz vor dem Lebensende brach der sich bei gestörten Persönlichkeiten Bahn, es wurden Überfälle verübt, Geld oder Wertgegenstände erbeutet. Alles mit dem Wissen, man habe ja doch nichts mehr zu verlieren. Haftstrafen besaßen bei diesen Menschen keine abschreckende Wirkung mehr.

Ein weiterer Grund war das Streben nach Macht. Kontrahenten wurden eiskalt aus dem Weg geräumt und Kilian verstand nicht, weshalb sich Danyel da heraushielt. Als der Herr über Leben und Tod, der jedem sozusagen die Uhr programmierte, müsste er doch aufgebracht sein, wenn ein Mensch sich über seinen Plan hinwegsetzte und aus niederen Beweggründen einem anderen Menschen das Leben nahm. Kilian hatte schon oft darüber nachgedacht und kam zu dem Schluss, dass es dem Schicksal egal sein musste. Wen es nicht kümmerte, dass Eltern ihr Kind begraben mussten, dem war auch Mord und Totschlag kein Dorn im Auge.

Kilian verließ das Bahnhofsgebäude und sah ein paar Schritte entfernt einen großen Stadtplan in einem Schaukasten. Leider hatte er die Größe der Stadt unterschätzt. Andererseits bedeutete es, dass unzählige Hotels, Pensionen und Gästezimmer um die Gunst der Touristen buhlten. Die Stadt war ein Magnet und das nicht nur, weil das Schicksal hier residierte. Rom war Geschichte pur, was viele Leute anlockte. Kilian studierte den Plan und nahm sich vor, in Richtung des Tibers zu gehen, denn das Gelände der ehemaligen Vatikanstadt lag auf der anderen Seite des Flusses.

Sein Weg führte ihn an hohen Häusern vorbei, wie sie typisch für große Städte waren. Den Stil der italienischen Bauten fand er im Vergleich zu Deutschland allerdings schöner. Was ihn verwunderte, war die eigenartige Fahrweise der Einheimischen. Kilian glaubte fast, wenn die Hupe von Auto oder Motorroller defekt war, müsste das Fahrzeug entsorgt werden. Überall um ihn herum tutete es und die hektische, chaotische Fahrweise veranlasste ihn dazu, nur an einer Fußgängerampel die Straße zu überqueren. Alles andere wäre lebensmüde …

Nach dem dritten Bed & Breakfast Hotel, das er ansteuerte, wollte er schon aufgeben. Sie waren für ihn zu teuer. Dabei hatte er nur bei denen gefragt, die unscheinbar wirkten. Die Unterkünfte, die gepflegt und mit Leuchtreklame auf sich aufmerksam machten, ignorierte er. Er hatte schon ein gutes Stück hinter sich gebracht und hoffte, noch vor Einbruch der Nacht einen Schlafplatz zu finden. In dieser riesigen Stadt musste es doch irgendwo ein Bett geben, das er sich leisten konnte.

Einer spontanen Eingebung folgend, lief er in eine schmale Seitenstraße. Kilian schätzte, dass er inzwischen anderthalb Kilometer zurückgelegt haben musste. Eine Trattoria zog seinen Blick auf sich. Das Lokal wirkte gemütlich und Kilian hoffte, dass sie ihm dort für einen Teller Pasta nicht ein Vermögen abknöpfen würden.

Schon als er eintrat, roch es köstlich und sein Magen knurrte. Die rustikale Einrichtung sorgte für ein besonderes Flair – alt, urig und sehr einladend. Er setzte sich auf eine

Bank, auf der statt Kissen Felle lagen. Der Tisch vor ihm sah aus, als wäre er einhundert Jahre alt.

‚Der muss schon eine Menge erlebt haben!‘, dachte er und lehnte sich erschöpft zurück. Eine kleine Pause konnte er gut gebrauchen.

Eine Frau mittleren Alters kam auf ihn zu. „Buonasera!"

Kilian nickte ihr zu und erwiderte den Gruß. Als sie ihn etwas fragte und er sie nicht verstand, machte er das mit einer Geste deutlich und sagte: „No italiano." Er zeigte auf sich selbst, dann auf sie. „Deutsch oder Englisch?"

„Sì", sagte sie lächelnd, deutete auf sich selbst und ergänzte: „Non posso."

Kilian bediente sich erneut einer Geste, indem er ratlos mit den Schultern zuckte. Anschließend tat er so, als würde er etwas trinken und etwas essen. Die Italienerin lachte. Sie griff zum Nachbartisch und hielt Kilian die Karte hin. Auch wenn er kein Italienisch beherrschte, ging er doch davon aus, dass er zumindest einen Teil des Geschriebenen verstand.

Das tat er auch. Der Belag der Pizzen ließ sich nicht enträtseln. Mit der Pasta konnte er schon mehr anfangen. Die Getränkeliste war auch nicht allzu schwierig, das meiste war ihm bekannt, weil es Marken waren, die es auch in Deutschland gab. Die Preise überraschten ihn etwas, denn er hatte mit mehr gerechnet.

Als die Bedienung wiederkam, bestellte er sich die Spaghetti Bolognese und ein Pellegrino. Sie nickte bestätigend und verschwand im hinteren Bereich des Lokals.

Kilian war nicht der einzige Gast. An der windschiefen Theke saßen zwei ältere Herren, die nicht nur mit Worten, sondern mit ausladender Gestik diskutierten. An einem

Tisch weiter hinten saß ein junges Pärchen, das sich leise unterhielt.

≋

Danyel ließ den Blick über die langen und ebenso hohen Regale wandern. Dafour sortierte gerade die jüngsten Lebenszeitdokumente nach seinem ganz eigenen Schema ein.

„Das hier wird sich ändern", eröffnete er.

Dafour sah ihn fragend an.

„All das. Ich habe beschlossen, die Menschen mit der Tatsache zu konfrontieren, dass nur ich über ihre Zeit entscheide. Hast du gehört, dass sie alle schrecklichen Ereignisse mir zuschreiben? Einen Schicksalsschlag nennen sie das! Dabei bin nicht ich es, der die Lebenszeit willkürlich ändert. Sie selbst sind es. Es ist an der Zeit, dass sie das begreifen. All diese Kriege, Mord und Totschlag, die Verbrechen gegen den eigenen Körper, wenn sie zu Drogen greifen … Mir reicht es!" Er klang überaus herrisch, als er das sagte.

Dafour räusperte sich. „Entschuldige bitte, wenn ich das frage: Aber warum?"

Danyel zuckte mit den Schultern. „Weil wir unser Dasein schon viel zu lange im Verborgenen führen. Du bist meine rechte Hand, der Verwalter der Pergamente. Ich habe beschlossen, dir Boten an die Seite zu stellen und jedem Menschen sein Pergament auszuhändigen."

„Das ist eine deutliche Änderung."

„Ja. Und sie ist nötig. Die wenigen Menschen, die in meinem Dienst stehen und dennoch nicht wissen, wer oder was ich bin, mich für einen zurückgezogen lebenden Adeligen halten … die Menschen, vor denen ich Pajlin und Teghre verstecken muss … die Menschen, die dich nicht sehen dürfen. Das muss ein Ende haben. Ich bin das Schicksal und jeder soll es wissen!"

„Ich stelle deine Entscheidungen nicht infrage. Das weißt du. Also, wann gedenkst du, dich zu offenbaren?“

„In einer Woche. Wenn du hier fertig bist, kommst du zu mir rüber. Es gibt einiges zu regeln, trotzdem müssen die Pergamente ausgefüllt werden.“

„Ja, Danyel.“ Dafour nickte ihm zu und griff den nächsten Stapel Papiere, den er einsortierte.

Danyel überließ ihn seiner Arbeit und lief zurück in den großen Saal des Anwesens, den nur er betreten durfte. Keiner der Menschen, die als Angestellte im Haus arbeiteten, hatte dort Zutritt.

Zur Sicherheit, falls sich doch jemand nicht an das Verbot hielt, befand sich ein Sichtschutz mitten im Raum, der den Schreibtisch von Pajlin und Teghre vor Blicken von der Tür schützte. Er umrundete diesen und sah den beiden beim Schreiben zu.

Er liebte es, sie anzusehen. Überhaupt waren sie die einzigen Geschöpfe, zu denen er eine derart tiefe Verbundenheit spürte. Er liebte sie wie seine Kinder, obgleich er keine hatte. Er liebte sie wie Bruder und Schwester, obwohl sie dies nicht waren. Er liebte sie so sehr, wie sich selbst. Sie waren seine Augen, seine Ratgeber und doch Teile seiner Selbst.

Trotzdem vermochten sie es nicht, sein Gefühl der Isolation und Einsamkeit zu vertreiben. Ja, es wurde wirklich Zeit, dass er sich unter das Volk mischte – wenn auch nur im übertragenen Sinne.

〰

Als Kilian zahlte, gab er trotz seiner schwachen Finanzen ein Trinkgeld, zumal das Essen nicht teuer gewesen war. Die Spaghetti hatten hervorragend geschmeckt und die Portion war riesig. Kilian fühlte sich pappsatt und obendrein hundemüde. Ihm fehlte aber weiterhin eine Übernachtungsmöglichkeit.

Es dämmerte, als er auf die Straße trat. Er atmete tief durch und rieb sich mit den Händen über das Gesicht. Entgegen seinem Vorsatz, ein möglichst günstiges Bett zu bekommen, nahm er sich vor, das nächstbeste zu nehmen. Er musste unbedingt schlafen!

Er sah sich um und entschied, noch tiefer in die Seitenstraße hinein zu laufen. Nach dreihundert Metern fand er, was er suchte. Ein verblichenes Schild an einer Hauswand bewarb die Unterkunft:

Maria's B&B

Kilian zögerte nicht. Die Tür war unverschlossen und als er hineinging, klingelte es leise. Eine blonde Frau kam um die Ecke und grüßte ihn. Kilian schätzte sie auf Mitte bis Ende dreißig.

„Buonasera – no italiano", erwiderte er und sah sie entschuldigend an.

„Deutsch?", fragte sie zu seinem Erstaunen, was er bejahte.

„Das habe ich mir gedacht. Entschuldige, wenn ich das so sage, aber du siehst nicht gerade aus, wie ein Italiener. Ich bin Maria, willkommen in meinem kleinen Haus."

Kilian lachte. „Ich bin ja auch keiner! Was bin ich froh, dass Sie Deutsch sprechen", gab er zu.

„Ich bin in Deutschland aufgewachsen. Ich nehme an, du brauchst ein Zimmer?"

„Ja, wie sind Sie nur darauf gekommen?", sagte er übertrieben. Nicht, weil er sie veralbern wollte, sondern weil sie ihm sympathisch war.

Sie lachte. „Wie lange?"

„Das kommt drauf an, was mich das kostet."

Maria musterte ihn von oben bis unten. Anschließend deutete sie auf den Durchgang, aus dem sie gekommen war.

„Komm doch erst mal richtig rein. Wir werden uns schon einig", bot sie an.

Kilian ging ihr nach. Im Grunde war es egal, was er zahlen musste. Zur Not würde er einfach sein Konto überziehen. Wenn alles glattging, brauchte er bald kein Geld mehr und wenn für den Vermieter seiner Wohnung nichts mehr übrig blieb, tat ihm das zwar leid, aber er nahm es in Kauf.

Der Raum, in den sie ihn führte, war eine Mischung aus Büro und Wohnzimmer. Die bunt zusammengewürfelte Einrichtung passte vorne und hinten nicht, sah trotzdem nett aus. Ähnlich, wie in der Trattoria – es hatte seinen Charme.

„Setz dich. Möchtest du etwas trinken?"

„Danke, nein." Kilian setzte sich auf einen Hocker und stellte seine Tasche neben den Füßen ab.

„Du hast nicht viel bei dir, also schließe ich daraus, dass du nicht lange bleiben willst."

„Stimmt. Montag, vielleicht auch bis Dienstag."

Maria zog sich einen Stuhl herbei und setzte sich ihm gegenüber. Im Licht der Strahler erkannte er, dass ihre Haare gefärbt waren. Der dunkle Ansatz, den er im Flur nicht erkannt hatte, ließ ihn ahnen, dass ihre Wurzeln hier in Italien lagen.

„Also junger Mann, was führt dich nach Rom? Die Kunst? Die Geschichte oder bist du wegen dem gekommen, der sich Danyel nennt?"

Kilian versuchte zu lächeln, es gelang ihm aber nicht richtig. Maria war neugierig und er verstand nicht, was diese Frage mit dem Zimmerpreis zu tun hatte. Er war schon immer ein Mensch gewesen, der die Ehrlichkeit bevorzugte, also sagte er die Wahrheit.

„Ich bin hier, um mit dem Schicksal zu verhandeln."

Maria nickte leicht. Ihre Miene ließ nicht erkennen, was sie dachte. Sie saß gerade auf dem Stuhl, die schlanken Beine übereinandergeschlagen, und die Hände über den Schenkeln gefaltet.

„Darf ich dir einen Rat geben? Danyel schert sich nicht um menschliche Gefühle. Ich habe einige Leute kennengelernt, die bei ihm waren."

„Dann hoffe ich, dass er gut gelaunt ist", erwiderte Kilian. Er wollte die Hoffnung nicht aufgeben.

„Um wen geht es? Ich will nicht aufdringlich sein, oder so. Du musst also nicht antworten."

Kilian dachte einen Moment nach. Er kannte die Frau nicht, hatte sie nie zuvor gesehen. Sollte er ihr wirklich reinen Wein einschenken? Andererseits hatte er, außer mit Monja, mit niemandem über sein Vorhaben gesprochen …

Er holte tief Luft und dann sprudelte alles aus ihm heraus. „Ich will erreichen, dass Danyel die Lebenszeit von mir und meiner Schwester tauscht. Sie wünscht sich einen Partner und Kinder. Aber dafür reicht ihre Zeit nicht mehr. Wenn ich mit ihr tausche, kann sie unsere Mutter zur Großmutter machen. Sie ist allein. Unser Vater starb bei einem Überfall. Monja soll die Chance haben, dass ihre Träume in Erfüllung gehen. Weder sie – noch unsere Mutter – weiß, dass ich hier bin. Monja will den Tausch nicht und meine Mutter verurteilt alle, die zu Danyel gehen, um zu verhandeln. Sie sagt, man muss sich mit dem abfinden, was man hat."

Maria sah ihn schweigend an. Kilian kam sich vor, wie unter Beobachtung – als hätte er etwas Falsches getan. Schließlich räusperte sie sich.

„Das ist sehr selbstlos. Du musst deine Schwester sehr lieben, wenn du an ihrer Stelle jung sterben willst."

Kilian presste die Lippen aufeinander und nickte. Monja musste weiterleben, lange leben.

„Du hast gefragt, was das Zimmer kostet. Ich biete dir ein Einzelzimmer, klein aber sauber – fünfundvierzig Mäuse für zwei Nächte und einem kleinen Frühstück. Wenn du ausgeschlafen hast, reden wir weiter. Einverstanden?"

Kilian blinzelte. Träumte er schon? Das war ja ein Schnäppchen!

„Ja klar", sagte er zu.

Maria stand auf. „Komm mit, ich zeig's dir … bevor du mir hier einschläfst."

Machte er wirklich einen so erschlagenen Eindruck? Anscheinend. Und nicht weiter verwunderlich. Wenn er nach seinem Gefühl ging, könnte er glatt im Sitzen schlafen.

Maria führte ihn die Treppe hinauf. Im ersten Stock lief sie durch den Flur, öffnete die hinterste Tür und schaltete das Licht ein.

„Wie gesagt, klein, aber sauber. Das Bad ist gleich nebenan."

Kilian ging an ihr vorbei und war zufrieden. Wirklich klein – ein Einzelbett, eine Nachtkommode und ein Regal – mehr hätte auch nicht hineingepasst. Der wenige Platz dazwischen reichte aus, um sich zu bewegen. Aber er wollte hier ja nicht turnen, sondern bloß schlafen. Und das Bett sah verlockend gemütlich aus!

„Ich nehme es. Soll ich direkt zahlen?"

„Nein. Wir machen das Morgen. Ich glaube kaum, dass du davonläufst."

„Vielen Dank." Kilian stellte seine Tasche ab und sah ihr nach. Als sie am Treppenabsatz verschwand, schloss er die Tür und drehte den Schlüssel herum.

Er zog sich bis auf die Boxershorts aus und ließ die Sachen achtlos zu Boden fallen. Anschließend machte er das Licht aus, von draußen wurde der kleine Raum noch gerade soweit erhellt, dass er das Bett sehen konnte. Als er hineinkrabbelte, stieg ihm der Duft nach frischer Wäsche in die Nase. Wohlig seufzend schloss er die Augen. Er hatte nicht mal einen Gedanken daran verschwendet, noch die Zähne zu putzen.

Drei

Kilian schreckte auf. Um ihn herum war es stockfinster. Sein Herz raste und er zitterte. Nur langsam registrierte er, wo er war.

„Es war nur ein Traum!', dachte er erleichtert und sank zurück auf das Kissen. Die Gewissheit half jedoch auch nicht, seinen Herzschlag zu beruhigen. Er war im Haus des Schicksals gewesen …

Schon als er eintrat, schlug ihm muffiger Geruch entgegen. Alt, abgestanden, widerlich. Ein gebückt laufender alter Mann im Frack kam auf ihn zu und verlangte die Karte zu sehen. Kilian zeigte sie ihm, worauf der Alte ihn anwies, immer weiter zu gehen.

Nervös war er durch die große Halle gelaufen. Die christlichen Reliquien lagen zerschlagen herum, die wunderschönen Malereien waren mit schwarzen Schlieren überzogen – beschmiert, zerstört. Kilian bedauerte das, er hatte Bilder von diesen Kunstschätzen gesehen, und auch wenn sie zu einer ausgestorbenen Religion gehörten, war es ein Verlust.

Seine Schritte hallten, als er über den marmornen Boden lief. Es schien niemand sonst da zu sein. Es war unheimlich. Zu still.

Als er etwa die Hälfte durchquert hatte, tauchte am anderen Ende eine schwarz gekleidete Gestalt in seinem Blickfeld auf. Diese schien ihn heranzuwinken. Beim Näherkommen erkannte Kilian, dass es ein Mann war. Hoch gewachsen und von eher hagerer Statur.

Er zitterte vor Aufregung und schritt weiter auf den Mann zu, der als das Schicksal bekannt war und sich Danyel nannte. Kilian zweifelte nicht, dass er es war. Dieser betrachtete ihn, wie ein Raubtier auf Beutezug. Seine Mimik ängstigte Kilian und er versuchte, es sich nicht anmerken zu lassen. Je näher er kam, umso deutlicher erkannte er den Ausdruck auf dem Gesicht. Verachtung.

Dann trennten sie nur noch fünf Meter.

„Knie nieder!"

Der Befehl ging Kilian durch Mark und Bein. Hart ausgesprochene Worte, in denen nichts als Kälte lag. Er ließ sich auf die Knie sinken. Hoffend, dass Gehorsam belohnt würde.

„Weshalb bist du gekommen?" Der Blick aus den dunklen, fast schwarzen Augen, schien sich in ihn zu bohren.

„Um mit dem Schicksal zu verhandeln", erwiderte Kilian.

„Ich höre."

Kilian straffte sich und wandte den Blick nicht ab, auch wenn ihm noch so unbehaglich zumute war. „Ich möchte mit meiner Schwester die Lebenszeit tauschen."

„Warum?"

„Damit sie diejenige ist, die lange lebt und ich an ihrer Stelle jung sterbe."

Danyel lachte laut auf. Doch es hatte nichts Fröhliches an sich. Das Schicksal beantwortete seine Aussage mit höhnischem Gelächter und es erstarb so plötzlich, wie es begonnen hatte.

„Weshalb solltest du das tun? Weshalb sollte ich das gewähren? Ein jeder lebt so lange, wie es bei der Geburt festgeschrieben wird – sofern ihr es nicht selbst verbockt. Was hast du mir zu bieten?"

„Ich besitze nicht viel. Und ich bitte um einen einfachen Tausch ..."

„Auch ein einfacher Tausch ist nicht umsonst!", donnerte Danyel dazwischen. „Ich will kein Geld, keinen Besitz." Langsam schritt er auf Kilian zu, blieb dicht vor ihm stehen und ging dann in die Hocke.

Kilian hielt vor Angst die Luft an. Aus der Nähe in die schwarzen Augen zu blicken erschien ihm, als würde er in einen Abgrund gesogen.

„Bitte abgelehnt", zischte er und erhob sich. Mit großen Schritten
eilte er davon.

„Aber ...!", rief Kilian ihm nach.

Danyel drehte sich um. Kilian glaubte, wenn Blicke töten könnten,
wäre er auf der Stelle tot umgefallen.

„Du wagst es? Geh mir aus den Augen, du Wurm! Ihr Menschen
seid nichts als jammernde Kreaturen, die nicht zufrieden sind mit dem,
was sie haben!"

Kilian blieben die Worte im Hals stecken. Was sollte er jetzt auch
noch sagen?

Starr vor Enttäuschung kniete er auf dem harten Boden und be-
merkte erst, als es zu spät war, dass Danyel umgekehrt war. Ein
schwarzer Stiefel schoss auf seinen Brustkorb zu ...

In diesem Moment war er aufgeschreckt und in die Wirk-
lichkeit zurückgekehrt. Die Angst, dass dieser Albtraum ein
schlechtes Omen wäre, ließ sich nicht vertreiben. Doch er
wollte und durfte die Hoffnung nicht aufgeben, dass die
Verhandlung erfolgreich verlaufen würde.

An Schlaf war nun nicht mehr zu denken. Bis zur Dämmerung wälzte er sich unruhig hin und her. Ob es nun Marias Worte gewesen waren, oder seine eigene Fantasie, die
mit ihm durchging, spielte kaum eine Rolle. Die Bilder in
seinem Kopf ließen sich nicht mehr verjagen. Schließlich
fiel er doch wieder in den Schlaf. Diesmal traumlos.

Warme Sonnenstrahlen kitzelten ihn wach. Kilian streckte
sich und im Tageslicht erschien ihm der schräge Traum gar
nicht mehr so beängstigend. Eher wie ein gruseliges Abbild
seiner Furcht, es könnte etwas schief gehen. Es mochte
zutreffen, dass dem Schicksal menschliche Gefühle fremd

waren. Dennoch glaubte er, überzeugend genug auftreten zu können, dass der Tausch vollzogen würde.

Was Maria als selbstlos bezeichnet hatte, nannte er eher egoistisch. Und feige. Er konnte sich nicht vorstellen, sein Leben ohne seine Schwester zu führen. Wenn Monja starb, würde er auch sterben – innerlich. So ging er lieber den Handel ein, verzichtete auf sein eigenes Leben, damit seine Schwester ein längeres haben könnte. Er war sich bewusst, dass Monja wütend, unglücklich und enttäuscht reagieren würde. Und doch war Kilian sicher, dass sie ihre große Liebe fände, dass sie Kinder bekäme und schließlich glücklich wäre. Irgendwann könnte sie akzeptieren, was er getan hatte und mit einem Lächeln auf den Lippen an ihn denken. Was ihre Mutter anging … na ja, da war er sich sicher, dass sie nicht nur wütend, sondern stinksauer wäre. Aber damit kam er klar.

Er schwang sich aus dem Bett und stellte mit Erstaunen fest, dass es fast schon Mittag war. Frühstück konnte er demnach vergessen …

Nach einer Dusche und mit frischen Sachen am Leib fühlte er sich gleich, wie ein neuer Mensch. Sein Gepäck ließ er im Zimmer, schloss ab und lief die Treppe hinunter.

„Hallo? Maria? Sind Sie da?", rief er.

„Hier!", schallte es aus dem Büro-Wohnzimmer.

Kilian schob die angelehnte Tür auf. „Entschuldigung."

„Für was? Weil du geschlafen hast, wie ein Murmeltier?"

Er zuckte mit den Schultern. Es war eigenartig, aber es machte ihm nichts aus, dass sie ihn duzte.

„Hunger? Ich mache dir ein spätes Frühstück. Ach, meine Tochter kommt um zwei – sie macht Stadtführungen, wenn du willst, kannst du mitgehen und dir das schöne ‚Roma‘ ansehen“, bot sie an. Das leichte Zwinkern dabei war ihm nicht entgangen.

„Ähm!“, Kilian war perplex. Damit hatte er nun wirklich nicht gerechnet.

Maria kam hinter dem Schreibtisch hervor. „Nun setz dich, ich bringe dir was.“

„Danke“, brachte er hervor und fragte sich, ob das alles eine glückliche Fügung war.

Maria war ein Mensch, den man früher vermutlich als einen Engel bezeichnet hatte. So viel Herzlichkeit war Kilian selten begegnet. Wenn er sie mit Märchenfiguren vergleichen sollte, wäre sie so etwas wie eine gute Fee.

Das Frühstück entpuppte sich als kalt-warmes Mittagessen und während er aß, unterhielten sie sich über belanglose Dinge. Die Zeit verstrich und weder Maria noch er selbst lenkte das Gespräch auf Kilians Vorhaben. Das Angebot mit der Stadtführung schlug er aus. Viel lieber wollte er sich einen Teil der Sehenswürdigkeiten im Alleingang ansehen. Dann war er nicht auf das Tempo anderer Leute angewiesen.

Bevor er aufbrach, bezahlte er bei Maria das Zimmer für die zwei Nächte. Eine dritte Nacht hielt sie frei, falls er am Montagnachmittag noch nicht abreisen würde und weil im Moment sowieso nicht viel los war.

♒

Danyel saß grübelnd auf seinem Stuhl. Die täglichen Verhandlungen mit den Menschen begannen ihn wütend zu machen. Sie kamen und wollten alle das Gleiche. Mehr. Sicherlich hatte er davon gut profitiert. Sein Domizil war ein Zeugnis davon. Er bekam, was er wollte und zahlte mit Zeit. Er hatte sich nach Abwechslung gesehnt und bereute den Schritt der Offenbarung nicht. Doch wirklich genützt hatte ihm das nicht. Es war alles, wie zuvor. Er war umgeben von Pajlin, Teghre und Dafour – seine treuen Begleiter vom Anbeginn der Zeit – den Boten, ein paar Angestellten. Allein war er trotzdem. Es gab nichts, was sein Interesse lockte. Es war ihm einerlei, was die Menschen mit der gewonnenen Zeit anstellten.

Einer seiner Gründe, sich zu offenbaren, hatte in der Hoffnung bestanden, dass sich die Menschen ändern würden. Sie hatten es nicht getan. Die Natur wurde von vielen mit Füßen getreten. Und er mischte sich nicht ein. Hatte er noch nie getan. Es war nicht seine Aufgabe, die Entwicklung, den natürlichen Kreislauf und die Evolution zu beeinflussen. Er bestimmte nur über die Zeit, wie lange ein jedes Leben währte, bis alles wieder von Neuem begann, die Seelen ohne sein Zutun neu erwachten. Und obwohl er die Menschheit über den ewigen Kreislauf aufgeklärt hatte, klammerten sich viele an ihr aktuelles Leben.

Die Vielfalt von Lebensweisen, Charakterzügen und Lebenszielen wollte er nicht weiter ergründen. Er wusste genug, um sein hartes Urteil zu fällen. Alle, die kamen, um mit ihm um mehr zu verhandeln, hatten dafür gesorgt, dass er sich immer weiter von ihnen distanzierte, für einige sogar nur Verachtung übrig hatte. Allein das Verhalten seines Gesprächspartners bildete die Grundlage für seine Entscheidung, ob er ein Pergament änderte, oder nicht. Allerdings gab es kaum noch etwas, was sie ihm bieten konnten.

Kilian lief gefühlte zehn Kilometer durch Rom. Die Überbleibsel aus der Römerzeit faszinierten ihn. Die Stadt musste zur damaligen Zeit imposant gewesen sein, wenn ihn schon die Überreste zum Staunen brachten.

Er besuchte auch eine der größeren Kirchen. Eine der wenigen, die noch stand. Es tat ihm leid, dass zu der Zeit des Umbruchs so manche Kirche abgerissen wurde. Auch wenn sie ihren eigentlichen Zweck nicht mehr erfüllten, waren es doch grandiose Bauwerke gewesen. Skulpturen, Plastiken, Fresken und die Glaskunst der Fenster – verlorene Schätze. Manche gestohlen, manche zerschlagen. Schade eigentlich. Der Altar, vor dem er gerade stand, war ein bildhauerisches Meisterwerk. Die Verzierungen, die in den schwarzen Stein gehauen waren, flößten Kilian Respekt vor dieser Arbeit ein. In seinen Augen wäre es ein Verbrechen, all diese Dinge zu zerstören. Selbst die Jesusfigur an dem Kreuz oberhalb des Altars schloss er mit ein. Sicher, diesen Mann hatte es nie gegeben – doch das Kunstwerk sollte, wie alles andere, als Kulturgut und Erinnerung aufbewahrt werden.

Kilian war der Ansicht, die Zeit in der Geschichte der Menschheit, die vom Glauben dominiert wurde, war ebenso wichtig, wie jede andere. Die rund 1900 Jahre hatten zwar etliche schlechte Seiten gehabt, doch vermutlich hatten die Religionen auch dazu beigetragen, dass sich soziale Strukturen entwickelten.

Als er noch zur Schule gegangen war, hatte er Geschichte geliebt. Das einzige Fach neben Mathematik, in dem er immer eine Eins gehabt hatte. Nun stand er im Mittelgang und starrte an die hohe Decke. Zu gerne hätte er das Gesicht seines Lehrers bei diesem Anblick gesehen – der Mann war ein wahrer Kunstkenner gewesen. Die Begeisterung, mit der er über die italienischen Künstler gesprochen hatte … Kilian lächelte.

‚Herr Schubert wäre hier voll in seinem Element gewesen!‘, dachte er und wandte sich zur Tür um.

Er trat hinaus und die schwere Eichentür fiel donnernd hinter ihm zu. Ihm blieb noch eine Stunde, ehe es dunkel wurde. Einen Moment hielt er inne, dachte daran, dass er so gerne zu Haus anrufen würde, um Monja und seiner Mutter von den vielen Dingen zu erzählen, die er am Nachmittag gesehen hatte. Leider konnte er seine Freude nicht mit den beiden teilen, ohne Ärger zu riskieren. Wie sie reagieren würden, sah er so deutlich vor sich, wie die Stufen, auf denen er stand.

So lief er mit einem lachenden und einem weinenden Auge zurück zu seiner Unterkunft. Nach einer halben Stunde Fußmarsch war er da. Es klingelte wieder, als er durch die Tür trat. Diesmal kam Maria nicht um die Ecke. Kilian wartete einen Augenblick, und als sie nicht auftauchte, stieg er die Stufen hinauf.

In dem kleinen Zimmer setzte er sich auf das Bett und seufzte. Wahrscheinlich war er in seinem ganzen Leben noch nicht so viel gelaufen! Und das alles, weil er sich nicht traute, die Metro zu benutzen. Wäre er nicht so ein Hasenfuß, dann hätte die Zeit sicherlich ausgereicht, um sich die ehemalige Vatikanstadt näher anzusehen. So musste er am kommenden Tag frühzeitig los, weil er keine Ahnung hatte, wie lange er bis dorthin brauchen würde. Und zu spät kommen war das Letzte, was er wollte!

~~~

Heute war wieder so ein Tag, der ihn alles andere als erheiterte. Die Französin, die vor ihm stand und mehr Zeit für ihren kleinen Sohn erbat, rang ihm nicht einmal ein spöttisches Lächeln ab.

Die zierliche Frau war hartnäckig, das musste er ihr lassen. Aber ihr letztes Angebot stimmte ihn auch nicht um. Was kümmerte es ihn, wenn das jetzt dreijährige Kind seinen zwanzigsten Geburtstag nicht erlebte? Daran konnte auch ihr eher anstößiges als verlockendes Angebot, den Preis mit ihrem Leib zu zahlen, nichts ändern.

Die Tränen, die aus den dunkeln Augen auf ihre blassen Wangen kullerten, entlockten ihm kein Mitgefühl. Wäre ihr Vorschlag etwas origineller gewesen, statt einfach nur Sex anzubieten, hätte er sich vielleicht auf einen Handel eingelassen. Sex konnte er haben, mit wem und wann er wollte, dafür musste er nicht handeln. Außerdem konnte er dem nicht viel abgewinnen, er war übersättigt und gelangweilt von allem. Nicht umsonst hatte er freiwillig die Abstinenz gewählt.

Als Danyel sie mit einem ‚Nein‘ vor die Tür setzte, warf sie ihm an den Kopf, dass sie mit ihrem Sohn sterben würde. Er nahm es regungslos zur Kenntnis und wandte sich seinem Schreibtisch zu. Selbst wenn sie den Freitod wählte, ihre Seele würde neu erwachen, um ohne Erinnerung wieder bei null zu beginnen. Wie es immer war.

Vier

Der nächste Morgen kam schneller, als er gedacht hatte. In dieser Nacht blieb er von Albträumen verschont, dafür wachte er mit einem Muskelkater auf! Die Erkundungstour hatte unbequeme Folgen. Nichtsdestotrotz hatte er diesen Termin und irgendwie musste er schließlich dahin kommen. Er ignorierte das Ziehen in den Beinen und Füßen. Der Versuch, beides mit Wechselduschen zu beruhigen, gelang nicht.

Nachdem er sich angezogen und seine Sachen verstaut hatte, lief er mitsamt der Tasche nach unten. Es war kurz vor halb zehn und er wollte wirklich nicht zu spät aufbrechen.

„Maria?", rief er, als er die Stufen hinter sich ließ.

„Si. Komm rein, Kilian." Es war das erste Mal, dass sie seinen Namen benutze. Er stieß die Tür auf und trat ein.

‚Dieses Zimmer vergesse ich nie!', dachte er und lächelte leicht. Dieser Stilmix würde seiner kleinen Wohnung auch gut stehen – allerdings brauchte er sich um deren Einrichtung keine großartigen Gedanken mehr zu machen. Vorausgesetzt, es lief alles nach seinem Plan.

„Gut geschlafen?"

„Ja, danke", sagte er und stellte die Tasche ab.

„Hast du gestern alles gesehen, was du wolltest?", fragte sie, als sie vom Bürostuhl aufstand.

„Ja und nein. Die Überreste der Römerzeit zum Teil und eine Kirche, die mir gut gefallen hat …"

„Ach was. Interessierst du dich dafür? Nein, warte. Das kannst du mir erzählen, wenn du gegessen hast." Sie lächelte und schritt durch den Türrahmen.

„Wenn ich in die Küche mitkommen darf, kann ich's gleich erzählen. Ich möchte zeitig weg", rief er ihr nach.

„Ja, sicher."

Kilian folgte ihr und während sie ein Frühstück richtete, strömten die Worte nur so aus ihm heraus. Die Begeisterung, die darin lag, war kaum zu überhören. Maria nickte nur, ließ hier und da ein ‚Si' oder ein ‚Ja' fallen, aber ansonsten unterbrach sie ihn nicht. Er war froh, das Gesehene mit jemandem teilen zu können, auch wenn Maria das alles vermutlich schon kannte. Sie schien ihm gerne zuzuhören und seine Begeisterung für die Geschichte der Stadt zu verstehen. Zumindest vermutete er das.

Schließlich drückte sie ihm einen Teller in die Hand, auf dem sie Rührei, Parmaschinken, Melone, Weißbrot, Tomaten und Mozzarella angerichtet hatte.

„Vielen Dank!", sagte er. In seinem Redefluss hatte er gar nicht richtig darauf geachtet, was sie ihm zubereitete.

„Gern geschehen. Nun iss, mit vollem Bauch hat man bessere Nerven. Und für heute wünsche ich dir welche, die so stark wie Drahtseile sind."

Er brachte nur ein Lächeln zustande. Mit einem Mal war die Aufregung wieder da, die bisher von den anderen Eindrücken überlagert worden war.

Eine Stunde später verabschiedete er sich von Maria. Sie wünschte ihm viel Glück und drückte kurz seine Schulter, ehe er ihr Haus verließ. Die herzliche Frau würde er im Gedächtnis behalten und vielleicht sahen sie sich am

Abend sogar wieder. Je nachdem, wie die Verhandlung lief ...

Mit der geschulterten Tasche machte Kilian sich auf den Weg. Seine Beine und Füße protestierten anfangs, doch er ignorierte sie. Je weiter er lief, um so mehr ließ das Ziehen in seinen Beinen nach, doch die Fußsohlen taten ihm weiterhin weh.

‚Hätte ich bloß andere Schuhe angezogen!‘, dachte er und biss die Zähne zusammen. Er hatte einen Termin einzuhalten und drückende Blasen wären das Letzte, was ihn aufhalten würde!

Die Sonne stand hoch am Himmel, als er den Tiber überquerte. Das Wasser glitzerte im Sonnenlicht und Kilian erlaubte sich, einige Minuten innezuhalten und dem fließenden Wasser zuzusehen. Unbeirrt floss es in seinem Bett dahin. Fast so, wie er sich nicht beirren ließ. Er handelte gegen den Willen seiner Mutter und seiner Schwester. Dennoch fand er, dass sein Weg der einzig richtige war.

Er löste den Blick vom Fluss und lief weiter. Auf der anderen Seite nahm er die erste Abzweigung und kam an einer Klinik vorbei. Im Vorbeigehen sah Kilian immer wieder die Fassade entlang. Der Komplex war groß, da mussten alle möglichen Fachabteilungen untergebracht sein ... just in dem Augenblick, als ihm der Gedanke gekommen war, erschien wie aus dem Nichts ein Bote. Kilian hatte noch nie einen aus der Nähe gesehen. Der blonde Mann mit der hellen Haut schwebte etwa zwei Meter über ihm und sah aus wie ein typischer Schwede. Rein äußerlich unterschied er sich nicht von den Menschen, bis auf den Umstand, dass er durch die Luft flog. So plötzlich, wie der Bote aufgetaucht war, verschwand er auch wieder. Verdutzt sah Kilian auf die Stelle vor dem offenen Fenster.

‚Alles Gute zur Geburt!‘, dachte Kilian und hoffte für die Eltern, dass sie mit der Zeitangabe auf dem Pergament zufrieden waren.

Er lief weiter bis zur Kreuzung, überquerte sie und näherte sich seinem Ziel. Ein nervöses Kribbeln lag in seinem Magen. Er dankte Maria für das üppige Frühstück – er kannte sich und seinen Bauch gut genug, um zu wissen, dass er ohne diese Mahlzeit Sodbrennen vor Aufregung haben würde. Ein paar Schritte trennten ihn noch von der nächsten Kreuzung.

Kilian zwang sich dazu, gleichmäßig zu atmen, um seinen ansteigenden Puls unter Kontrolle zu halten. Schließlich hatte er die Via della Conciliazione erreicht und wandte den Blick nach links. Da war er, der Petersplatz. Kilian wusste gar nicht, ob dieser heute einen anderen Namen trug.

Er ging langsam und staunend weiter. Mehr und mehr erschien in seinem Blickfeld. Der große Platz, umrahmt von halbrunden Säulengängen wie von zwei Armen. In der Mitte die Überreste des Pfeilers, der einst dort gestanden hatte. Geradeaus die Stufen, die zum Hauptgebäude führten. Das Haus des Schicksals.

Er fand es erstaunlich, dass von außen alles so wirkte, wie er es aus seinem Geschichtsbuch kannte. Die Bilder darin waren schwarz-weiß Abbildungen, dennoch war alles gut erkennbar gewesen. Kilian bezweifelte, dass der unveränderte Eindruck sich auch im Inneren fortsetzen würde.

‚Eine bauliche Meisterleistung!‘, dachte er ehrfürchtig. Nun, wo er beinahe davor stand, konnte er verstehen, weshalb dies der Hauptsitz der katholischen Kirche gewesen war. Nicht, dass er deren Struktur je verstanden hätte, aber das musste er ja auch nicht. Eines wusste er allerdings mit Sicherheit – das Schicksal hatte sich diesen Ort nicht ohne Grund ausgesucht. Allein der Vorplatz und die Gebäudefronten beeindruckten. Er war gespannt, ob das Innere so imposante Schätze barg wie die Kirche, die er besucht hatte. Oder ob alles entsorgt wurde …

Der Verkehr stockte etwas, sodass Kilian sich zwischen den Fahrzeugen hindurch seinen Weg über die Straße bahnte. Mit wenigen Schritten erreichte er den Platz und ließ den Blick schweifen. Einige Leute tummelten sich auf und um den Platz. Manche davon überquerten ihn mit eiligen Schritten, andere betrachteten so wie Kilian das Bauwerk.

Ein Blick auf die Uhr zeigte ihm, dass er noch genügend Zeit hatte. Bis zu seinem Termin blieb ihm noch eine Stunde. Langsam schlenderte an der linken Rundung entlang und konnte sich nicht sattsehen. Jede der weißen Säulen war gleich. Sie wirkten gepflegt, so wie der Boden, auf dem er lief. Kein Unrat, keine Schlieren und kein Unkraut in den Fugen. Es schien ihm, als wäre die Säule in der Mitte des Platzes das einzig Zerstörte.

Nachdem er die Rundung hinter sich gelassen hatte, lief er an den kleinen Gebäuden entlang. Vor ihm lag der Durchgang, welcher in den hinteren Bereich führte. Kilian wusste, dass dieser früher nicht öffentlich gewesen war. Trotz seiner Neugier traute er sich nicht, auf Erkundungstour zu gehen. Er wollte nicht riskieren, sich in den Gängen zu verirren oder sich zu weit vom Portal zu entfernen. Lieber vertrieb er sich die Zeit im vorderen Teil, als dass er zu spät kam.

Mit jeder Minute, die verging, wurde er nervöser. Es hing alles davon ab, ob das Schicksal einen guten Tag hatte – sollte dem nicht so sein, könnte Kilian vermutlich sagen, was er wollte, ohne dass es etwas bringen würde. Der Zeiger auf seiner Uhr näherte sich rasant der Drei, während er unruhig in dem offenen Bereich vor der Haupttür auf und ab lief.

,Die Hoffnung stirbt zuletzt', dachte er und fand das Sprichwort auch heute noch passend. Jeder Mensch hatte die Chance, das Beste aus seinem Leben zu machen. Und wenn er nicht den Versuch unternahm, das Beste für seine Schwester herauszuschlagen, wäre er für den Rest seines Lebens unglücklich. Seit Monja geboren wurde, verband sie beide ein ganz besonderer Draht. Die fünf Jahre Altersunterschied zwischen ihnen hatten dem keinen Abbruch getan. Kilian liebte seine kleine Schwester abgöttisch und stellte ihr Wohl über seines. Das hatte nichts mit ihren Lebensweisen zu tun, auch nichts mit seiner sexuellen Orientierung. Er wollte einfach nur das Beste für seine kleine Schwester. Als sie klein war, nannte er sie meist Prinzessin. Dann kam sie in die Pubertät und bat ihn, das nicht mehr zu tun und diesen Wunsch hatte er ihr sofort erfüllt. Nicht eine Sekunde dachte er darüber nach, was sie wollte oder fühlte. Er verbot sich, seine Gedanken in diese Richtung wandern zu lassen. Dass sie wohlmöglich unglücklich wäre, sollte der Tausch der Lebenszeit vollzogen werden und er vor ihr starb. Dann müsste nicht er ohne sie weiterleben, sondern sie ohne ihn.

Eine Minute vor drei stellte er sich vor die große Tür. Die Bestätigungskarte hielt er in der Linken, mit der Rechten klopfte er. Es dauerte bloß einen Moment, dann wurde geöffnet.

Ein Mann in einem perfekt sitzenden schwarzen Anzug öffnete ihm. Er mochte vielleicht Mitte dreißig sein und Kilian fand ihn sehr attraktiv. Ob das der Anzug war oder sein freundliches Gesicht?

„Prego?", fragte er.

Mangels italienischen Wortschatzes hielt Kilian ihm seine Karte hin.

„Si, per favore", erwiderte der Mann und deutete mit einer Geste ins Innere.

Kilian trat über die Schwelle und das Herz klopfte ihm erneut bis zum Hals. Der Kerl im Anzug führte ihn mit ausladenden Schritten. Die Absätze der Schuhe tönten leicht auf dem Boden, der glücklicherweise völlig anders aussah, als in Kilians Albtraum. So wie der Rest.

Wohin er seine Blicke zuerst lenken sollte, wusste er nicht. Er sah hin und her und fand nicht einen winzigen Hinweis darauf, dass dies hier einmal die wichtigste Kirche der Welt gewesen war. Bis auf die bauliche Substanz. Alles leuchtete in strahlendem Weiß. Die Wände, Säulen und Nischen. Keine Bilder, keine Wandgemälde, keine Skulpturen in dem riesigen Innenraum. Der vordere Bereich, den sie durchliefen, wirkte leer.

Farbe gab es nur auf dem Boden – der schimmerte in unterschiedlichen Blautönen – und an der Decke, wie er erstaunt feststellte. Er konnte den Blick nicht mehr abwenden. Hoch über ihm erstreckte sich ein nachtblauer Himmel mit unzähligen Sternen. Es sah täuschend echt aus und die gewölbte Form war nur zu erahnen.

Weil Kilian die Malkunst an der Decke anstarrte, bemerkte er nicht, dass der Mann im Anzug stehen blieb. Er lief direkt in ihn hinein und wich erschrocken einen Schritt zurück.

„Entschuldigung", nuschelte er und sah den Mann verwirrt an, der ihn mit einem strafenden Blick bedachte. Warum der so unvermittelt stehen geblieben war, erschloss sich Kilian nicht. Sie hatten fast die Mitte der Halle erreicht.

„Ti prego, Signore." Er deutete weiter geradeaus. So wie Kilian das verstand, sollte er ab hier allein weitergehen. Er atmete tief durch, den Blick nach vorne statt nach oben gerichtet, und lief ohne zu zögern los.

Erst schien es ihm, als wäre der Raum vollkommen leer. Doch als er unter der Kuppel angelangt war, erkannte er, dass dies nicht stimmte. Alles spielte sich im hinteren Bereich ab. Er sah in die Abzweigungen und verlangsamte seinen Schritt. Während auf der linken Seite Regal an Regal gereiht war, befand sich gegenüber nur wenig. Zwei Schreibtische, an denen gearbeitet wurde. Kilian sah die Schreibbewegungen der Arme, konnte aber nicht sagen, ob die Personen Mann oder Frau waren. Beide trugen einen Umhang mit Kapuze. Schräg versetzt befand sich noch ein Tisch, groß und wuchtig im Vergleich zu den anderen. Dort saß niemand. Was er im Hintergrund sah, ließ ihn staunen. Federn und Pergamente, die in der Luft schwebten und sich wie von Geisterhand bewegten. Er blinzelte und löste den Blick. Er war schließlich nicht hier, um zu sehen, wie hier gearbeitet wurde!

Kilian wusste nicht viel über die ehemalige Einrichtung dieser Kirche, nur dass genau dort, wo er sich jetzt befand, der Papstaltar gestanden hatte und es davor eine Treppe gab, die nach unten führte. Davon war allerdings nichts zu erkennen. Der Boden war ohne Unterbrechung mit diesen blau schimmernden Platten belegt, die er schon beim Reinkommen bewundert hatte.

Vor sich hatte er eine riesige weiße Fläche. Erst dachte er, es wäre eine Mauer, doch als er sich näherte, erkannte er, dass es sich um einen Vorhang handelte. Unschlüssig blieb er stehen. Er kam sich verloren vor in diesem großen Raum. Die Nervosität ließ seine Hände zittern und er wusste nicht, was er nun tun sollte. Er konnte doch nicht ungefragt einfach durch diesen Vorhang gehen, oder?

Die Frage beantwortete sich kurz darauf selbst. Der Stoff teilte sich mittig, ein etwa zwei Meter breiter Durchgang tat sich auf. Kilian hörte die Schritte und hielt gespannt den Atem an. Das musste er sein …

Fünf

Der Mann, der in der Öffnung des deckenhohen Vorhangs erschien, raubte Kilian die Luft zum Atmen. Seine Ausstrahlung machte unmissverständlich klar, wer er war.

Danyel.

In Fleisch und Blut vor seiner Nase.

Er war der umwerfendste Mann, den Kilian je gesehen hatte!

Groß, schien kaum älter als er selbst, und war von wirklich ansehnlicher Statur. Die gesamte Erscheinung ließ sein Herz einen Takt schneller schlagen. Die dunkle Bluejeans umschmeichelte kräftige Beine. Die leicht gebräunte Haut kam durch das hoch gekrempelte weiße Hemd perfekt zur Geltung. Schwarzes halb langes Haar und ein markantes Gesicht, aus dem ihn Augen anblickten, die türkis wie das Meer der Karibik schimmerten. Nicht, dass er einmal dort gewesen wäre, er kannte es nur von Bildern. Danyels Mund war zu einem belustigten Lächeln verzogen.

Erst in diesem Moment wurde Kilian sich bewusst, dass er ihn anstarrte und wie ein Depp aussehen musste! War ihm das peinlich! Dass er nicht noch sabberte wie ein Hund, dem ein Stück Fleisch vor der Nase lag, war ein Wunder …
in seinem Kopf schwirrten sinnliche Bilder umher, die er rasch beiseiteschob. Kilian hoffte, dass er im Moment nicht so rot wäre, wie eine Tomate.

„Du hast darum gebeten, mit mir zu sprechen."

Diese Worte ließen Kilian einen Schauer über die Haut laufen. Nicht wegen dem, was sie besagten – die Stimme war es, die ihm durch Mark und Bein ging.

Er schluckte krampfhaft und hoffte, dass ihm seine eigene nicht den Dienst versagte.

„Ja", er räusperte sich, „das habe ich."

„Und warum?", fragte Danyel. Er klang gelangweilt, doch der sinnliche Mund trug weiterhin dieses Lächeln zur Schau.

Kilian schluckte erneut. „Ich bin gekommen, weil ich darum bitten möchte, dass die Lebenszeit von meiner Schwester Monja und mir vertauscht wird."

Das Lächeln erstarb.

„Weshalb?"

Der Blick aus den türkisfarbenen Augen schien sich in ihn zu bohren.

„Ich möchte, dass sie an meiner statt ein langes Leben führen kann."

Danyel runzelte die Stirn, erwiderte jedoch nichts.

„Ich verzichte auf meine Zeit, wenn Monja sie bekommt. Ich nehme freiwillig ihre, die viel kürzer ist." Kilian wagte nicht, sich zu bewegen. Sein Hals war wie zugeschnürt, während er mit Spannung auf die Antwort wartete.

Die ließ auf sich warten. Danyel schritt auf ihn zu. Je näher er trat, umso unruhiger fühlte sich Kilian. Er kam sich klein vor und das, obwohl er selbst einen Meter achtzig maß. Danyels Präsenz wirkte einschüchternd auf ihn, obwohl er aussah, wie ein Mensch. Nur die Augen verrieten, dass er mehr als das war – weit mehr.

Eine Schrittlänge entfernt blieb Danyel stehen und verschränkte die Arme vor der Brust. Diese Haltung änderte nichts daran, dass Kilian ihn unvergleichlich anziehend fand. Ziemlich unangemessen, wenn man bedachte, wen er da vor sich hatte. Oder auch normal. Er wusste ja nicht, wie andere Menschen auf Danyel reagierten.

„Wie ist dein Name?"

„Kilian Hein."

„Nun gut, Kilian. Warum glaubst du, sollte ich deiner Bitte nachkommen?"

Er dachte fieberhaft nach, doch die Worte, die er sich zurechtgelegt hatte, waren verschwunden. Also improvisierte er.

„Weil es nur ein Tausch ist. Ich erbitte ja nicht mehr für sie und möchte zugleich meine Zeit behalten. Ich bitte nicht um einen Gewinn, keinen Zusatz, keine Extras. Ein Handel, bei dem bloß die Namen auf den Pergamenten getauscht werden."

Danyel zog eine Braue nach oben und schürzte die Lippen. Kilian verstand sich selbst nicht, aber er konnte den Blick nicht abwenden. Sah der Kerl immer so aus? Oder veränderte er sich nach Lust und Laune?

„Das ist wahrlich amüsant. Diesen Vorschlag hat mir noch keiner unterbreitet und bei mir waren schon viele Menschen, die um Zeit gefeilscht haben. Entweder für sich oder für andere, die ihnen wichtig waren." Er pausierte. „Normalerweise – und das dürfte auch dir bekannt sein – tätige ich keinen Handel ohne Gegenleistung."

Kilian ließ die Schultern hängen. Er besaß nichts, was er anbieten konnte. Waghalsig ging er trotzdem darauf ein.

„Was es auch ist, ich werde alles tun, was ich kann, um den Tausch zu bezahlen."

Danyel schnaubte. „Ich will kein Geld. Was soll ich auch damit? Ich bekomme auch so, was ich will. Biete mir etwas anderes an und wir sehen weiter."

„Aber was? Ich gebe über vierunddreißig Jahre Leben freiwillig ab, um im Gegenzug noch zwei Monate zu haben. Ab heute gerechnet! Was soll ich bieten?", entfuhr es ihm verzweifelt. Der Gurt seiner Tasche rutschte von der Schulter und sie knallte auf den Boden. Er hatte es sich so leicht vorgestellt! Reingehen, um den Tausch bitten, ein einfaches ‚Ja' oder ‚Nein' hören … seine Freude, dass man ihm den Termin gab, hatte ihn naiv glauben lassen, es würde schon gut gehen!

Danyel betrachtete ihn, ohne jegliche Regung zu zeigen. Kilian sah zu ihm auf. Ihr Größenunterschied war nicht so beachtlich, trotzdem fühlte er sich, als wäre er nur halb so groß. Wie ein Kind, das vor seinem strengen Vater steht und um etwas bittet.

„Wenn du mir nichts weiter anzubieten hast, ist das Gespräch hiermit beendet."

Kilian kam Monjas Lächeln in den Sinn. Nein, er durfte nicht aufgeben, sagte er sich und wagte einen letzten Versuch.

„Sag mir, was du verlangst. Meine Schwester ist mir alles wert."

Danyel verdrehte die Augen und wandte sich ab.

In Kilian stieg Panik auf. Sollte es das gewesen sein? Ohne nachzudenken, trat er vor und griff Danyel an den Arm, um ihn aufzuhalten. Die Berührung entfachte unerwartet ein Feuer in ihm, sodass ihm ein Keuchen entwich.

Danyel sah ihn erstaunt an und löste den Kontakt, indem er den Arm zurückzog. „Du bist entweder respektlos oder wahnsinnig! Niemand sonst wagt es, mich ungefragt zu berühren."

„Verzeihung. Es war ein Reflex. Bitte – ich beuge mich jeder Bedingung, wenn du nur das Leben meiner Schwester mit meinem tauschst." Demütig sah er zu Boden und wartete. Er spürte, dass ihm Tränen in die Augen stiegen, weil er glaubte, die Antwort bereits zu kennen. Sie würde ‚Nein' lauten.

Es kam ihm vor wie eine Ewigkeit. Die einzigen Geräusche um sie herum waren das dezente Kratzen der Schreibfedern und ihre Atmung.

„Jeder Bedingung?", hakte Danyel schließlich nach.

Kilian sah ruckartig auf. „Ja!" Seine Stimme klang fest und überzeugend. Hoffnung keimte in ihm auf.

„Ich tausche eure Lebenszeit. Der Preis dafür ist, dass du deine restliche Zeit hier verbringst. Du wirst mir in diesen zwei Monaten Gesellschaft leisten – und ich meine nicht bei Tisch." Ein süffisantes Grinsen breitete sich auf den Lippen aus.

Kilian sah ihn schockiert an. Monja durfte lange leben, wenn er … ja was eigentlich? Wenn er zum Geliebten des Schicksals wurde? Hatte er das richtig verstanden? Dieser Mann vor ihm könnte vermutlich jede Frau der Welt haben, wenn es wollte. Aber er bot diesen Handel ihm an – ausgerechnet ihm? Es gab nichts Besonderes an ihm. Durchschnittliche Statur, weder zu dick noch zu dünn. Die dunkelblonden Haare langweilig, der klassische Männerhaarschnitt nur mit etwas Gel aufgepeppt. Kilian fand sich selbst weder hübsch noch hässlich, normal eben.

Zugegeben, da war etwas. Die Anziehungskraft und das Knistern zwischen ihnen, als wäre die Luft statisch aufgeladen. Ja, es klang verlockend. Auf der anderen Seite war da die Tatsache, dass er sich selbst verkaufte – für Monja. Die Entscheidung war schnell gefällt. Was waren schon zwei Monate gegen ein ganzes Leben?

„Ich willige ein."

Danyel nickte. „Dann sei es so."

Er trat so schnell vor, dass Kilian gar nicht merkte, wie ihm geschah. Danyel griff ihm in den Nacken und presste ihm den Mund auf. Hart und fordernd schob er seine Zunge vor. Wieder stob diese Hitze in Kilian auf. Brennender als zuvor. Dann war es auch schon vorüber. Danyel zog sich zurück.

„Du zahlst deine Schuld in Raten ab und das war nur ein Cent im Vergleich zur Gesamtsumme …" Die leisen Worte hörten sich eher nach einem Versprechen, als nach einer Drohung an.

Kilian merkte, wie ihm die Knie weich wurden.

„Komm mit", sagte Danyel und diesmal klang es wie ein Befehl.

Kilian war nicht dazu fähig, etwas zu erwidern. Er eilte Danyel nach, der mit großen Schritten voran lief.

Er führte ihn bis zu dem großen Schreibtisch.

„Was steht auf deinem Pergament?"

„Äh, Kilian Hein, geboren 03.05.1990. Darunter 6 Jahrzehnte, 4 Monate, 3 Tage."

Danyel zog ein leeres Pergament zu sich, notierte Namen und Geburtsdatum mit der Feder, die auf dem Tisch gelegen hatte. Ohne aufzusehen, fragte er: „Bei deiner Schwester?"

„Monja Hein, geboren 12.01.1995 – 2 Jahrzehnte, 4 Jahre, 2 Monate, 5 Tage."

Er nahm ein zweites Papier, schrieb auch dort den Namen drauf und legte dann die Feder beiseite. Kilian dachte schon, Danyel habe es sich anders überlegt, aber dem war nicht so. Er wechselte nur das Schreibgerät. Aus einem Schubfach zog er einen Füller, mit dem er die Daten auf den Pergamenten ergänzte. Die dunkelrote Farbe ließ Kilian ahnen, dass es sich nicht um Tinte handelte.

Danyel sah auf. „Die Änderung ist besiegelt durch mein Blut. Der Tausch eurer Zeit ist vollzogen. Die alten Pergamente verfallen automatisch.“

Kilian wurde schwindelig. Es war tatsächlich geschafft! Er glaubte es kaum. Doch die beiden Pergamente in den Händen des Schicksals belehrten ihn eines besseren.

„Dafour!“, brüllte Danyel so laut, dass es Kilian in den Ohren klingelte.

Die Tür, die sich daraufhin öffnete, war Kilian zuvor gar nicht aufgefallen. Vermutlich, weil sie ebenso weiß, wie die Wände war. Der Mann, sofern man ihn so bezeichnen konnte, der hindurchtrat und auf den Schreibtisch zueilte, ließ Kilian unwillkürlich schaudern. Dieser Dafour war alles, nur mit Sicherheit kein Mensch. Er wirkte zwar wie einer – wie ein Albino, doch die Merkmale waren zu ausgeprägt, als dass er hätte einer sein können. Die Iriden der Augen leuchtend rot, die Haut so weiß wie die Wand hinter ihm. Die langen Haare waren ebenfalls weiß und reichten bis zur Hälfte des Rückens herunter. Wenn er nicht so jung aussehen würde, hätte Kilian geglaubt, einen Greis vor sich zu haben.

„Ich habe einen Auftrag. Dieses Pergament muss zugestellt werden. Sofort“, wies Danyel ihn an und reichte ihm das kleine Blatt.

Dafour sah auf das Papier. „Wohin?"

„Sag ihm die Adresse, er übergibt es deiner Schwester." Danyel sah Kilian auffordernd an.

„Ritterstraße 17, Düsseldorf." Leicht verunsichert sah er zwischen den beiden hin und her. „In Deutschland", ergänzte er.

„Danke, ich weiß, wo Düsseldorf ist." Dafour rümpfte die Nase. An Danyel gerichtet fragte er: „War das alles?"

„Da du fragst, nein. Streich alle Termine in den kommenden zwei Wochen. Keine Verhandlungen."

Dafour warf einen irritierten Seitenblick zu Kilian, der die roten Augen sehr befremdlich fand.

„Sieh es als erledigt an", bestätigte Dafour und drehte sich um. Mehr Worte verlor er nicht, ehe er durch die Tür verschwand, durch die er gekommen war.

„Ich habe auch nichts anderes erwartet", murmelte Danyel und stand auf.

„Darf ich fragen, wer das war?"

„Nein, darfst du nicht. Ich sag's dir trotzdem. Das ist der Herr der Boten, Dafour."

„Danke", erwiderte Kilian.

„Oh, ich glaube, du wirst noch Zeit genug haben, deine Dankbarkeit zu beweisen", erklärte Danyel mit eisiger Stimme.

Er schauderte erneut. Diesmal nicht, weil er Danyel unheimlich anziehend fand – nur unheimlich reichte in diesem Moment vollkommen!

„Jetzt sieh auf den Boden!", befahl er und zog Kilian mit sich. Der verstand nicht ganz, was das sollte, ahnte aber, dass es mit den beiden Gestalten zu tun hatte, die emsig am Schreiben waren. Er hatte sie wieder nur von hinten gesehen und sich nicht zu ihnen umgedreht, während er vor Danyels Schreibtisch stand.

Kilian lagen einige Fragen auf der Zunge, er traute sich aber nicht, sie auszusprechen.

„Nimm deine Tasche mit." Danyel ließ Kilians Ärmel los und schritt zügig auf den Vorhang zu.

Kilian beeilte sich, mit ihm Schritt zu halten und folgte dem Schicksal durch den Vorhang.

‚Irgendwie ist er jetzt wirklich mein Schicksal', dachte er, als er durch die Stoffbahnen trat. Kaum war er hindurch, fiel der Gedanke von ihm ab. Er hatte ja alles Mögliche erwartet, aber nicht das!

In dem Raum vor ihm sah er eine ausladende Sofalandschaft in Dunkelblau. Darauf hätten sicherlich zwanzig Leute Platz, so groß war die Eckgarnitur. Die Schränke, die hier standen, waren alle aus weißem, glänzendem Holz. Ein einzelnes Fenster, oberhalb einer Tür, spendete Licht. Auch hier hatte man den Eindruck, den Nachthimmel über sich zu haben. Ein kleiner Unterschied lag darin, dass die Sterne hier nicht aufgemalt waren, sondern aus Lämpchen bestanden; das erkannte er selbst durch das hereinfallende Tageslicht. Unschwer konnte man erkennen, dass Danyels bevorzugte Farben Blau und Weiß waren.

„Jetzt komm! Ich zeig dir, wo du schläfst."

Kilian drehte den Kopf und sah Danyel an der Wand gegenüber des Fensters. Auch dort befand sich eine Tür. Früher mussten es offene Durchgänge gewesen sein, denn die Türen wirkten viel zu modern für dieses alte Gemäuer. Nervosität befiel ihn, als er Danyel folgte.

Es war ein Schlafzimmer. Ein Futon stand genau in der Mitte des Raums – weißes Gestell mit blauem Laken und blauer Wäsche. Was auch sonst? Entlang der halbrunden Wände waren Regale angebracht. Sie schienen passgenau angefertigt zu sein und waren alle gefüllt mit Kleidung. Vorherrschende Farben waren auch hier blau und weiß.

‚Das ist Danyels Schlafzimmer!‘, schoss es Kilian in den Sinn. Leichte Panik ergriff ihn. Sollte er etwa mit dem Schicksal ein Schlafzimmer teilen? Stand ihm denn gar keine Privatsphäre zu?

„Du kannst hier schlafen, denn es gibt keine Gästezimmer. Und hör auf, die Stirn zu runzeln! Das ist zwar mein Bett – aber ich schlafe nicht."

„Ähm, okay", stotterte Kilian. Was hatte er erwartet? Danyel war kein Mensch – er sah nur so aus. Und wozu der ein Bett brauchte, obwohl er nicht schlief, musste er nicht erklären …

„Dein Gepäck wirkt nicht so, als hättest du viel bei dir. Wenn du etwas brauchst, sag Bescheid und du bekommst es. Hinter dir ist der Durchgang zu einem kleinen Bad. Den Rest meines Reiches darfst du dir allein ansehen – aber wehe, du verschwindest!"

Die abschließende Mahnung ging Kilian durch und durch. Hart gesprochene Worte, die ihm eine Gänsehaut bescherten.

„Ich halte mein Wort", erwiderte er trotzig.

„Gut. Es gibt zwei Regeln. Erstens: Du siehst niemals – ich betone – NIEMALS meinen beiden Helfern dort draußen ins Gesicht. Zweitens: Du verlässt dieses Gelände nicht."

„Gibt es hier ein Telefon?", warf Kilian sofort ein.

„Selbstverständlich! Ich sorge dafür, dass Dafour dir eines der schnurlosen bringt." Mit diesen Worten drehte Danyel sich um und ließ Kilian im Schlafzimmer zurück.

Sechs

Monja stand in der Küche und bereitete das Abendessen vor. Beide Flügel des Fensters waren geöffnet und sie genoss die warme Luft, die hineinströmte, während sie die frischen Kräuter für die Salatsoße hackte. Ihre Mutter würde wieder spät nach Hause kommen, da sie erneut für eine Kollegin eingesprungen war und Überstunden machte. Monja gefiel das nicht und sie versuchte alles, um ihre Mutter zu entlasten.

Plötzlich verdunkelte ein Schatten die Fensteröffnung und Monja blickte erschrocken auf den weißhaarigen Mann, der im Rahmen hockte. Das unnatürliche Erscheinen und sein Aussehen verrieten ihr sofort, dass er ein Bote des Schicksals war. Er legte ein Pergament auf die Arbeitsplatte und verschwand so plötzlich, wie er aufgetaucht war. Monja starrte mit offenem Mund auf das Papier. Minutenlang war sie nicht fähig, sich zu regen. Doch dann streckte sie den Arm aus und drehte das kleine Blatt, sodass sie es lesen konnte. Fassungslos erkannte sie, was sie insgeheim längst wusste. Kilian hatte tatsächlich seine Zeit gegen ihre getauscht! Die rote Schrift war der Beweis.

Entsetzen und Wut packten sie und sie fegte das Pergament weg. Zugleich erwischte sie das Holzbrett mit den Kräutern und dem Messer – alles fiel krachend zu Boden, während das Papier sanft heruntersegelte.

„Du verdammter Idiot!", schrie sie zum Fenster hinaus. Anschließend begann sie zu schluchzen und lehnte sich zitternd gegen den Schrank. Kilian, ihr Bruder, zu dem sie immer aufgesehen hatte. Ihr Beschützer und Held aus

Kleinmädchentagen … er würde sterben. Bald. Sehr bald. Monja glaubte, eine kalte Faust würde ihr das Herz aus der Brust reißen, so sehr schmerzte es sie. Es war absolut kein Trost, dass jede Seele zu neuem Leben erwachte. Denn es wäre nicht das Gleiche, es wäre nicht mehr Kilian. Wie ein dunkler Schatten überlagerte das die Tatsache, dass sie nun die Chance auf eine eigene Familie hatte.

〰

Was nun? Kilian drehte sich einmal um die eigene Achse. Ihm kamen Marias Worte in den Sinn, dass Danyel keine menschlichen Gefühle besäße. Nach dem zu urteilen, wie er ihn bisher erlebt hatte, schien das zu stimmen. Jetzt stand er in diesem Raum, neben sich das Bett, und er kam nicht umhin sich zu fragen, wann er es zum ersten Mal mit Danyel gemeinsam nutzen sollte. Ihm grauste davor, doch zugleich brannte er darauf, dass dieses Feuer erneut in ihm erwachen würde.

Eine Zwickmühle. Sein Wunsch war ihm erfüllt worden, nun musste er den Preis dafür zahlen.

‚Es sind bloß zwei Monate!‘, sagte er sich selbst. Nur hatte er sich für seine letzten Wochen auf Erden etwas anderes ausgemalt. Diese Zeit hatte er mit seiner Mutter und Monja verbringen wollen … Kilian wusste nicht, wie schnell dieser Dafour das Pergament überbringen würde. In einem war er sich sicher: Die beiden Frauen wären furchtbar wütend auf ihn, weil er nur nach seinem eigenen Wunsch gehandelt hatte. Aber er kannte sie auch gut genug, um zu wissen, dass sie sich schnell wieder beruhigen würden. Vielleicht wussten sie dieses Geschenk irgendwann zu schätzen.

Schade eigentlich, dass er nie seine Nichte oder seinen Neffen kennenlernen würde … jetzt war es zu spät, um sich darüber den Kopf zu zerbrechen. Sobald er konnte, würde er zu Hause anrufen. Über die wahren Hintergründe des Tauschs schwieg er dann besser, eine weitere kleine Notlüge müsste her – schließlich konnte er seiner Familie nicht sagen, dass er sich an Danyel verkauft hatte. Kilian schnaubte. Er konnte sich selbst nicht einmal ehrlich beantworten, weshalb er es getan hatte. Nur für Monja oder lag es doch daran, dass Danyel so verdammt gut aussah? Diese Augen, wunderschön und erschreckend zugleich … er schüttelte den Kopf, um das Bild zu vertreiben.

Kilian versuchte sich abzulenken und trat zur Badezimmertür, drückte sie auf und erschrak, als das Licht automatisch anging. Hightech in altem Gemäuer … überhaupt hatte dieses Badezimmer wenig mit dem Rest gemeinsam. Kilian schätzte, dass entweder vor Kurzem renoviert wurde oder die Installation komplett neu war. Alles glänzte. Auch hier strahlendes Weiß in Verbindung mit dunklen Blautönen. Kilian fragte sich, ob der Mann sich nicht sattsah an dem farblichen Einerlei.

Die große ovale Wanne stand mitten im Raum. Waschtisch, Spiegel und ein Regal mit Handtüchern links, eine gläserne Dusche rechts. Der Duscharm besaß eine Form, die Kilian noch nie gesehen hatte. Keine Brause – er erinnerte eher an den Speier eines Brunnens. Kilian trat ein paar Schritte in den Raum und erkannte, dass sich hinter der Milchglasscheibe der Dusche die Toilette versteckte. Er schlussfolgerte, dass Danyel nicht nur wie ein Mensch aussah, sondern auch über ähnliche oder die gleichen Körperfunktionen verfügte.

Ein Geruch stahl sich in seine Nase, der ihm fremd und doch vertraut vorkam. Kilian schnupperte. Das hatte er schon mal gerochen, da war er sich sicher. Doch so sehr er sich bemühte, er fand den Ursprung nicht. Er gab es auf und wandte sich der Tür zu, um seinen Kulturbeutel aus der Tasche zu holen. Kaum hatte er sich gedreht, zuckte er erschrocken zusammen. Danyel stand im Türrahmen angelehnt da, die Arme verschränkt, und beobachtete ihn.

„Sehr lustig, sich so anzuschleichen!"

„Du amüsierst mich", entgegnete der schmunzelnd.

‚Bin ich 'ne Witzfigur, oder was?', dachte Kilian mürrisch. Er hatte sich schon einiges von Mitmenschen anhören müssen, wenn er mit seiner sexuellen Orientierung nicht auf Gegenliebe stieß. Es hatte gedauert, sich eine harte Schale zuzulegen … jetzt als Objekt der Belustigung gesehen zu werden, traf ihn mehr, als es sollte. Er wollte das lieber nicht aussprechen und grunzte nur. Dann versuchte er, sich an Danyel vorbeizuschieben. Der hielt ihn fest.

„Wohin willst du?"

Kilian sah ihn an. Die Erwiderung blieb ihm im Hals stecken. Stattdessen versank er in den Tiefen der kleinen Meere, die dieser Mann in den Augen trug. So zumindest kam es Kilian vor. Wie hypnotisiert starrte er hinein, unfähig sich zu bewegen oder zu blinzeln. Er spürte die Wärme, die von Danyels Körper abstrahlte, spürte dessen Griff um seinen Oberarm und war gefangen in diesem Moment. Wehrlos. Willenlos.

Danyel brach den Bann. Unsanft schob er Kilian von sich.

„Ich habe etwas gefragt. Folglich erwarte ich eine Antwort."

Worte wie Eis, die Kilian hart trafen. Er bebte leicht, in seinem Kopf ging es drunter und drüber. Was war das nur zwischen ihnen?

„Ich wollte nur mein Zeug aus der Tasche holen. Ich wüsste nicht, dass das ein Verbrechen ist", erwiderte Kilian hitzig. Der Mann machte ihn wahnsinnig! Wenn schon die erste Stunde so nervenaufreibend war – wie wurde dann die restliche Zeit?

Er sah, dass Danyel die Zähne fest aufeinandergebissen hatte, die Gesichtsmuskeln wirkten angespannt und verliehen seinem Ausdruck Härte.

„Achte auf deinen Ton, Kilian. Niemand gibt mir Widerworte! Überleg es dir gut. Deine Zeit hier könnte angenehm sein ... oder deine letzten Wochen werden die schlimmsten deines Lebens." Seine Tonlage schwankte von freundlich zu bedrohlich.

„Danke für den Hinweis. Kann ich jetzt mein Zeug ins Bad stellen?" Er sah Danyel herausfordernd an. Die Worte, die ihm noch im Kopf herumgeisterten, sprach er nicht aus. So wie er es verstand, sah Danyel ihn als eine Art Spielzeug an. Oder wie sein Eigentum, das sich nach seinem Willen zu verhalten hatte. Kilian wollte sich nicht herumschubsen lassen – doch für den Anfang hielt er lieber die Füße still.

Danyel trat zur Seite und deutete zum Bad. Kilian zog den Reißverschluss auf und griff seinen Kulturbeutel. Mit diesem lief er an Danyel vorbei, drehte sich aber nochmals um.

„Gibt es für die Badezimmernutzung auch Regeln?"

Danyel winkte ab. „Fühl dich wie zu Hause."

Kilian zog die Brauen nach oben. Nun verstand er gar nichts mehr. Sollte er nun für alles Mögliche erst um Erlaubnis bitten oder nicht? Es kam ihm beinahe vor, als wüsste Danyel das selbst nicht.

Er stellte seinen Beutel am Rand des Waschtischs ab und zog ihn auf. Plötzlich stand Danyel hinter ihm, ohne ein Geräusch verursacht zu haben. Wie ein Geist. Kilian erschauderte unwillkürlich. Danyel strich mit den Fingern Kilians Hals entlang. Die zarte Berührung der Haut ließ das Feuer wieder erwachen.

Durch den Spiegel blickte Kilian ihm ins Gesicht. Der harte Ausdruck war verschwunden. Die türkisfarbenen Augen schienen zu leuchten. Dann beugte er sich vor, brachte seine Lippen nahe an Kilians Ohr.

„Du bist wie ein Geschenk. Ich kann es kaum erwarten, dich auszupacken", raunte er leise. Anschließend glitt er mit der Zunge über den Hals und folgte der Spur, die zuvor seine Finger gezogen hatten.

Kilian seufzte. Ein sinnlicher Laut, der preisgab, wie schnell Danyel in ihm das Verlangen entfachen konnte.

„Schön zu hören, dass es dir nicht anders geht", sagte Danyel und löste sich erneut von ihm.

Kilian atmete hektisch. Obwohl die Berührung unterbrochen wurde, erstarb das Feuer nicht. Er hörte Danyels Schritte, die sich entfernten, und ärgerte sich über sich selbst, dass er so leicht zu umgarnen war. Schon lange hatte er keinen Kerl mehr gehabt, aber rechtfertigte das seine Reaktion? Dieser kurze Moment reichte aus, um ihm das Blut in die Lenden schießen zu lassen. Jetzt drückte es unangenehm in seiner Jeans, was seine Laune nicht besserte.

Irritiert darüber, dass Danyel sich zurückgezogen hatte und verwirrt, weil er ihn nicht verstand, stellte er ungehalten und mit harschen Bewegungen seine restlichen Sachen auf die Ablage.

Kurz darauf klopfte es und Kilian drehte sich ruckartig um. Er rechnete mit einem weiteren Spielchen von Danyel, doch im Türrahmen stand Dafour.

„Du hast um ein Telefon gebeten?", fragte er freundlich.

„Äh, ja." Kilian trat auf ihn zu. „Hat sie das Pergament schon?"

„Selbstverständlich." Dafour musterte ihn von oben bis unten. Was er von Kilian hielt, war nicht zu erkennen.

„Entschuldigung, aber darf ich fragen, was sie gesagt hat?"

„Nichts. Ich verweile nie lange genug, um hören zu können, was die Menschen sagen."

„Oh." Kilian ließ etwas enttäuscht die Schultern hängen.

Dafour drückte ihm das Telefon in die Hand und wandte sich ab. Er war schon auf dem Weg zur Tür, als er sich noch einmal umdrehte.

„Ein gut gemeinter Rat. Mit wem du auch sprichst – nichts von dem, was du hier siehst oder erlebst, wird nach draußen getragen. Kein Wort darüber verlässt deine Lippen." Damit wandte er sich endgültig um und verließ das Zimmer, wobei die weißen Haare mit jedem Schritt schwangen.

Kilian stand unschlüssig neben dem Bett. Da blieb nicht viel Gesprächsstoff übrig, wenn er sich an diesen ‚Rat' hielt. Im Grunde war es nicht weiter tragisch – die Wahrheit könnte er ja doch nicht sagen, ohne auf Verachtung zu stoßen.

Er atmete tief durch und mangels Alternative setzte er sich auf die Bettkante. Lange Zeit starrte er einfach nur das Telefon in seiner Hand an. Die Minuten verstrichen, das bewies ihm die Anzeige auf dem Display. Um kurz vor fünf wählte er endlich.

Das Freizeichen erklang vier Mal, ehe abgehoben wurde. Sein Herz klopfte so heftig, dass er glaubte, es müsse zu hören sein.

„Kilian?", klang es sorgenvoll durch die Leitung.

„Ja – ich bin es. Wie hast du das erkannt?"

„Wer sonst würde hier mit einer Landesvorwahl anrufen, die ich nicht kenne?", erwiderte Monja. „Ich habe das Pergament bekommen. Warum hast du das getan? Ich habe deutlich gemacht, dass ich das nicht will!" Sie klang verzweifelt.

„Du weißt warum. Hat Mama es schon gesehen?"

„Nein. Sie arbeitet noch. Und ich werde es ihr ganz bestimmt nicht sagen, das machst du schön selber. Den Mist hast du verbockt, großer Bruder. Also musst du ihr das auch beibringen"

Kilian atmete tief durch. „Es tut mir leid. Ich weiß, du wolltest das nicht. Ich denke immer noch, dass es das einzig Richtige ist und …"

„War es schwierig?", unterbrach sie ihn.

„Was? Meine Jahre an dich zu verschenken? Nein."

„Du hast also wirklich tauschen lassen! Wie hast du ihn überzeugt? Erzähl mir nicht, dass es ein Kinderspiel war."

„Es ging, ich musste mich jetzt nicht heulend auf den Boden werfen oder so."

Er hörte seine Schwester kurz auflachen. „Du musst mir von ihm erzählen. Aber jetzt komm erst mal nach Hause." Sie pausierte. „Ich will dir persönlich in den Hintern treten! Ich glaube es immer noch nicht. Du blöder Idiot", schimpfte sie und schluchzte.

„Monja – ich komme nicht zurück." Jetzt war es raus. Er schloss die Augen und wartete.

„Was soll das heißen?"

„Ich bleibe in Rom. Das war so nicht geplant, weißt du. Aber da ist dieser Mann …", setzte er an.

„Kilian!", schrillte es durch den Hörer. „Hast du den Verstand verloren? Du stirbst! Und ein dahergelaufener Kerl ist der Grund, warum du nicht zu deiner Familie zurückkommst?"

„Monja, bitte. Ja, es stimmt. Mir bleiben nur noch zwei Monate – die möchte ich aber so verbringen, wie ich es für richtig halte. Ich habe dir meine Zeit geschenkt, mehr kann ich nicht geben."

„Du … du …! Mir fällt nicht mal ein Ausdruck ein, mit dem ich dich beschimpfen könnte! Ich wollte deine Zeit nicht und jetzt darf ich mich nicht mal von dir verabschieden? Das ist unfair, hörst du?" Sie weinte.

Kilian seufzte. Ihm standen Tränen in den Augen. Er hätte sie gerne in den Arm genommen und seine letzten Wochen mit den beiden Frauen verbracht, die er liebte. Monja war zu recht wütend und enttäuscht. Er wäre der zweite Mann in ihrem Leben, den sie vorzeitig verlöre. Erst den Vater, dann den Bruder. Doch er konnte ihr gegenüber nicht zugeben, dass er rein egoistisch gehandelt hatte. Er würde den Schmerz nicht ertragen, sie zu verlieren. Da starb er lieber selbst.

„Ich kann nicht. Es tut mir leid. Aber ich verspreche dir, ich werde wieder anrufen, okay?"

„Das will ich doch hoffen! Sonst komme ich persönlich nach Italien und trete dir in deinen Arsch!"

Kilian lächelte schwach. Das würde er ihr sogar zutrauen.

„Ich hoffe, du machst diese Nacht kein Auge zu. Vielleicht denkst du drüber nach, was du mir angetan hast!", motzte sie und legte auf.

Es kam genau so, wie er es geahnt hatte. Sie war sauer. Langsam ließ er das Telefon sinken. Es wunderte ihn, dass sie nicht nachgefragt hatte, wer dieser ominöse Mann war. Sobald sich ihre erste Aufregung gelegt hätte, würde das noch folgen. Und Kilian wusste nicht, was er ihr dann sagen sollte.

Da er keine Lust hatte, grübelnd herumzusitzen, legte er das Telefon beiseite und verließ das Schlafzimmer. Der Nebenraum war leer, der Vorhang zur Hälfte geöffnet und es herrschte Stille. Abgesehen von dem dezenten Kratzen der Federn, die anscheinend nie pausierten. Es war gespenstisch.

Kilian umrundete das Riesensofa und versuchte sein Glück bei der Tür unterhalb des Fensters. Sie ließ sich problemlos öffnen. Erstaunt stellte er fest, dass sich dahinter eine gut ausgestattete Küche befand. Sein Bauch grummelte, als hätte der Anblick alleine den Hunger herbeigerufen. Seine letzte Mahlzeit war Marias Frühstück gewesen. Unschlüssig sah er sich um. Konnte er es wagen, sich zu bedienen oder musste er dafür fragen?

,Hätte er mir nicht eine Liste geben können?', dachte er bei sich und entschied, sich besser nichts zu nehmen.

Sieben

Nachdem Kilian der Küche den Rücken gekehrt hatte und durch den Vorhang getreten war, erwies sich seine Entscheidung als richtig. Danyel kam auf ihn zu.

„Ich hoffe, du hast dich nicht aus der Küche bedient."

„Zählt das auch zu den Dingen, die nicht erlaubt sind? Und nein, ich habe mir nichts genommen."

„Gut, es würde dir nämlich nicht bekommen", erwiderte Danyel tonlos.

‚Hä?', dachte Kilian. Was sollte denn das nun wieder heißen?

„Alle Lebensmittel in dieser Küche sind ausschließlich für mich. Wage also nicht, etwas davon zu essen oder zu trinken." Danyel sah ihn mahnend an.

Kilian schob die Hände in die Taschen. „Gibt es hier noch eine Küche? Oder sollte ich fragen, wo finde ich etwas, das ich essen darf?"

„Von dürfen ist keine Rede gewesen. Prinzipiell darfst du essen, was mir gehört – es würde dir allerdings nicht guttun. Ich lasse es einrichten, dass du Lebensmittel bekommst."

Verwirrt sah er Danyel an. Wer sollte denn daraus schlau werden? Er sollte nicht wagen, es zu essen, dürfte es aber? Der entscheidende Gedanke kam ihm erst, als Danyel an ihm vorbei lief. Die Sachen in seiner Küche waren vermutlich giftig für Menschen – das war zumindest die einzige Erklärung, die für Kilian Sinn ergab.

Ratlos drehte er sich um die eigene Achse und entschied dann, sich ein wenig umzusehen. Den Hinterausgang der

ehemaligen Kirche fand er rasch. Die Tür war nicht ver-
schlossen und als er hinaustrat, blickte er auf eine gepflegte
Gartenanlage. Bislang hatte Kilian außer den Schreibenden,
Dafour und dem Kerl an der Tür niemanden gesehen. Aber
er nahm an, dass es einiger Angestellter bedurfte, um die
Anlage und das Gebäude in Ordnung zu halten. In erster
Linie weil alles ordentlich und sauber war.

Kilian lief über den Weg und machte Halt an einer Bank.
Die Sonne stand schon recht tief, und er genoss die warmen Strahlen auf der Haut. Mit geschlossenen Augen saß
er da und dachte nach. Zum ersten Mal fragte er sich, ob es
ein Fehler gewesen war, den Handel so leichtfertig einzu-
gehen. Er war überzeugt davon, dass Danyel nicht ge-
scherzt hatte, als er sagte, Kilian dürfe das Gelände nicht
verlassen. Es gab also nur einen Weg, wie er seiner Mutter
und Monja Lebewohl sagen konnte. Am Telefon. Er glaubte nicht, dass es den beiden möglich wäre, nach Rom zu
kommen – wahrscheinlich war das auch besser so. Sie durf-
ten nie erfahren, weshalb er wirklich blieb. Sich gezwungen
sah, zu bleiben.

Danyels schimmernde Augen schoben sich in seine Gedanken. Die Faszination, die dieser Mann auf Kilian ausüb-
te, trug die Schuld. Ob es nun Absicht oder Zufall gewesen
war, spielte kaum eine Rolle. Ihm kam in den Sinn, dass
Danyel ihn als Geschenk bezeichnet hatte. Eine nette Um-
schreibung dafür, dass er ihn im Prinzip erkauft hatte …

Ein Schatten fiel auf ihn und er schlug die Augen auf. Vor
ihm stand Dafour mitsamt einer Kiste auf einem Rollwagen.

„Ich weiß nicht, warum du hier bist oder wie du es geschafft hast, Danyel zu diesem Handel zu überreden, aber

eines lass dir gesagt sein: Misch dich nicht in Dinge ein, die dich nichts angehen."

Kilian sah ihn stirnrunzelnd an. „Danke für den Tipp, aber das hatte ich sowieso nicht vor. Was ihr hier macht, ist euer … hm, ich nenne es mal Geschäft. Damit hab ich nichts am Hut."

Dafour nickte langsam und musterte Kilian. Dem war der Blick aus den roten Augen unheimlich und er fühlte sich unbehaglich. Als würde der Mann – oder was immer er war – in ihn hineinsehen. Schließlich drehte er sich weg und schob seinen Wagen weiter. Kilian stand abrupt auf und ergriff die Flucht. Mit dem Umstand, diesem Kerl immer wieder zu begegnen, musste er sich erst anfreunden.

Kilian verstand nicht, was Dafour mit seinem Hinweis bezweckte. Er sah keinen Grund, sich in etwas einzumischen. Er hatte genug mit Danyel und dessen Art zu tun. Wie lange war er jetzt hier? Zwei Stunden? Etwas länger … und er hatte keinen Schimmer, was er tun und lassen sollte. Eine Handvoll Grundregeln, das war's. Kilian hoffte nur, er würde nicht ins Fettnäpfchen treten. Die Folge dessen wagte er sich nicht mal auszumalen.

Zurück im alten Gemäuer näherte er sich dem Gang, in dem ununterbrochen geschrieben wurde. Die beiden Vermummten, die auf der linken Seite an ihrem Tisch schrieben, versuchte er zu ignorieren und der Platz gegenüber, hinter Danyels Schreibtisch, war leer. Was ihn staunen ließ, waren die schwebenden Federn ganz am Ende des Seitenflügels. Schon beim ersten Anblick hatte er sich gefühlt, wie ein kleiner Junge auf dem Jahrmarkt. Hier waren vermutlich Kräfte am Werk, von denen die Gaukler nur träumen konnten.

Kilian hockte sich hinter den Vermummten auf den Boden. So konnte man ihm zumindest nicht vorwerfen, er habe versucht, sie anzusehen. Fasziniert betrachtete er die vielen Schreibfedern, die ohne in ein Tintenfass zu tauchen, unermüdlich über das Papier sausten. Jede von ihnen war schwarz, manche zerrupft, andere wirkten neu. Keine Fäden, keine Halterung, sie schwebten an Ort und Stelle, als würden sie von unsichtbarer Hand geführt. Genau so, wie die Pergamente. Kilian erkannte, dass die Papiere vom Tisch der Schreibenden zu den Federn flogen, wo sie in der Luft hängend fertig beschrieben wurden. Anschließend wanderten sie in die Kiste der fertigen Dokumente – und das alles ohne Zutun. Das war ihm vorher nicht aufgefallen und rasch verstand er das System dahinter. Die beiden Vermummten trugen rasend schnell Name und Geburtsdatum ein, die Federn schrieben dann die Lebenszeit auf das Pergament, ehe dieses in der Kiste verschwand. Eine solche Kiste hatte Dafour eben vor sich hergeschoben. Auch das ergab Sinn, weil Danyel gesagt hatte, Dafour sei der Herr der Boten.

‚Hier wird echt mit System gearbeitet!‘, dachte er anerkennend. Andererseits – die Masse an Dokumenten wäre gar nicht anders zu bewältigen. In der Zeit, die Kilian dort saß, waren Hunderte Papiere auf diese magische Weise in die Kiste geflogen und er fragte sich, wie viele Menschen an einem Tag geboren wurden. Er versuchte anhand der Pergamente zu schätzen und kam zu dem Ergebnis, dass es über siebentausend sein mussten. Eine enorme Menge –

kein Wunder, dass hier auf diese magische Weise die Federn flogen.

Auf der anderen Seite brachte ihn die Erkenntnis dazu, sich zu fragen, wie Danyel das machte. Es vergingen nur Sekunden, ehe ein Pergament fertiggestellt war. Wie konnte man denn so schnell über die Lebenszeit entscheiden?

Schritte näherten sich und Kilian schaute über die Schulter. Danyel kam auf ihn zu.

„Was tust du da?"

„Ich bestaune deine Federn", erwiderte Kilian und stand auf.

Danyel schnaubte belustigt.

„Was ist denn daran witzig? Ich habe so etwas bis vor drei Stunden noch nie gesehen!"

Danyels Mimik änderte sich. Nun blickte er Kilian ermahnend an. Hätte er eine Brille getragen, so würde er in diesem Moment über die Gläser hinwegsehen. Dann räusperte er sich.

„Ich habe dir Essen bringen lassen."

„Danke."

Danyel wies einladend in Richtung Vorhang und Kilian folgte der Aufforderung. Es war das erste Mal, dass sie nebeneinander liefen.

„War deine Schwester glücklich?", erkundigte sich Danyel unvermittelt.

„Ehrlich gesagt nicht. Sie war von Anfang an dagegen, dass ich ihr meine Zeit schenken wollte. Aber das spielt keine Rolle", sagte Kilian und hoffte, einen Ehrlichkeitspunkt zu ergattern.

Danyel gab ein summendes Geräusch von sich, was ebenso Kenntnisnahme wie auch Unverständnis bedeuten konnte.

Eine Stunde später saß Kilian auf dem Sofa und fühlte sich pappsatt. Danyel hatte untertrieben, als er von Essen gesprochen hatte. Ein üppiges Menü befand sich nun in Kilians Magen – Antipasti, Olivenbrot, Pasta Arrabiata und ein Tiramisu. Er hatte die italienische Küche schon immer gemocht, doch jeder Versuch, die Gerichte nachzukochen, war gescheitert. Wo Danyel das Menü aufgetrieben hatte, war Kilian eigentlich egal – es hatte geschmeckt.

Während er in Danyels Gesellschaft gegessen hatte, war dieser still gewesen. Ohne aufdringlich zu wirken und ohne selbst etwas zu essen. Kilian lehnte sich am gemütlichen Polster an und sah Danyel nach, der zurück in die Küche ging. Kurz darauf kam er mit zwei Gläsern in den Händen wieder.

„Wein?", fragte er.

„Ich weiß nicht …", Kilian blickte skeptisch drein. Er trank nur selten Alkohol und das aus gutem Grund. Als er noch in der Ausbildung gewesen war, hatte sich die Berufsschulklasse zu einer Party getroffen. Kilian hatte zu viel und zu schnell getrunken, was ziemlich peinlich geendet hatte.

„Es ist nur Rotwein, keine Sorge", meinte Danyel und reichte ihm das Glas.

Kilian wollte nicht unhöflich sein und vor allem wollte er sein Gegenüber nicht verärgern, indem er ablehnte. Also nahm er den Wein an. Danyel setzte sich mit etwas Abstand zu ihm und sah ihn von der Seite an. Schweigen breitete sich zwischen ihnen aus, doch es erschien Kilian nicht unangenehm.

Er nippte vorsichtig an dem Glas. Der Wein besaß eine fruchtige Süße und eine leicht herbe Note. Ein angenehmer Kontrast. Er drehte den Kopf und wollte Danyel sagen, dass ihm der Rotwein schmeckte, doch dessen Augen sorgten dafür, dass die Worte unausgesprochen blieben. Das Türkis erschien ihm strahlend und unnatürlich, sodass er Danyel mit offenem Mund anstarrte. Das Leuchten der Augen ließ nach, dann blinzelte Danyel.

„Ich habe Verpflichtungen", sagte er nur, als er Kilians Blick einfing.

Der schlussfolgerte sofort. „Die Federn – du steuerst sie auf diese Weise."

„Ja, wer sonst?"

„Es war keine Frage", erwiderte er, zuckte mit den Schultern und trank einen weiteren Schluck.

„Stell das Glas ab." Keine Bitte, eine Forderung.

Er kam dem nach und wunderte sich, dass er trotz der aufsteigenden Nervosität nichts verschüttete. Kaum hatte der Fuß die Tischplatte berührt, wurde Kilian unsanft zurück gegen das Polster gezogen. Danyel umfasste seine Handgelenke, dirigierte die Arme nach oben und schob die Hände hinter Kilians Kopf.

„Die bleiben dort, wo sie sind", befahl Danyel leise und ließ die Gelenke los.

Kilian glaubte, ihm müsste das Herz aus der Brust springen, so heftig schlug es. In ihm herrschten die widersprüchlichsten Gefühle. Überraschung, aufkeimende Leidenschaft durch die Berührung, leichte Panik wegen Danyels dominanter Art, Angst vor dem Kommenden, Vorfreude aus dem gleichen Grund.

Danyel zog Kilians Shirt aus dem Hosenbund, streifte es hoch und wickelte es, nachdem es über den Kopf gezogen war, um Kilians Hände. Er fühlte sich gefesselt, auch wenn er nicht wirklich gefangen war.

Danyel erkundete mit den Fingerspitzen die nackte Haut, glitt über den Oberkörper und den Bauch. Die Berührungen verursachten ein Prickeln in Kilian, das er so nicht kannte. Jeder Hautkontakt schürte ein Feuer in ihm, Lust und Gier wallten unkontrollierbar auf. Atemlos folgte er Danyels Bewegungen mit Blicken, biss sich dabei auf die Unterlippe, um sich im Zaum zu halten.

,Was macht er nur mit mir?', fragte er sich.

Unerwartet zog Danyel seine Hand zurück und stand auf. Kilian blinzelte ungläubig. Er atmete hektisch und das Feuer, das Danyel in ihm entfacht hatte, verzehrte ihn von innen heraus. Fragend sah er zu Danyel auf, der plötzlich abwesend schien. Kilian wartete, und es schien eine halbe Ewigkeit zu dauern, ehe Danyel sich wieder rührte. Allerdings nicht, um dort weiterzumachen, wo sie aufgehört hatten. Er drehte sich um und verschwand durch den Vorhang.

,Ist das zu fassen!', dachte Kilian sauer. Würde er je aus Danyel schlau werden? Wenn das ein Spielchen war, dann ein verdammt schlechtes! Enttäuscht wickelte er sich das Shirt von den Händen, ordnete es und zog es wieder an. Die brennende Lust brodelte noch immer in ihm …

Er griff nach seinem Glas und leerte es mit einem Zug. Anschließend stand er auf, lief durch das Schlafzimmer ins Bad und zog sich aus. Eine kalte Dusche würde vielleicht helfen, das ungestillte Verlangen zu verdrängen. Kilian stellte sich unter den Speier und zog an dem Hebel, der sich erstaunlicherweise nicht verschieben ließ. Warmes, nicht zu heißes Wasser ergoss sich über ihn. Die Temperatur schien sich nicht verändern zu lassen, so sehr er sich auch bemühte, den Hebel zu bewegen.

„Kann man denn hier nicht kalt duschen?", fluchte er gegen die Fliesenwand.

„Warum solltest du das tun wollen?"

Kilian fuhr herum. Danyel stand mitten im Bad und ließ den Blick über seinen entblößten Körper wandern.

„Schade. Das Auspacken hast du schon erledigt …", sagte er.

Kilian konnte ihn nur anstarren. Danyel schritt langsam auf ihn zu, wobei er ihm unverwandt in die Augen sah. Das Plätschern des Wassers übertönte alles, nur nicht Kilians Herzklopfen. Die gleiche Aufregung, wie auf dem Sofa befiel ihn. Seine Gefühlswelt war zwiegespalten und er blickte Danyel mit gespannter Erwartung entgegen. Der trat zu Kilian und störte sich nicht einmal daran, dass seine Kleidung nass wurde. Der Blick der türkisfarbenen Augen ging Kilian durch und durch. Trotz des wärmenden Wasserfalls überzog ihn eine Gänsehaut.

Danyel fasste Kilian unter dem Kinn und beugte sich zu ihm. Der Kuss, der folgte, machte Danyels Gier überdeutlich. Kilian ließ sich mitreißen von der wilden Leidenschaft, die von Danyel ausging. Hektisch und fordernd schob er seine Hände unter den nassen Stoff und glitt an Danyels Rücken entlang. Der drängte Kilian nach hinten, sodass er mit dem Rücken gegen die Fliesen stieß. Er registrierte es kaum. Alles, was zählte, war der Mann vor ihm. Er konnte es kaum erwarten, ihn zu erkunden, ihn Haut an Haut zu spüren …

Kilian ließ seine Hände tiefer gleiten, ertastete durch die nasse Jeans einen muskulösen Hintern und presste seine Hände dagegen. Danyel stöhnte dezent in Kilians Mund, dann löste er sich von ihm. Kraftvoll zerrte er sich das Shirt vom Körper. Mit einem reißenden Geräusch löste sich der Stoff von der Haut – Kilian keuchte und konnte den Blick nicht von Danyel lösen. Das Muskelspiel der Arme, die breite Brust, die entblößt wurde, die kräftigen Schultern und der flache Bauch, die feine Linie dunkler Härchen, die vom Nabel abwärts verlief … Kilian griff in den Hosenbund und zog sich zu Danyel heran. Er küsste eine Spur von der Schulter bis zur Brust, umrundete den festen Nippel mit der Zunge, ehe er ihn zwischen die Lippen sog.

Danyels Haut mit den Lippen zu berühren war fast mehr, als Kilian ertragen konnte. Sein Unterleib pulsierte und er glaubte, jeden Moment explodieren zu müssen.

„Stopp", forderte Danyel rau und schob Kilian ein Stück von sich.

Sein Gegenüber riss die Augen auf. „Jetzt hör bloß nicht wieder auf!"

„Weit gefehlt." Danyel leckte sich über die Lippen. „Dreh dich um."

Kilian schloss die Augen und gehorchte. Danyel knabberte an seinem Hals, sog die Haut zwischen die Zähne und glitt mit seiner Hand an Kilians Seite entlang. Dann hörte Kilian, dass Danyel die Knöpfe seiner Hose aufriss. Kurz darauf spürte er deutlich, dass Danyel nicht weniger erregt war, als er selbst. Als ob er denn noch einen Beweis gebraucht hätte …

Die Härte presste sich gegen seinen Po, lustvolle Erwartung breitete sich in Kilian aus. Danyels Hand erkundete seinen Körper und er stützte sich an der Wand vor seinen Augen ab, während das Wasser auf sie herunterprasselte. Im gleichen Moment, in dem Danyel seinen Schwanz umfasste, spürte er den Druck an seiner Kehrseite. Ohne Vorwarnung schob Danyel sich in ihn. Kilian wusste nicht, ob er vor Schmerz oder vor Lust laut aufschreien sollte. Für einen Augenblick blieb ihm die Luft weg. Die Hitze, die ihn durchströmte, war nicht vergleichbar mit der, die durch Danyels Berührung ausgelöst wurde.

Danyel zögerte nicht. Er nahm Kilian wild, hielt seinen Oberkörper mit der einen Hand aufrecht, während die andere um seinen Schaft geschlossen war. Die Faust flutschte im gleichen Tempo auf und ab, wie die Stöße von Danyels Becken.

Kilian wurde beherrscht. Die Lust ließ für nichts anderes mehr Raum. Das Feuer in ihm war so verzehrend, dass er glaubte, es nicht mehr aushalten zu können. Er konnte und wollte sich nicht bremsen, gab sich Danyel vollkommen hin. Dann überrollte ihn ein Höhepunkt, der ihm alle Kraft nahm. Die lustvolle Explosion ließ ihn laut aufbrüllen, seine Knie gaben nach, doch Danyel hielt ihn aufrecht. Der Taumel schien nicht enden zu wollen, ebbte nur langsam ab. Während der letzten Züge dieses berauschenden Gefühls stöhnte Danyel laut auf und ergoss sich mit hektischen Stößen in Kilian. Der hatte das Gefühl, gleich einen zweiten Orgasmus zu erleben. Er fand für diese Empfindung keine andere Beschreibung.

Er war kaum zu Atem gekommen, als ihm ein Gedanke durch den Kopf schoss. Kein Kondom! Er schnaubte belustigt. Als wenn das bei zwei Monaten Lebenserwartung noch eine Rolle spielte!

„Lachst du mich etwa aus?", fragte Danyel, hörbar nach Atem ringend.

„Nein. Eine kleine menschliche Sorge, die sowieso keine Rolle mehr spielt", erklärte er seinen Gedanken.

„Ich bin weder giftig, noch trage ich Krankheiten in mir", entgegnete Danyel sachlich und löste sich von Kilian.

„Es sollte auch nicht so klingen ...", beschwichtigte Kilian und stellte das Wasser ab. Er trat aus der Dusche und griff eines der Handtücher, während Danyel sich aus der nassen Jeans quälte, die sich offensichtlich nur schwierig von der Haut schälen ließ.

„Ich hätte auch keinen Grund, dich auszulachen", ergänzte Kilian und rieb sich die Haare trocken.

„Das würdest du dir auch nicht erlauben dürfen." Danyels Stimme klang tonlos und viel zu neutral, dafür, dass die Worte eine Warnung gewesen waren. Kilian versuchte, es zu ignorieren, denn das Erlebnis steckte ihm noch viel zu tief in den Knochen. Noch kein anderer hatte es geschafft, ihn so zu berühren. Im wahrsten Sinne des Wortes. Danyels Berührungen gingen Kilian durch und durch, und es gab kaum eine treffende Beschreibung dafür. Kein anderer Mann hatte je solche Empfindungen bei ihm ausgelöst. Der Nachhall des Gefühls war viel zu präsent, als dass Kilian sich über die Worte Gedanken machen konnte. Nachdem er sich abgetrocknet hatte, sank er mit dem Handtuch um die Hüften auf das breite Bett – gesättigt vom Abendessen und dem durchaus ansprechenden Nachtisch ...

Acht

Danyel trat aus der Dusche, griff nach einem Handtuch und kickte die nasse Hose achtlos in die Ecke. Als er schließlich nackt aus dem Bad trat, fiel sein Blick auf Kilian, der bäuchlings auf dem Bett lag und leise schnarchte.

Dieser junge Mensch brachte seinen Alltag vollkommen durcheinander – und genau das hatte er gewollt. Etwas Abwechslung in der Monotonie. Das war allerdings nicht der einzige Grund. Kilian hatte etwas, was andere Menschen nicht hatten – zumindest die, mit denen Danyel bisher in Kontakt gekommen war. Was genau Kilians Besonderheit ausmachte, konnte er nicht bestimmen. Aber er nahm an, dass er das noch herausfinden würde.

Der Anblick des schlafenden Menschen in seinem Bett wirkte ungewohnt. Danyel trat ans Regal, zog sich an und griff danach eine Pyjamahose aus dem Fach. Auch auf die Gefahr hin, dass er Kilian wecken würde, zog er ihm Kraft seiner Gedanken das Handtuch weg. Anschließend streifte er ihm auf die gleiche Weise die Hose über, hob ihn vom Bett, schlug die Decke auf und ließ ihn wieder herunter. Kilian schlief weiter, was Danyel amüsiert lächeln ließ. Er kehrte seinem Gast den Rücken zu und verließ den Raum.

Zurück an seinem Schreibtisch ließ er ein paar Pergamente zu sich fliegen und begann gelangweilt seiner Arbeit nachzugehen. Zwischendurch stockte er und schweifte gedanklich zu Kilian ab. Er fand kaum Worte dafür, was die Berührungen dieses Menschen in ihm auslösten. Die Intensität ließ sich nicht beschreiben und verwirrte ihn. Zudem festigte es seinen Entschluss, Kilian bei sich zu behalten, nur um das zu ergründen. Dafour schien ihn nicht zu mögen, sah sogar eine Gefahr in ihm, doch das war Danyel einerlei, denn nur er musste es richtig finden, Kilian bei sich zu behalten. Nur seine Meinung zählte und er hatte sich geschworen, wenn Dafour es noch einmal wagte, Einwände zu erheben, dann würde er ihm eigenhändig die Zunge herausreißen. Danyel befand, dieser tief sitzende Egoismus wäre seine einzige menschliche Eigenschaft. Eine, die ihm noch nicht geschadet hatte, ganz im Gegenteil … und von Dafour würde er sich keinesfalls beeinflussen lassen! Die Frechheit, an seinem Urteilsvermögen zu zweifeln, verzieh Danyel ihm nicht leichtfertig. Es war lange her, dass er Dafour hatte in die Schranken weisen müssen. Es schien, als stünde der Herr der Boten nicht mehr vollkommen loyal hinter Danyel. Ein Punkt, der Aufmerksamkeit verlangte und notfalls Konsequenzen haben würde.

Danyel bemerkte nicht, dass er die Zähne aufeinandergebissen und die Feder fest umklammert hatte.

„Die Zeit! Die Zeit!", flüsterten ihm zwei raue Stimmen zu. Eine hell, eine dunkel. Pajlin und Teghre. Seine steten Begleiter, die nur er ansah und die nicht viel sprachen. Selbst Dafour wagte es nicht, den beiden ins Gesicht zu sehen, dabei kannte er sie ebenso lange, wie Danyel.

„Ich weiß", brummte Danyel und beschrieb wahllos die Pergamente. Namen und Daten interessierten ihn nicht. Die Sprache wechselte er automatisch, ohne darüber nachdenken zu müssen. Mechanisch und bar jeglichen Gefühls füllte er die Papiere aus, nahm die nimmermüden, schwebenden Schreibfedern zu Hilfe, die an der hinteren Wand die Papiere beschrifteten, und holte rasch auf. Als sein Tin-

tenfässchen sich leerte, hatte er einen Großteil erledigt –
zumindest für diese Stunde. Danyel öffnete die Schublade,
um ein neues Fass hervorzuholen und hielt inne. Sein spe-
zieller Füller lag nicht so, wie er ihn hingelegt hatte. Gefüllt
mit seinem Blut als Tinte, erneuert alle vierundzwanzig
Stunden, besaß dieser Füller die Macht, die festgelegte Lebenszeit zu ändern.

Danyel sah zu Pajlin und Teghre, deren Tisch an der
Wand ihm gegenüber stand. „Wer war an meinem Tisch?"

Pajlin hob den Kopf und das milchige Gesicht wurde unter der großen Kapuze sichtbar. „Nur du und Dafour.
Niemand sonst", gab sie Auskunft. Die raue Stimme schallte leise zu ihm, nur ein Flüstern, nicht mehr als ein Hauch.

„War Dafour an der Schublade, als ich nicht hier war?"

„Ja, er hat neue Tintenfässer hineingestellt. Ich hörte es
klirren, als die Gläser zusammenstießen."

Pajlin wandte sich wieder den Pergamenten zu und
Danyel verkniff sich die Frage, ob sie ihn dabei beobachtet
hatte. Wahrlich hatte sie dies getan, doch mehr mit den
Sinnen, als mit den Augen. Blind und doch alles sehend,
mit Augen, die schön und erschreckend zugleich waren.

Er gab sich mit der Auskunft zufrieden. Womöglich war
Dafour gegen den Füller gestoßen, als er die Tinte nachfüll-
te. Jede andere Variante wollte er nicht wahrhaben, vorerst.
Auch wenn er Dafour im Augenblick mangelnde Loyalität
unterstellte, einen Verrat traute er ihm nicht zu.

Danyel verbrachte die ganze Nacht am Schreibtisch. Im
Morgengrauen sah er nach seinem Gast, der noch fest
schlief. Ein Punkt, den er an den Menschen nicht mochte.
Die schwachen Körper waren angewiesen auf diese Aus-

zeit. Überhaupt waren die mannigfaltigen Schwächen der Menschen etwas, was ihn schließlich dazu gebracht hatte, sie langweilig zu finden. Den einen oder anderen hatte er auch schon vor die Tür gesetzt und die Bitte nach einem Handel mit Verachtung abgelehnt.

Manche Tiere oder Pflanzen waren interessanter für ihn, als die Spezies Mensch – mit Ausnahme von dem einen Exemplar, das vor ihm lag. Er verstand nicht, weshalb sich Kilian auf den Handel eingelassen hatte. Ein hoher Preis für ein wenig Zeit, die am Ende doch nichts verändern würde. Der Tod traf jeden. Was machte es da für einen Unterschied, ob das früher oder später wäre? Das geänderte Pergament brachte nicht die Sicherheit, dass Kilians Schwester tatsächlich alt werden würde. Es passierte zu viel in der Welt, was nicht kalkulierbar war. Danyel war es gleich. Für ihn war der Preis akzeptabel und durchaus lohnenswert.

Er hatte schon gegen vieles getauscht – unter anderem sah seine Unterkunft nur deshalb so aus, weil die Menschen Leistung gegen Zeit getauscht hatten – doch dieser Handel war selbst für ihn etwas Neues. Sicherlich hatte er sich schon mit *Naturalien* bezahlen lassen, wenn man es genau nahm. Aber ein solches Abkommen? Nein. Der Einfall dazu war ihm gekommen, als Kilian ihn berührt hatte. Nicht, weil es sonst niemand wagte, ihn anzufassen. Nein, er hatte sofort gespürt, dass Kilian etwas besaß, was es zu ergründen lohnte. In den letzten sieben Jahrzehnten war es keinem anderen Menschen gelungen, Danyel innerhalb von Sekunden derart zu beeindrucken.

Danyel betrachtete das ebenmäßige Gesicht noch einen Augenblick, ehe er das Schlafzimmer verließ und entschied, dass sein Gast an diesem Morgen schlafen sollte, so lange dieser es wollte.

~~~

Dafour teilte die Pergamente den Boten zu. Anschließend zog er sich zurück. Kilian hier zu haben gefiel ihm gar nicht. Dieser Mensch gehörte nicht hierher. Ja, er neidete Danyel seine Macht, aber er bezweifelte dessen Entscheidungen normalerweise nicht. In letzter Zeit hingegen war er nicht mehr sicher, ob Danyel wirklich wusste, was er tat. Oh, nicht der Schritt an die Öffentlichkeit. Nein, das war klug, denn Dafour profitierte ebenfalls davon. Gerechnet in der Zeitspanne ihres Daseins war die Offenbarung gerade mal ein paar Minuten her. Und Dafour hatte schnell gelernt, die neuen Umstände für seine persönlichen Interessen zu nutzen. Als rechte Hand des Schicksals war das auch nicht gerade schwierig …

Er war nicht weniger egoistisch als Danyel. Doch seine ganz eigenen Geschäfte beschränkten sich nur auf bestimmte Personenkreise … und das würde Dafour sich auch nicht nehmen lassen. Das stand fest.

Vielleicht sollte er für ein wenig Gesprächsstoff sorgen. Was sich hier abspielte, bekam normalerweise keiner mit. Nur, wenn Dafour in die richtigen Ohren flüsterte, machten Gerüchte die Runde. Er wusste das durchaus zu nutzen.

Neun

Kilian erwachte und die Helligkeit kitzelte ihn aus dem Schlaf. Er blinzelte und setzte sich auf. Mit leichtem Erstaunen stellte er fest, dass er zugedeckt war. Er konnte sich nicht erinnern, unter die Decke gekrochen zu sein. Als er diese beiseite schlug, staunte er noch mehr. Seines Wissens nach war er nur mit dem Handtuch aufs Bett gefallen, nun trug er eine leichte Schlafhose, die nicht die seine war. Hatte Danyel ihm diese übergezogen? Eine nette Geste ...

Kilian schwang die Beine aus dem Bett und lief barfüßig ins Bad, um sich zu erleichtern. Anschließend zog er sich seine eigenen Sachen an und verließ das Schlafzimmer. Er wusste nicht, wie viel Uhr es war oder wie lange er geschlafen hatte. Der Vorhang im Wohnbereich war geschlossen, die Gläser vom Vorabend nicht mehr auf dem Tisch und die Tür zur Küche nur angelehnt. Kilian stieß sie auf und erwartete, Danyel dort anzutreffen. Doch er erblickte niemanden.

Also drehte er sich um und schritt auf den Vorhang zu. Als er leise Stimmen hörte, hielt er inne.

„Du musst mir nicht sagen, was du bezweckst, Danyel. Ich sage nur, der Junge gehört nicht hierher. Er könnte gefährlich sein."

„Lass das meine Sorge sein. Misch dich nicht ein, ich weiß genau, was ich mache. Kümmere du dich um deine Aufgaben, Dafour."

„Sag später nicht, ich hätte dich nicht gewarnt."

Leises Rumpeln folgte den Worten und Kilian zog nachdenklich die Stirn kraus.

„Pass gut auf, denn ich wiederhole es nicht! Kilian ist meine Sache und wenn noch ein Wort dazu über deine Lippen kommt, sorge ich

dafür, dass es deine letzten waren. Stell meine Entscheidungen nicht infrage, Dafour. Und jetzt geh mir aus den Augen. "

Es schepperte und Kilian schluckte. Er wusste nicht recht, was er davon halten sollte. Dafour wollte ihn nicht hier haben und Danyels Stimme hatte so kalt und abweisend geklungen, dass er dessen sanfte Seite vergaß und einfach nur noch Angst hatte. Wie auch immer Danyel seine Drohung gegenüber Dafour wahrmachen würde, feststand, dass keine der Möglichkeiten angenehm für den Herrn der Boten wäre. Erneut fragte er sich, auf was er sich eingelassen hatte.

Als er durch den Vorhang trat, versuchte er sich nicht anmerken zu lassen, dass er einen Teil der Unterhaltung mitbekommen hatte. Um dem panischen Gefühl entgegenzuwirken, welches sich in ihm breitmachen wollte, dachte er an Danyels andere Seite. Die Erinnerung an die sinnlichen Berührungen und den heißen Sex in der Dusche löste ein Kribbeln in seinem Bauch aus. Er musste zugeben, dass Danyel ihn längst gefangen genommen hatte. Egal, wie sehr er sich auch vor ihm fürchtete, Kilian wusste, dass eine Berührung von Danyel alles andere zunichtemachen könnte. Eine Zwickmühle. Eine, in die er sich selbst hineinmanövriert hatte. Kilian unterdrückte einen Seufzer und trat um die Ecke.

Danyel saß am Schreibtisch und zog Spielkarten aus einem Stapel. Rechts von ihm saßen die beiden Gestalten mit den Kapuzen an ihrem Tisch und kehrten ihm den Rücken zu. Am hinteren Ende schwebten die Pergamente und Federn in der Luft – ein Anblick, der Kilian noch immer staunen ließ. Obwohl Danyel ihn gehört haben musste, sah er nicht auf.

„Guten Morgen", grüßte Kilian.

Danyel beschrieb mit der Feder ein Pergament und sah dann auf.

„Der Vormittag ist fast vorüber." Danyel schob die Karten zurück, mischte den Stapel und zog erneut fünf Stück heraus. Kilian trat vor den Schreibtisch und erkannte, dass keine Bildkarten dabei waren. Vermutlich gab es auch keine.

„Ich weiß nicht, wie spät es ist."

„Das mache ich dir nicht zum Vorwurf, hier gibt es keine Uhren. Was sollte ich auch damit?", Danyel sah erneut auf. „Morgen wecke ich dich. Du bist nicht hier, um die Zeit zu verschlafen."

Kilian nickte zögerlich. „Danke für die Hose."

Danyel winkte ab und schrieb die Zahlen der Spielkarten auf das Pergament, das daneben lag.

Kilian konnte nicht so recht glauben, dass er auf diese Weise die Lebenszeit festlegte, wagte aber nicht, etwas dazu zu sagen. Es erschien ihm ungerecht, wie wahllos Danyel entschied. Wie viele Jahrzehnte, Jahre, Monate und Tage er aufschrieb. Wie lang oder kurz ein Leben wäre … gab es denn keinen Grund, etwas gerechter zu sein? Auf der anderen Seite war es sicherlich schwer, diese Gerechtigkeit zu definieren. Welche Kriterien sollte man nehmen, um zu einem fairen Ergebnis zu kommen?

Kilian legte diesen Gedankengang auf Eis. Viel mehr interessierte ihn, weshalb er Dafour so ein Dorn im Auge war. Das allerdings konnte er auch nicht aussprechen, denn damit würde er Danyel verraten, dass er mitgehört hatte.

„Ich habe Vorräte für dich besorgen lassen. Du findest alles in der Küche mit deinem Namen beschriftet", erklärte Danyel und legte das Pergament beiseite.

„Danke." Kilian sah zu Boden und drehte sich weg. Somit lief er nicht Gefahr, die beiden Schreibenden anzusehen. Er fragte sich, ob die je etwas anderes taten als dort zu sitzen und die Federn übers Papier zu führen. Danyel sagte nichts weiter und Kilian starrte auf seine Füße, als er den Seitenflügel verließ.

Danyel hatte nicht übertrieben, als er Vorräte meinte. Kilian kam es vor, als habe er die komplette Auswahl eines Supermarktes einkaufen lassen. Es gab von allem etwas – und jede Verpackung war mit seinem Namen gekennzeichnet. Was den Unterschied zu Danyels Lebensmitteln ausmachte, konnte Kilian nicht erkennen. Die Auswahl ohne Namenszug war kleiner, sah für ihn allerdings völlig normal aus.

Kilian machte sich einen Kaffee und nahm sich einen Apfel aus der Tüte. Bewaffnet mit beidem trat er nach draußen und steuerte auf die Bank im Garten zu. Er grübelte, was er Monja erzählen sollte, denn sie würde sicherlich nach dem geheimnisvollen Mann fragen, den Kilian als Grund für sein Bleiben genannt hatte. Es musste eine Geschichte her, die sie ihm abkaufen würde … nur fiel ihm keine ein. Er biss in den Apfel und das knackende Geräusch kam ihm unnatürlich laut vor. Überhaupt war es sehr still in der Gartenanlage. Unheimlich. Als ob die Geräusche der Stadt sich nicht hereintrauen würden.

Eine Wolke schob sich vor die Sonne. Kilian ließ den Blick schweifen und nahm eine Bewegung am Rand des

Weges wahr. Eine Frau huschte am Gebäude entlang, ihr bodenlanges Kleid umwehte ihre Beine und das Gesicht war verdeckt von ihrem schulterlangen Haar. Kilian sah ihr nach und fragte sich, wer sie wohl war und weshalb sie es so eilig hatte. Ob sie für Danyel arbeitete? Vermutlich. Er wollte schon aufstehen und ihr nacheilen, weil sie der erste Mensch war, den er hier außer dem Türsteher gesehen hatte, doch er entschied sich dagegen. Stattdessen trank er seinen Kaffee aus und stellte die Tasse neben sich auf die Bank. Er rechnete nicht damit, dass Dafour ihm erneut im Garten über den Weg laufen würde, da der vor Kurzem erst bei Danyel gewesen war. Wenn Dafour nur stündlich hinüberging, um die Dokumente abzuholen …

Kilian streckte die Beine aus und betrachtete die Wolken, die über ihm dahinzogen, während er genüsslich aß. Leider konnte das Schauspiel am Himmel ihn nicht ablenken. Seine Gedanken kreisten wiederholt um die Frage, was Dafour gegen ihn haben könnte. Kilian glaubte nicht, dass es bloßes Misstrauen war. Allerdings sah er auch keinen Grund, der Anlass dafür geben könnte, ihn von vornherein abzulehnen. Wenn er wissen wollte, was Dafour so störte, würde er ihn darauf ansprechen müssen. Doch der Gedanke an den forschenden Blick aus den roten Augen ließ Kilian frösteln. Er hatte keine Ahnung, wie das Verhältnis zwischen Danyel und Dafour war, doch Kilian wollte nicht der Grund für ein eventuelles Zerwürfnis sein.

Als er sich auf den Rückweg machte, eilte die junge Frau erneut am Haus entlang – diesmal in die andere Richtung und mit einem Wäschekorb in Händen.

„Hey! Warte!", rief Kilian ihr zu. Sie reagierte nicht und zu spät kam ihm die Erkenntnis, dass sie ihn nicht verstehen konnte. Immerhin war er hier in Italien, er konnte kaum erwarten, dass sie Deutsch sprach.

Er schüttelte über sich selbst den Kopf, betrat das alte Gemäuer und brachte seine Tasse in die Küche zurück. Anschließend trat er ins Schlafzimmer und suchte nach dem Telefon. Auch wenn er sich noch nicht die richtigen Worte zurechtgelegt hatte, wollte er versuchen, Monja zu erreichen. Notfalls müsste er improvisieren ... wenn er das Gerät denn fand. Es schien wie vom Erdboden verschluckt, selbst unter dem Bett lag es nicht.

„Suchst du was?" Danyel klang amüsiert.

Kilian zuckte zusammen und rappelte sich auf. „Leute zu erschrecken beherrschst du gut", erwiderte er, „und ja, ich suche das Telefon."

„Es war leer."

Kilian zog die Brauen nach oben. „Aha. Darf ich eine Frage stellen?"

„Natürlich. Aber ich garantiere nicht, dass du auch eine Antwort bekommst."

„Wie viele Menschen arbeiten hier?"

Danyel schürzte die Lippen und sah aus, als müsse er überlegen. „Fünf", sagte er schließlich. „Warum?"

„An mir ist eine Frau mit Wäsche vorbeigekommen, daher frage ich. Sprechen die alle Italienisch?"

„Nein. Jeder stammt aus einem anderen Land. England, Polen, Frankreich, Ägypten und Norwegen – wenn du es genau wissen willst."

Kilian blinzelte. Verstand Danyel die etwa alle? Im gleichen Moment wurde ihm klar, dass er das tat. Er war so alt, wie die Welt und wenn er nicht alle Sprachen verstand, wer sonst?

„Du bist auch nicht hier, um dich mit denen zu unterhalten, falls du es vergessen haben solltest."

„Nein, habe ich nicht." Er verschränkte die Arme vor der Brust. „Kann ich das Telefon noch mal haben? Ich muss meine Schwester anrufen."

Danyel sah ihn abschätzend an. „Warum? Ist nicht alles geklärt?"

„Doch, nein. Sie war sauer und ich hab ihr eine Ausrede aufgetischt, warum ich hier bleibe. Und ich muss meiner Mutter selbst beichten, was ich getan habe."

Danyel schwieg. Kilian konnte an seinem Gesicht nicht ablesen, was er dachte. Einerseits war es ihm egal, andererseits wollte er, dass Danyel seine Ehrlichkeit schätzte.

„In Ordnung. Aber die Geschichte, die du ihr erzählst, die will ich auch hören", Danyel grinste und für Kilian sah es fast aus, als wäre er schadenfroh. Unlogisch, dafür, dass er über keine menschlichen Gefühle verfügen sollte ...

„Damit habe ich kein Problem. Ich habe ihr schon gesagt, dass ich einen Kerl kennengelernt hätte. Aber wie ich sie kenne, lässt sie nicht locker, bis sie Einzelheiten erfährt."

Danyel lachte kurz auf. „Wie gesagt, du amüsierst mich. Und ich muss dir zugutehalten, dass du über den wahren Grund schweigen willst. Denn der geht niemanden etwas an."

Kilian schnaubte. Ein Lob, welches keines war! „Ich kann ihr ja kaum erzählen, dass ich mich an dich verkauft habe, damit der Tausch vollzogen wird!" Es hatte nicht hart klingen sollen, doch es kam ihm leicht verächtlich über die Lippen.

In einem Sekundenbruchteil war Danyel bei ihm und umfasste Kilians Kinn. Der Griff war fest und unangenehm, wenngleich auch ein sinnliches Prickeln durch seinen Körper stob.

„Ich gab dir bisher keinen Grund zu bereuen, was du getan hast. Doch das kann sich schnell ändern ...“ Der bohrende Blick traf Kilian, der erneut nicht davon loskam. Die schier unendliche Tiefe der türkisfarbenen Iriden hielt ihn gefangen und machte eine Antwort unmöglich. Die Hand unter seinem Kinn schickte wahre Feuerstöße in seinen Unterleib. Keuchend stieß er die Luft aus. Abrupt ließ Danyel ihn los, der Bann brach.

„Ich bereue es nicht. Aber ich will nicht, dass Monja schlecht von mir denkt und mich verachtet, wenn sie mich begraben werden“, erklärte er sich.

Danyel kniff die Augen leicht zusammen und neigte den Kopf, als würde er über das Gesagte angestrengt nachdenken. Kilian handelte intuitiv, fasste Danyel in den Nacken und zog ihn zu einem Kuss heran. Die Berührung ihrer Lippen ließ Kilian das Blut in die Lenden schießen und sorgte dafür, dass sich seine Pobacken anspannten. Danyel erwiderte den Kuss, doch zugleich schob er Kilian sanft aber bestimmt von sich, bis der Kontakt abbrach.

„Akzeptiert“, sagte er. „Leider habe ich noch zu tun. Aber glaub mir, nachher werde ich mit Vergnügen noch mehr von dir kosten und etwas deiner Schuld einfordern.“ Das Versprechen wurde begleitet von einem leichten Funkeln in seinen Augen.

Kilian schluckte und sah Danyel nach, als der sich umdrehte und das Zimmer verließ.

〜〜

Monja lief unruhig in der Wohnung auf und ab. Sie hatte sich krankgemeldet, weil sie einfach keinen klaren Kopf bekam. Es war ihr unglaublich schwergefallen, gegenüber ihrer Mutter nichts zu sagen – das ‚Vergnügen' würde Kilian haben.

Nachdem die erste Wut verraucht war, verstand sie Kilians Entscheidung besser. Zwar begrüßte sie es, die Chance auf ein langes Leben bekommen zu haben, aber zugleich fraß sich der Gedanke, dieses ohne Kilian führen zu müssen, unerbittlich durch ihren Bauch. Er hatte versprochen, dass er wieder anrufen würde und sie wartete nervös darauf. Dass sie nicht da sein könnte, wenn Kilian sich meldete, war ein weiterer Grund gewesen, zu Hause zu bleiben.

Sie dachte immer wieder über seine Worte nach, dass er nicht zurückkäme. Das wollte und konnte Monja nicht akzeptieren. Kilian hatte gegen ihren Willen gehandelt. Von klein auf hatte sie gewusst, wie kurz ihr Leben währen würde und hatte sich damit abgefunden. Nun sah alles anders aus, ohne dass sie etwas dagegen hätte tun können. Sollte sie jetzt auch noch darauf verzichten, sich von Kilian zu verabschieden? Sollte ihre Mutter nicht die Möglichkeit bekommen, ihren Sohn zu umarmen, bevor er starb? Nein, keinesfalls.

Wenn sie ihn nicht überzeugen könnte, wenigstens für einige Tage nach Hause zu kommen, dann würde sie zu ihm nach Italien fahren. Ob er das wollte, oder nicht. Er hatte über ihren Kopf hinweg entschieden und dieses Mal würde er ihr die Entscheidung nicht abnehmen! Die stand felsenfest.

Lautes Geschrei ließ Kilian aufblicken. Stimmen hallten durch das große Gebäude und sie klangen aufgebracht. Er verstand sie nicht und schwang sich vom Sofa, auf dem er gesessen hatte. Er hatte nichts zu tun und seine Neugier trieb ihn dazu, durch den Vorhang zu treten und dem Gebrüll auf den Grund zu gehen.

Lange musste er nicht suchen, um den Ursprung zu finden. Er lag an der Eingangstür. Die konnte Kilian noch gerade so erkennen. Die beiden tiefen Stimmen schallten durch den Raum und es war deutlich, dass es sich um ein Streitgespräch handelte. Kilian lief vor, spähte um die Ecke und sah Danyel unbeeindruckt am Schreibtisch sitzen.

„Was ist denn da vorne los?"

Danyel sah auf. „Ein Mensch, der sich aufregt, weil sein Termin gestrichen wurde."

Kilian verstand. Danyel hatte Dafour gebeten, alle Verhandlungen abzusagen. Allerdings wusste er nicht genau, weshalb. Danyel beschäftigte sich zu wenig mit ihm, als dass er der Grund sein könnte.

„Warum hörst du ihn nicht an? Ich will mich nicht einmischen, aber wenn ich an seiner Stelle wäre, würde ich mich auch beschweren."

Danyel legte die Feder beiseite und stand auf. „Du hast recht, ich sollte ihn anhören. Das könnte unterhaltsam werden."

Kilian sah Danyel mit großen Augen an. Er hatte nicht erwartet, dass Danyel einfach nachgab. Als der an ihm vorbeiging, senkte Kilian den Blick und folgte ihm. Die Versuchung, die beiden Schreibenden anzusehen, wuchs mit jedem Mal, wenn er sie passieren musste. Er hoffte, er würde ihr nie erliegen …

Danyel rief etwas durch die Halle, was Kilian nicht verstand. Daraufhin erstarben die Stimmen und ihre Besitzer kamen auf sie zu. Beim Näherkommen erkannte Kilian den einen wieder. Dieser hatte auch ihn eingelassen. Der andere wirkte untersetzt und versuchte sichtlich, mit den Schritten des Italieners mitzuhalten.

Kilian hielt sich im Hintergrund, wartete an der Abzweigung zum Schreibraum – wie er ihn nannte – und beobachtete. Wie bei seiner eigenen Ankunft auch stoppte der Butler – oder Türsteher, oder was auch immer er war – in der Mitte und wies den Gast an, alleine weiterzugehen. Der kam weiter mit eiligen Schritten auf Danyel zu, der mit verschränkten Armen da stand und eine unbeteiligte Miene zur Schau stellte.

Schließlich hatte der Mann ihn fast erreicht. Er blieb in einem Meter Entfernung stehen und warf sich auf die Knie. Eine Flut von Worten verließ seinen Mund. Kilian verstand ihn nicht, erkannte aber an der Tonlage, dass er Dankbarkeit ausdrückte. Vermutlich die Erleichterung, dass man ihn doch anhörte und seine Anreise nicht umsonst gewesen war.

Danyel unterbrach ihn und die Kälte in seiner Stimme ließ Kilian erschaudern. Er musste nicht verstehen, worum es ging oder was die Worte bedeuteten. Die Klangfarbe verriet alles. Danyels Stimme triefte nur so vor Verachtung.

Der Besucher erbleichte, sah mit aufgerissenen Augen zu Danyel auf und klappte, wie ein Fisch den Mund auf und zu, ohne dass ein Ton über seine Lippen kam. Kilian empfand Mitleid für den Mann. Der war bestimmt mit ebenso großer Hoffnung und einiger Naivität hier hergekommen, wie Kilian selbst. Sicher, er wusste nicht, was der Mann wünschte … doch die deutliche Ablehnung Danyels machte klar, dass der Wunsch nicht erfüllt würde. Kein Handel.

Als der Mann sich erhob und fast panisch um sich blickte, als suche er jemanden, der ihm zu Hilfe käme, blieb er bei Kilian hängen. Der fragende und fast flehende Blick ließ Kilian wünschen, er wäre unsichtbar.

〰

Danyel betrachtete den Menschen vor sich. Wie er das verabscheute. Erst dieses dankbare Geschwafel, dann kam die Bitte, die in diesem Fall fast eine Forderung gewesen war, und schließlich die Panik, die auf seine ablehnende Haltung folgte. Wie konnte dieser Mensch nur denken, er würde sich mit Geld abspeisen lassen? Warum nur dachten die Menschen so oft, sie könnten mit ihrem Vermögen Eindruck schinden und zu ihm kommen, um Jahre zu kaufen? Das Exemplar vor ihm sah nicht aus, als besäße er viel davon. Dennoch hatte er ihm gerade angeboten, fünfhunderttausend zu zahlen, wenn Danyel die Lebenszeit seiner Gattin um zwanzig Jahre erhöhen würde.

„Sieht es hier aus, wie in einem Supermarkt, in den man hineingeht und etwas kauft?", er pausierte kurz. „Nein! Bei mir gibt es nichts zu kaufen und nun geh. Ich verhandle nicht weiter mit dir … und ich verkaufe nichts!", sagte er und wandte den Blick ab.

Der Mensch begann zu jammern. Ein weiterer Punkt, weswegen Danyel die Fäuste ballte, um den Kerl nicht am Kragen zu packen und eigenhändig vor die Tür zu schleifen. Er wusste, Kilian stand da und beobachtete alles. Warum er sich wegen ihm zusammenriss, wollte er nicht ergründen. Stattdessen rief er nach Eduardo, seinem Wächter der Tür, damit der den flehenden Menschen hinausbrachte. Danyel wusste, Eduardo bevorzugte es, nicht in seine Nähe zu kommen, doch manchmal gab es keine andere Möglichkeit. Seit zehn Jahren stand der nun in Danyels Diensten und seit er ihn berührt hatte, um ihm den besonderen Blick zu verleihen, mied dieser den direkten Kontakt mit ihm. Irgendwie verständlich, dies musste sogar Danyel zugeben. Eduardo hatte unter Schmerzen die Gabe erhalten, die dafür sorgte, dass niemand das Gebäude mit einer Waffe betrat. Gleich welcher Art diese wäre, er würde sie sehen.

Erfreulich war, dass Eduardo herbeieilte und den inzwischen weinenden Menschen sanft aber bestimmt am Arm griff und mit sich zog. Dabei zeigte der Wächter der Tür keinerlei Regung. Sein Gesicht wirkte so ausdruckslos, als würde er einen Wäschesack hinter sich herziehen.

Danyel sah ihnen nach. ‚Mit dem Geheule erweicht er jedes Weib, aber nicht mich!‘, dachte er und unterdrückte ein angewidertes Würgen.

In solchen Situationen fragte er sich, warum er auf die Idee gekommen war, mit den Menschen zu handeln. Die Antwort lautete jedes Mal: weil ihm langweilig gewesen war. Aber wie so vieles hatte auch diese Medaille zwei Seiten. Ihm wurde bewusst, dass er vor Kilian nicht wie ein herzloses Wesen aussehen wollte, indem er den Mann nicht anhörte. Jetzt war die Frage – was hatte er dadurch gewonnen? Die Szene war alles andere als hilfreich gewesen, um Eindruck zu schinden.

Er starrte dem Menschen und Eduardo hinterher. Die Unverschämtheit des Angebots stieß ihm auf, dabei war es nicht das erste Mal gewesen, dass jemand Zeit ‚kaufen‘ wollte. Wie er das hasste!

Zehn

Kilian sah verlegen zu Danyel. Er wünschte, er hätte ihn nicht gebeten, den Mann anzuhören. Er hatte nichts von dem verstanden, was die beiden gesprochen hatten, doch es war alles andere als unterhaltsam gewesen, wie Danyel im Voraus vermutet hatte. Während der Mann sichtlich gebrochen nach draußen geleitet wurde, starrte Danyel ihm hinterher. Er wirkte, als wäre ihm schlecht und Kilian fragte sich, um was der Mann gebeten hatte. Unbehaglich trat er von einem Fuß auf den anderen. Wenn er geahnt hätte, dass die Situation sich so entwickeln würde, hätte er nichts gesagt. Warum nur hatte er sich einmischen müssen? So wie Danyel im Moment aussah, erwartete er, die Folgen der schlechten Stimmung abzubekommen.

Abwartend schob er die Hände tief in die Hosentaschen und traute sich nicht, sich zu verkriechen, um dem Unheil aus dem Weg zu gehen. Schließlich drehte sich Danyel um, stockte kurz, als er Kilian erblickte, und lief ohne ein Wort an ihm vorbei.

Es schien fast, als habe Danyel vergessen, dass Kilian anwesend war. Er atmete tief durch und drehte sich um.

„Entschuldigung. Ich habe nicht geahnt, dass es so endet."

Danyel grunzte. „Was hast du erwartet? Er ist nur ein Mensch", sagte er verächtlich. „Und jeder, der herkommt, will das Gleiche. Aber man bekommt nicht immer, was man will."

Kilian schluckte. ‚Nur ein Mensch', hallte es in seinem Kopf. Ihm lief ein Schauer über den Körper und Danyels

Worte trafen ihn härter, als sie es sollten. Ja, er wusste, dass sein Gegenüber nicht menschlich war. Er musste zugeben, in Danyels Wesen mehr Humanität hineininterpretiert zu haben, als vorhanden war. Gastfreundschaft und ein richtig guter Fick reichten nicht ... der Unterschied zwischen ihnen beiden war im Augenblick nur allzu deutlich.

Danyel beschrieb seine Pergamente und Kilian drehte sich weg. Es fiel ihm nichts ein, was er noch hätte sagen können.

„Falls es dich interessiert: Dieser Mann wollte Jahre kaufen, als wäre das hier ein Geschäft."

Kilian hielt inne. „Danke", erwiderte er.

Aufgewühlt streifte er durch die Gebäude der Vatikanstadt. Was hatte ihn glauben lassen, Danyel würde in ihm etwas anderes sehen, als er war? Nur ein Mensch ... nicht, dass ihn das stören würde. Er war eigentlich gerne so, wie er war, hatte nie anders sein wollen. Aber es regte ihn auf, diese Worte von Danyel mit solcher Verachtung in der Stimme gehört zu haben.

Kilian lief durch Flure und blickte in Räume hinein, ohne richtig hinzuschauen. Nichts von dem, was er sah, erweckte seine Aufmerksamkeit so sehr, dass er das Grübeln einstellte. Bis er auf eine umfangreiche Bibliothek stieß. Der hohe Raum war bis unter die Decke mit Bücherregalen vollgestellt. Tausende Bücher reihten sich aneinander und zwei bequem wirkende Sessel luden dazu ein, sich zu setzen und sich in einem Buch zu verlieren. Staunend schritt Kilian die Regale ab, erkannte schnell, dass die Titel nach Sprachen geordnet waren, und glitt immer wieder mit den Fingern über die Buchrücken. Unwillkürlich kam ihm der Gedanke, ob Danyel all diese Bücher gelesen hatte. Er glaubte es nicht.

Als er die Reihen deutscher Titel sah, ließ er seinen Blick darüber gleiten. Sie schienen aus unterschiedlichen Zeiten zu stammen, wie der Rest in der Bibliothek auch. Sehr alt aussehende standen dicht an dicht mit scheinbar frisch gedruckten, die makellos wirkten. Ungelesen.

Er griff sich eines, blätterte darin und stellte es zurück, weil es ihn nicht ansprach. Das wiederholte er drei Mal, als wäre er in einer Buchhandlung, und fand schließlich eines, das ihn interessierte. Während er zu den Sesseln schlenderte, las er bereits. Doch dann wurde seine Aufmerksamkeit schlagartig von etwas anderem angezogen. Auf dem kleinen Beistelltisch lag ein schnurloses Telefon. Kilian legte das Buch auf den Tisch und nahm das Gerät, welches er beim Reinkommen gar nicht gesehen hatte.

Minutenlang schaute er darauf, ohne sich dazu durchzuringen, Monja anzurufen.

〰

Es war, als ob Monja es geahnt hätte. Just in dem Augenblick, als ihre Blase keinen Aufschub mehr duldete und sie auf der Toilette saß, klingelte das Telefon. Sie fluchte, stolperte schließlich mit halb hinaufgezogenen Hosen in den Flur und hob ab.

„Kilian?", fragte sie hektisch.

„Hallo Monja."

Sie seufzte beruhigt. „Ich dachte schon, ich schaffe es nicht rechtzeitig."

„Ich hätte wieder angerufen", erwiderte Kilian verwirrt.

„Ich weiß. Aber ich warte schon die ganze Zeit, dass du dich meldest. Es tut mir leid. Du weißt, ich habe allen Grund, sauer zu sein. Trotzdem möchte ich mich bei dir entschuldigen."

„Hör auf", unterbrach er sie.

„Nein, lass mich ausreden. Ich habe bei meiner Wut völlig ausgeblendet, dass du zwar meinen Willen missachtet, mir aber trotzdem ein Geschenk gemacht hast, für das es keine Wiedergutmachung gibt."

„Es ist okay so. Ich wollte es."

„Aber eines lasse ich mir nicht nehmen, großer Bruder. Ich will mich von dir verabschieden, wenn es soweit ist. Und zwar persönlich."

„Monja, ich habe gesagt, ich komme nicht zurück."

„Erzähl mir von ihm. Wer ist der Kerl, der dich deine Familie vergessen lässt?", bohrte sie.

„Ich vergesse euch doch nicht. Würde ich sonst anrufen?"

„Das reicht mir nicht. Jetzt lass was hören!"

„Also gut." Kilian pausierte. „Ich erkläre es, so gut ich kann."

⌇

„Ich bin ganz Ohr", erwiderte Monja.

In Kilians Kopf arbeitete es fieberhaft. Er wusste, er musste schnell etwas sagen, damit sie die Lüge nicht erkannte.

„Weißt du, als ich ihn sah, da dachte ich, dieser Mann ist umwerfend. Mir blieb die Luft weg und ich konnte ihn nur anstarren." Kilian registrierte kaum, dass er damit die

Wahrheit sagte. „Er sieht gut aus, ist klug und hat eine faszinierende Ausstrahlung."

„Wie heißt er?", fragte Monja dazwischen.

„Äh, sein Name ist Michele." Ein anderer italienischer Name wollte ihm auf Anhieb nicht einfallen.

„Und du bist so verliebt, dass du auch nicht für ein paar Tage von ihm lassen kannst?"

„Ich weiß nicht, ob ich verliebt bin. Es ist ... kompliziert. Ich weiß nicht, wie ich es erklären soll. Da ist eine Anziehung, gegen die ich mich nicht wehren kann. Sobald er mich berührt, ist es ..."

„Das will ich gar nicht wissen!", rief Monja dazwischen.

Kilian schmunzelte über ihre Reaktion. Sie hatte kein Problem damit, dass er Männer liebte. Doch hatte sie schon immer auf Detailwissen verzichtet. Er bemerkte, dass er dazu tendierte, Wahrheit und Lüge miteinander zu verbinden und versuchte, gegenzusteuern.

„Monja, versteh mich doch. Ich habe nur diese wenigen Wochen und die möchte ich genießen. Das Wetter hier ist herrlich, Michele ist so aufmerksam ... die Stadt ist wunderschön und ich habe das Gefühl, ich würde etwas verpassen, wenn ich hier weggehe."

„Du fehlst mir", sagte sie unvermittelt.

„Du fehlst mir doch auch. Aber ich kann nicht an zwei Orten gleichzeitig sein. Es tut mir leid."

Er hörte, wie Monja langsam die Luft ausstieß, als würde sie resigniert aufgeben.

„Wann kommt Mama nach Hause?"

„Heute um sieben. Rufst du wieder an, wenn sie da ist?"

„Ja, ich habe es versprochen."

Ein dezentes Lachen klang durch die Leitung.

„Was ist so lustig?", fragte er verwirrt.

„Na, im Grunde kannst du froh sein, dass du nicht vor ihr stehst, wenn du es beichtest. Sie würde dir sicherlich eine pfeffern."

„Da könntest du recht haben. Ich hab dich lieb, Monja. Vergiss das nie."

„Wie könnte ich? Bei dem, was du für mich geopfert hast."

Kilian schluckte, doch der Kloß in seinem Hals wollte nicht verschwinden ...

〜〜

Danyel hätte zu gern gewusst, was sein Gast gerade tat, während er alleine aß. Er stand in der Küche und schob sich Gabel für Gabel in den Mund. Essen war eine Notwendigkeit, die über all die Zeit jeglichen Reiz für ihn verloren hatte. Dennoch konnte er unmöglich darauf verzichten. Sein Körper verbrauchte Unmengen an Nährstoffen, die er durch die natürlichen Inhaltsstoffe gar nicht aufnehmen könnte, weshalb alles angereichert war. Die Kraft, die der Mensch und auch die Tiere durch Schlaf auftankten, musste er mit der Nahrung aufnehmen. Er war mit einem unendlichen Dasein ausgestattet und musste seine Energie anders gewinnen, als jedes Lebewesen. Im Gegensatz zu früheren Zeiten, als er Unmengen verzehren musste, war die heutige Zeit um einiges angenehmer. Dank moderner Verfahren, die Lebensmittel mit zusätzlichen Vitaminen, Nährstoffen und chemischen Verbindungen anzureichern, beschränkte sich seine Nahrungsaufnahme auf ein Minimum.

Er kaute und schluckte mechanisch und streckte währenddessen seine Sinne aus. Kilian war noch auf dem Gelände, das spürte er. Kurz darauf konnte er ihn ausmachen. Kilian kam auf ihn zu.

Danyel beeilte sich mit dem Essen, denn er hasste es, wenn ihm jemand dabei zusah. Kaum war der Teller leer und stand in der Spüle, hörte er, wie Kilian den Stoff des Vorhangs beiseiteschob und hindurchtrat.

Die Tür der Küche stand offen und so sah er ihn auch einen Moment später.

„Wo bist du gewesen?"

Kilian blieb stehen und sah aus, als hätte man ihn bei etwas Verbotenem ertappt. „Äh, in der Bibliothek. Sie ist beeindruckend."

„Ich weiß."

Danyel trat auf ihn zu, blieb im Türrahmen stehen, verschränkte die Arme vor der Brust und musterte ihn.

„Was? Ich dachte, ich kann auf dem Gelände hingehen, wo ich will."

„Kannst du auch. Oder habe ich etwas anderes gesagt?"

„Nein."

Danyel konnte den Blick nicht von ihm abwenden. Er wusste immer noch nicht, was diesen Menschen so besonders machte. Vielleicht war es einfach zu lange her, dass er sich um die vergnüglichen Dinge in seinem endlosen Dasein gekümmert hatte. Im Augenblick wollte er einfach nur eines …

„Komm her", forderte er Kilian auf.

Der folgte, wenn auch zögerlich, und blieb etwa eine Armlänge entfernt stehen. Danyel konnte beinahe sehen, dass ihn Aufregung befallen hatte, und grinste innerlich.

„Ich fordere dich auf, ein Stück deiner Schuld abzutragen. Mit deinem Mund …"

Die Reaktion auf Kilians Gesicht zu lesen, war ein Genuss. Von Erstaunen, leichter Panik bis hin zu Vorfreude war alles vertreten. Danyel hingegen verzog keine Miene, während er zuerst den Gürtel und anschließend die Jeans öffnete.

„Knie dich hin", befahl er.

Die Augen seines Gegenübers weiteten sich und er sah aus, als habe er nicht richtig verstanden. Danyel legte ihm eine Hand auf die Schulter und zwang ihn nach unten.

〰〰

In Kilian stieg Widerwille auf. So sehr er Danyel körperlich anziehend fand, so sehr er auf dessen Berührungen reagierte, so sehr kämpfte sein Verstand gegen diesen Befehl an. Denn nichts anderes war es.

Aber wusste er nicht, worauf er sich eingelassen hatte? Doch. Und in diesem Augenblick war er sich klar darüber, dass er sich mit Leib und Seele verkauft hatte. Ein Rückzug undenkbar … also griff er an Danyels geöffnete Jeans und befreite die darin verborgene Erektion.

‚Scheint ihn ja echt heißzumachen, mich zu demütigen!', dachte er und kämpfte gegen die Flut an widersprüchlichen Gefühlen an, die sich in ihm ausbreiteten.

Er umfasste mit der Hand den Schaft, fühlte zum ersten Mal die weiche Haut um den harten Kern und bemerkte, dass ihn das doch nicht so kalt ließ, wie er geglaubt hatte. Er schämte sich, trotzdem befeuchtete er aufgeregt seine Lippen. Der Anblick des steifen Schwanzes und der pral-

len, rosigen Spitze ließ ihm das Blut in die Lenden schießen. Nur das allein ließ seine eigene Lust schon auflodern!
Kilian schimpfte seinen Körper einen Verräter, ließ seine
Zungenspitze über die Eichel tanzen und stülpte seine Lippen darüber.

Ihm entwich ein leichtes Keuchen, denn mit der Ge-
schmacksexplosion, die in seinem Mund stattfand, hatte er
nicht gerechnet. Süß, bitter, salzig, aromatisch und irgendwie exotisch. Dazu eine Nuance, die Kilian alle Bedenken
vergessen ließ. Er verwöhnte Danyel, mal saugend oder
leckend, nahm den Schaft tief in sich auf oder umrundete
neckend die Spitze. Danyel stöhnte immer ungehaltener,
was Kilian zusätzlich anspornte. Das Pulsieren und leichte
Zucken im Schaft verriet ihm, was Danyel gefiel. Wenn er
glaubte, dass der kurz vor dem Abschuss stand, hielt er
inne, machte nur sanft weiter, ohne die empfindlichen Stellen zu reizen. Es machte ihm Spaß, ihn so in der Hand zu
haben. Es gab ihm die Möglichkeit, sich für den Zwang zu
revanchieren. Seine eigene Lust versuchte er zu ignorieren,
doch der Druck in seiner Hose war kaum noch auszuhalten.

Einen Moment war er unaufmerksam, presste die Hand
gegen seinen Schritt und verpasste es, Danyel länger hinzu-
halten. Das laute Stöhnen war unmissverständlich. Es war
zu spät, um aufzuhören. Danyel ergoss sich in seinen
Mund. Kilian spürte das Ziehen in seinem eigenen Unterleib. Ohne irgendeine Reizung überrollte ihn ein Orgasmus,
mit dem er nicht gerechnet hatte. Während er auch den
letzten Tropfen aus Danyel saugte, landete sein Saft in den
Boxershorts.

Langsam stand er auf und blickte Danyel herausfordernd an.

„Das nächste Mal fragst du einfach, statt es wie ein Diktator zu befehlen. Ich bin kein Sklave."

Danyel zog einen Mundwinkel zu einem schrägen Grinsen nach oben. „Eigenartig. Ich dachte, wir hätten einen Deal. Du gehörst mir … bis zum letzten Tag. Warum sollte ich also um etwas bitten, auf das ich ein Anrecht habe?"

„Weil es höflicher wäre", beschwerte sich Kilian vorwurfsvoll.

Danyel zuckte mit den Schultern und zog unbeeindruckt seine Jeans hoch. Er schloss den Gürtel und drehte sich weg.

Kilian starrte ihm ungläubig nach. Zugegeben, der Hautkontakt mit Danyel ließ seinen Verstand zu einer Erbse schrumpfen, trotzdem wollte er es nicht hinnehmen, wie ein Gegenstand benutzt zu werden. Ihm musste etwas einfallen …

〰〰

Monja starrte auf den Zettel mit der Nummer, die sie geistesgegenwärtig notiert hatte. Zuerst rang sie mit sich, doch dann entschied sie, dass Kilian über ihren Kopf hinweg gehandelt hatte. Folglich stand ihr das auch zu. Sie wählte die Nummer der Auskunft und bat die freundliche Frau, ihr den Anschlussinhaber zu nennen. Was diese dann sagte, ließ Monjas Herz vor Aufregung wild klopfen. Nicht irgendwo in Rom. Die Telefonnummer gehörte zur Vatikanstadt, was durch die Ländervorwahl deutlich wurde. Registriert war der Anschluss auf einen gewissen Giacomo Denaro, mit dem Zusatz ‚Verwaltung‘.

Fassungslos legte Monja auf, nachdem sie der Frau gedankt hatte. Kilian hatte jetzt zwei Mal angerufen und auch beim ersten Anruf war diese Ländervorwahl auf dem Display zu erkennen gewesen. Er hatte gelogen! Das erkannte sie sofort. Aber warum?

Sie schob den Zettel in ihre Hosentasche und löschte den Nummernspeicher im Telefon. Anschließend lief sie in ihr Zimmer, nahm den Rucksack vom Schrank und packte Wechselkleidung ein. Dazu ein paar Utensilien aus dem Bad und abschließend ihr Sparbuch. Das Geld hatte sie sorgsam angespart, um ihre Mutter zu entlasten, wenn ihre Beerdigung anstand. Wenn ihr jetzt nichts Gravierendes zustieß, konnte sie einen Teil der Summe gefahrlos abheben – dank Kilian. Der ein Geheimnis bewahrte und ihr eine Mär aufgetischt hatte. Monja wusste nicht viel über das Schicksal, aber die Dinge, die die Leute sich erzählten, reichten aus, um ihre Hals-über-Kopf-Aktion zu rechtfertigen. Danyel schloss keinen Handel ohne Gegenleistung. Es hieß, er wäre unfair, egoistisch und kalt. Daher nahm sie an, dass Kilian nun irgendwie dazu verpflichtet war, das Schicksal für den Handel zu entlohnen. Musste er dort arbeiten? Vor ihrem geistigen Auge sah sie ihn auf dem Boden knien und Böden schrubben …

Elf

Danyel setzte sich an den Schreibtisch und starrte auf die Pergamente. Höflicher ... wäre ja noch schöner! Doch Kilians Worte ließen sich nicht aus seinem Kopf vertreiben. Der süße Bengel kratzte an seiner harten Schale, etwas, das Danyel überhaupt nicht in Betracht gezogen hatte. Es tat ihm nicht leid und er bereute seinen Entschluss nicht. Doch es gab ihm zu denken, dass Kilian einen Einfluss auf ihn hatte, den er ihm lieber nicht gewähren wollte. Der Nachhall von dem, was gerade zwischen ihnen passiert war, ließ sich nicht leugnen. Allein der Gedanke an die samtenen Lippen, zwischen die er seinen Schwanz geschoben hatte, ließ die Erregung nicht abklingen. Im Gegenteil. Am liebsten würde er rübergehen und ...

Danyel grunzte und zog mit einer harschen Bewegung einen Stapel Pergamente zu sich. Er begann, sie auszufüllen und bemerkte kaum, dass er diesmal sehr unterschiedlich entschied. Als würden seine Gedankengänge die Zeit beeinflussen, die er den Neugeborenen gab. Eine junge Französin, ihr schenkte er über acht Jahrzehnte und in Gedanken sah er Kilian vor sich, der sich unbewusst die Lippen befeuchtete, sodass sie glänzten. Er verdrängte das Bild. Das nächste Blatt, ein kürzlich geborener Däne, bekam nicht mal ein Jahrzehnt. Danyel registrierte kaum, was er schrieb, denn der vorwurfsvolle Blick aus Kilians Augen verfolgte ihn. Er schüttelte den Kopf, um die Bilder zu verscheuchen.

Warum sollte er freundlicher sein? Er würde nicht um etwas bitten, was ihm gehörte! Das war unter seiner Würde.

Reichte es nicht, dass der Kleine ihm im Kopf herumschwirrte? Dass er sich dabei ertappte, wiederholt diese Koseform zu nutzen, statt seines Namens? Ja, er hatte das gewollt und erfreute sich an der Abwechslung. Kilian hatte bekommen, wonach er verlangt hatte, was wollte er noch? Danyel war nicht bereit, großzügig zu sein. Natürlich bekam sein Gast alles, was er brauchte. Er hatte ihn telefonieren lassen, gab ihm Freiraum, sich auf dem Gelände zu bewegen, bot ihm Speisen und Getränke und nicht zuletzt auch seinen Körper. Kilian konnte nicht leugnen, dass er ebensolche Lust empfand, wie Danyel. In diesem Punkt stimmten sie absolut überein.

Er konnte nicht sagen, wie viele Leiber schon unter oder über ihm gewesen waren. Männer und Frauen, jungfräulich oder erfahren, schüchtern oder hemmungslos – er hatte in den letzten sieben Jahrzehnten alles gehabt. Vor einem Jahr hatte er sich selbst Abstinenz auferlegt. Die Monotonie nahm ihm jeglichen Spaß, egoistisches rein raus, ohne das Feuer der Leidenschaft. Ein Tauschgeschäft. So eintönig wie das Essen.

Kilian war anders. Die erste Berührung hatte es verraten. Und dass er etwas in Danyel berührte, war nicht abzustreiten. Vielleicht war es das, was Dafour an ihm nicht mochte. Hatte der etwa Angst, dass Kilian in seiner Gunst höher stieg, als sein langjähriger Gefährte?

Eilig füllte er noch einige Pergamente aus, stand auf und trat durch die Seitentür. Der Flur, den er entlanglief, war nur schwach beleuchtet. Dieser nachträglich angebaute Gang führte ihn direkt zu Dafours privatem Bereich. Noch ehe er dessen Tür erreicht hatte, wurde diese aufgestoßen.

„Wir haben zu reden", sagte Danyel und trat auf Dafour zu.

„Wie du wünschst." Der Herr der Boten hielt die Tür auf und ließ Danyel an sich vorbei. Der blieb einige Schritte weiter stehen und drehte sich um.

„Was lässt dich glauben, dass Kilian nicht hierher gehört?"

Dafour räusperte sich. „Er hat etwas an sich, was mich misstrauisch werden lässt. Ich kann es nicht erklären, aber er scheint, als würde er seine Nase in Dinge stecken wollen, die ihn nichts angehen."

Danyel zog die Brauen nach oben. „Was bringt dich zu dem Schluss? Er ist ein Mensch, Dafour! Was soll er anrichten können?"

Dafour kam auf ihn zu und seine Miene wirkte angespannt. „Was war das mit dem Mann, der nicht akzeptieren wollte, dass sein Termin ersatzlos gestrichen wurde? Warum hast du ihn angehört? Ich weiß es. Weil der Junge dich darum gebeten hat! Mir scheint, du wirst weich Danyel, wenn er in deiner Nähe ist. Werfe mir vor, ich sei respektlos und wahnsinnig, das auszusprechen, aber jemand muss es dir sagen!"

Danyels Hand schoss hervor und lag innerhalb eines Sekundenbruchteils um Dafours Kehle.

„Ich habe dich gewarnt! Zweifle meine Entscheidungen nicht an. Nie wieder!", zischte er.

Dafour röchelte.

„Unsere Existenz währt schon sehr lange, mein lieber Dafour. Und weißt du was? Ich glaube, du bist eifersüchtig auf den Kleinen." Er stieß ihn harsch von sich.

Dafour rieb sich den Hals, dessen Haut rote Spuren aufwiesen, wo Danyels Finger zugegriffen hatten.

„Warum sollte ich eifersüchtig sein? Ich begehre dich nicht. Ich bevorzuge willige Weiber", krächzte Dafour.

„Nun, das mag sein. Dennoch scheint es, als ob du deine Position an meiner Seite gefährdet siehst."

„Er ist nur ein Mensch! Er kann mir nicht das Wasser reichen! Was ist, wenn er sich verplappert? Was passiert, wenn seine Familie erfährt, wo er ist? Was passiert, wenn die Welt erfährt, dass du dir einen menschlichen Geliebten zugelegt hast? Was passiert, wenn die Menschen erfahren, wie du ihre Zeit festlegst?"

Danyel verwarf die Einwände mit einem Schnauben. „Ja und? Entweder glauben sie dann nicht mehr, ich wäre unfair, kalt und berechnend oder sie glauben es erst recht. Mir ist es egal, was sie denken! Und wenn ich von dir noch ein einziges Widerwort höre, war es das letzte, was du je gesprochen hast. Klar?", fragte er hart.

Dafour nickte ergeben. Danyel trat zu ihm und legte ihm den Arm um die Schultern. Was wie eine freundschaftliche Geste wirkte, wurde durch die folgenden Worte Lügen gestraft.

„Gut. Und sieh zu, dass ich nicht noch weitere Zweifel an deiner Loyalität bekomme, mein Freund. Denk daran, dass ich auch deine Existenz beenden kann."

〜〜〜

Monja hatte ihre Freundin Sarah angerufen und sie, ohne sie einzuweihen, um Unterstützung gebeten. Monja wollte gegenüber ihrer Mutter angeben, dass die mit Sarah ins Kino ginge und anschließend bei ihr übernachten würde. Sarah war nicht glücklich gewesen, dass Monja ihr nicht verriet, worum es ging, dennoch hatte sie eingewilligt, ihr beim Flunkern zu helfen, falls Gabriele bei ihr nachfragen sollte. Monja versprach, es wieder gut zu machen. Anschließend schrieb sie ihrer Mutter einen Zettel, lief zur Bank und hob die Hälfte ihrer Ersparnisse ab.

Eine Stunde später saß sie in einem Zug nach München. Dank ihrer Kurzschlusshandlung würde sie erst am späten Abend in Rom eintreffen und sie hoffte auf eine freie Unterkunft in Bahnhofsnähe.

Während der Fahrt grübelte sie, was genau Kilian wohl in der ehemaligen Vatikanstadt hielt. Was hatte er dem Schicksal versprochen? Am Telefon hatte er gesagt, es wäre nicht schwer gewesen, den Tausch zu vollziehen … aber was hatte er dafür gegeben? Monja hatte Angst. Sie kannte Kilian zu gut. Seine selbstlose Art war einer der Gründe, weshalb sie jetzt im Zug saß, um zu ihm zu fahren. Sie musste ihn einfach sehen. Sie musste mit ihm sprechen und wissen, was es ihn kostete, ihr ein langes Leben zu schenken.

Je öfter sie darüber nachdachte, umso mehr freute sie sich darüber, dass er das für sie getan hatte. Sie würde ihm nie genug dafür danken können. Eines aber stand für sie felsenfest. Wenn sie jemals einen Sohn bekäme, würde er den Namen Kilian tragen!

∽∽∽

Dafour kochte innerlich. Er hatte es geahnt. Dieser Mensch brachte alles durcheinander. Wie konnte der Danyel so den Kopf verdrehen, dass dieser so hart gegen Dafour wurde?

Die Drohung, auch seine Existenz hinge an Danyels Entscheidung, machte Dafour mehr als deutlich, wie sehr sich Danyel schon von dem Menschlein beeinflussen ließ. Er musste sich etwas einfallen lassen ... denn der Weg, den Danyel einschlug, wollte Dafour ganz und gar nicht gefallen. Er neidete Kilian die Aufmerksamkeit nicht, er sah nur seine eigene Position in Gefahr.

♒

Kilian hatte sich geduscht und mangels Alternative eine Jeans und ein T-Shirt von Danyel übergezogen. Die Hose war ihm zu lang und er musste sie umkrempeln. Der Bund saß etwas locker auf seiner Hüfte und das Shirt war eine Nummer zu groß, doch das störte ihn nicht weiter. Hauptsache sauber und trocken.

Er grübelte, denn es missfiel ihm weiterhin, dass Danyel in ihm so etwas wie sein Eigentum sah. Er war doch freiwillig hier, oder nicht? Er hatte eingewilligt und hielt sich an die ihm bekannten Regeln. Er wüsste nicht, dass er etwas falsch gemacht hatte.

Barfuß tappte er in die Küche, nahm sich einen Joghurt und setzte sich. Während er den in sich hineinlöffelte, kam ihm ein Gedanke. Was, wenn er selbst die Initiative ergriff? Wenn er Danyel verführte, sich unwiderstehlich gab? Es war ja nicht so, als hätte er keinen Spaß ... und irgendwie musste er Danyels Interesse so weit steigern, dass der ihm mit mehr Respekt und Höflichkeit begegnete. Kilian befand, es wäre ein Versuch wert.

Nachdem er den geleerten Becher in den Mülleimer befördert hatte, warf er sich auf das große Sofa und betrachtete den künstlichen Sternenhimmel. Er war zufrieden mit seiner Idee und hoffte, sie würde funktionieren. Plötzlich zog sich sein Magen zusammen, heftige Übelkeit übermannte ihn und ohne auch nur den Hauch einer Chance zu haben, das Bad zu erreichen, erbrach er den Joghurt auf den Boden.

Als das Würgen nachließ, stand er auf, holte sich ein Geschirrtuch aus der Küche und wischte die Sauerei auf. Er wollte das Tuch in den Müll werfen und hielt inne. Zittrig nahm er den Joghurtbecher heraus und erkannte, dass er einen ohne Kennzeichnung gegessen hatte. Danyels Nahrung bekam ihm tatsächlich nicht. Nun fragte er sich, was darin enthalten war. Seine körperliche Reaktion war heftig gewesen. Er hatte ja erwartet, dass Danyels Lebensmittel irgendwie verändert waren, aber dass er sie gleich wieder ausspucken würde, damit hatte er nicht gerechnet.

〰

Danyel ließ einen ziemlich stillen Dafour zurück und war überzeugt, dass die Warnung auf fruchtbaren Boden fiel. Zufrieden mit sich machte er sich erneut daran, die Lebenszeitdokumente auszufüllen. Ihm blieb noch eine viertel Stunde, ehe Dafour die Kiste abholen käme, daher schickte er rasch seine Gedanken zu den schwebenden Federn und eilte sich, die vor ihm liegenden zu beschreiben. Plötzlich verstummte eine Feder und Danyel hörte sofort, dass es die von Teghre war.

„Er ist der Schlüssel. Bewahre ihn", raunte er mit der bekannt rauen Stimme, ehe er weiterschrieb.

Danyel sah ihn ratlos an.

„Was meinst du damit?"

Statt Teghre hob Pajlin den Kopf. „Der Junge, er ist wichtig", sagte sie. Doch erklärend war das keineswegs.

„Könntet ihr einmal weniger rätselhaft sein …", murrte Danyel leise und zu sich selbst, da er ihr Verhalten natürlich kannte. Wenn die beiden etwas sahen, was von Belang war oder in naher Zukunft geschehen würde, sprachen sie immer in Rätseln, für die er Tage brauchte, um den Sinn dahinter zu verstehen. Diesmal war er sich allerdings sofort sicher, dass sie Kilian meinten.

Eine böse Ahnung beschlich ihn, weshalb er aufstand und kurz darauf durch den Vorhang trat. Er hörte in der Küche das Wasser laufen und richtete seine Schritte dorthin.

Kilian stand an der Spüle und wusch sich den Mund aus.

„Was ist los?"

Kilian fuhr erschrocken herum. „Anschleichen beherrschst du, wie kaum ein anderer."

„Das Wasser läuft, wie willst du dann hören, dass sich jemand nähert? Also, was ist los? Hier stimmt etwas nicht." Das war keine bloße Vermutung. Es roch nach Erbrochenem, wenn auch schwach.

„Ich hab einen Joghurt gegessen und dummerweise den falschen gegriffen."

„Wie blöd kann man sein!", fuhr Danyel ihn an. „Sagte ich nicht, meine Lebensmittel würden dir nicht bekommen? Sei froh, dass es nur ein Joghurt war, eine komplette Mahlzeit könnte dich umbringen!"

Kilian erbleichte. „Was hast du da drin?"

„Ernsthaft? Nährstoffe, Spurenelemente, Vitamine, Mineralien und mehr. Außerdem befinden sich Bestandteile in meinem Essen, die auf Menschen wie Rauschmittel wirken, meinen Stoffwechsel hingegen halten sie am Laufen. Wirkstoffe, die mir Kraft geben, die du durch Schlaf gewinnst. Ich bin kein Mensch, falls du das vergessen hast!"

Kilian schluckte sichtbar. „Scheiße."

„Es wäre gut, wenn du in Zukunft etwas auf dich aufpasst", murrte Danyel und klang härter, als beabsichtigt.

Kilian entgleisten die Gesichtszüge. „Vielen Dank! Wäre ja auch zu schade, wenn dein Preis vorzeitig den Löffel abgibt, was?" Er schlug mit der Hand den Hahn zu und rauschte an Danyel vorbei.

Danyel raufte sich durch die Haare. Wie oft hatte er versucht, die Menschen zu verstehen? Unzählige Male. Und er blickte immer noch nicht durch. Natürlich wollte er nicht, dass Kilian wegen einer Unachtsamkeit starb. Das hatte nur am Rande damit zu tun, dass der Kerl die Entlohnung für den Tausch darstellte. Die Worte von Teghre und Pajlin hallten in seinem Kopf wider und nur deshalb hatte er so harsch reagiert. Wenn Kilian eine gewichtige Rolle innehatte, durfte ihm nichts zustoßen. Außerdem hasste er es, wenn die von ihm angegebene Zeit unterschritten wurde. Egal ob durch Unfälle, Kriege, Gewalttaten oder Selbstmorde.

Ein einziges Mal hatte Danyel das Rätsel seiner beiden Gefährten nicht knacken können. Das war Mitte des 14. Jahrhunderts gewesen und hatte die Pest zur Folge gehabt …

Er würde sich nicht erneut die Schuld aufladen, so viele Tote auf dem Gewissen zu haben, die vor ihrer Zeit starben. Nein. Kilians Rolle verstand er zwar noch nicht, aber er schien wichtig genug zu sein, dass seine Sehenden diese Mahnung ausgesprochen hatten.

Zwölf

Kilian saß auf der Bettkante und ärgerte sich einmal mehr über Danyels Verhalten. Verdammt! Er wäre fast an dem bescheuerten Joghurt krepiert und Danyel schnauzte ihn auch noch an! Hätte er nicht gleich sagen können, was in seinem Essen drin ist? Nein. Der Herr machte lieber einen auf geheimnisvoll.

Er stemmte das Kinn auf die Hand und hoffte, dass sein Magen sich schnell beruhigen würde. Er fühlte sich, als hätte er Steine im Bauch. Wie nett von Danyel jetzt damit rauszurücken, dass sein Essen für ihn womöglich tödlich sein könnte! Einfach unfassbar, dass er ihn nur mit dieser schwammigen Aussage darauf hingewiesen hatte, seine Lebensmittel würden Kilian nicht bekommen … ja, das wusste er jetzt auch.

Missmutig dachte er daran, dass er durch einen solch blöden Fehler vielleicht nicht mehr in der Lage gewesen wäre, mit seiner Mutter zu sprechen. Ihr zu erklären, was er getan hatte und warum. Er hoffte inständig, sie würde ihm verzeihen. Spätestens, wenn Monja eines Tages ein Baby zur Welt brachte, das es ohne den Tausch wohl nicht geben würde …

Schritte näherten sich und er sah auf. Danyel kam auf ihn zu, mit einer Tasse in der Hand.

„Geht es dir besser?", erkundigte er sich vorsichtig.

„Was glaubst du? Mein Magen hat sich auf links gedreht – also, nein. Mir ist zwar nicht mehr übel, aber es krampft", gab er zu und versuchte, nicht vorwurfsvoll zu klingen.

Danyel trat vor ihn und hielt ihm die Tasse entgegen. „Trink das."

Kilian nahm sie entgegen und roch sofort, was darin war. Kamillentee. Schlagartig fühlte er sich in seine Kindheit zurückversetzt und er war versucht, ganz schnell das Weite zu suchen. Wenn er krank gewesen war, hatte seine Mama auch immer Kamillentee als erstes Hilfsmittel gekocht. Ganz gleich, ob er einen Magen-Darm-Infekt oder Halsschmerzen hatte. So gut das Zeug auch war, es schmeckte einfach eklig. Und diese Art der Fürsorge hatte er von Danyel nicht erwartet.

„Danke", sagte er leise.

„Ich lasse die Lebensmittel umräumen, sodass jeder seine separaten Schränke hat. Ich möchte vermeiden, dass du dich erneut *vergreifen* könntest."

„Als wenn mir das noch mal passieren würde! Hältst du mich für blöde?", brummte Kilian. Er war doch kein Idiot! Wie könnte ihm ein solcher Fehler ein zweites Mal unterlaufen?

„Nein. Gewiss nicht." Er hockte sich hin. „Du solltest nicht glauben, dass ich dich nur als Preis betrachte. Jedes Lebewesen auf der Welt hat seinen Zweck und auch wenn ich über die Zeit eines jeden entscheide, so liegt es nicht in meinem Interesse, dass diese durch ‚Unfälle' vorzeitig endet."

„Warum auch? Wenn man den Dingen ihren Lauf ließe, wäre deine … nennen wir es Aufgabe … ziemlich unnötig. Nicht?"

Danyels freundlicher Ausdruck verschwand. Das Türkis der Iriden schien Kilian stechend, als ob der Blick ihn würde aufspießen können. Doch er bereute seine Worte nicht.

Im Gegenteil, es machte ihm Spaß, sich verbal mit Danyel zu messen. Ja, er genoss es, ihn zu reizen. Er wollte ihn provozieren.

„Das war anmaßend!", presste Danyel zwischen den Zähnen hervor. „Halt deine Zunge im Zaum, Kleiner. Oder dir fehlen in Kürze die Worte!" Er stand ruckartig auf und kehrte ihm den Rücken. Danyel stapfte davon und die Tür des Schlafzimmers wurde zugeschlagen.

Ein kleines, schiefes Grinsen konnte Kilian sich nicht verkneifen. Zwar war er weit davon entfernt, Danyel zu verstehen. Doch der hatte gerade verraten, dass er tatsächlich etwas mehr in ihm sah, als nur die Bezahlung für den Tausch. Weshalb sonst sollte er ihn ‚Kleiner' nennen? Die Erkenntnis milderte die harten Worte, die er durchaus als Drohung verstand, und er zweifelte nicht, dass Danyel dazu imstande wäre, sie wahr zu machen. Ob er es wirklich täte, stand auf einem anderen Blatt. Kilian konnte sich einfach nicht vorstellen, dass Danyel zu grausamen Taten fähig wäre. Nicht, dass er gutmütig auf humanes Verhalten vertraute. Es war eher, dass er sehr wohl merkte, wie widersprüchlich Danyel sich ihm gegenüber verhielt.

Nachdem er den Tee geleert hatte, zog er sich die Schuhe an, verließ das Zimmer und trat in den leeren Wohnbereich. Anschließend passierte er den Vorhang und stahl sich durch die Seitentür, um zur Bibliothek zu gehen.

Er dachte, er habe sich den Weg gemerkt, doch schnell musste er feststellen, dass er irgendwo falsch abgebogen sein musste. Es gab zu viele Flure und Treppenhäuser in dem Nachbargebäude. Er glaubte, sich auf der richtigen Etage zu befinden und fand kurz darauf eine Tür, die so aussah, wie die der Bibliothek. Er stieß sie auf und erblickte weder Regale noch Bücher. Ungläubig blinzend sah er in den großen Raum, der angefüllt mit den verschiedensten Dingen war. Antik wirkendes Mobiliar, Weinflaschen und andere alkoholische Getränke, Kunstgegenstände – von Gemälden bis Skulpturen unterschiedlicher Größe – eine Vitrine gefüllt mit glänzendem Schmuck … er sah sich um, und als er niemanden entdeckte, schlich er sich in das Zimmer und schloss leise die Tür. Kilian passierte Kisten auf dem Boden, die in einer Sprache beschriftet waren, die er nicht kannte. Er sah nicht hinein.

Waren das alles Dinge, die Danyel gegen Zeit getauscht hatte? Aber warum waren die dann hier drin? Die Antik-möbel könnten mehr als einen Wohnraum schmücken, hier standen sie beieinander und schienen nicht so recht zu-sammenzupassen. Die Weine müssten anders gelagert wer-den, das wusste sogar er. Die Flaschen standen aufgereiht an der Wand, obwohl sie hätten liegen sollen. Kühl und dunkel. Es mussten Dutzende sein …

Der Schmuck zog seine Aufmerksamkeit auf sich, kaum dass er sich der Vitrine näherte. Das hineinfallende Licht ließ ihn hinter dem Glas funkeln. Als er herantrat, war sein erster Eindruck, er sähe auf die Auslage eines Juweliers. Gold, Silber, Diamanten, Rubine und sogar Smaragde er-kannte er – Ringe unterschiedlicher Art, kunstvolle Ketten, filigrane und prächtige Anhänger, Ohrschmuck, Armreifen und Kettchen. Alles besondere Stücke, eines schöner als das andere. Kilian zweifelte nicht daran, dass alles echt war, kein Firlefanz, kein Modeschmuck. Zeugnisse perfekter Goldschmiedekunst.

Einer der Ringe faszinierte ihn ungemein, auch wenn er sonst nicht der Typ war, der sich aus Schmuck etwas machte. Der im Grunde schlichte, jedoch breite Silberring wurde von goldenen Schnörkeln verziert. Diamanten und glutrote Rubine waren zwischen dem Muster platziert und ergaben ein so ansprechendes Gesamtbild, dass er sich wünschte, dieser Ring würde an seinem Finger stecken. Es war eindeutig Schmuck für eine Frau, doch das tat seinem Wunsch keinen Abbruch.

Kilian zwang sich, den Blick abzuwenden und schlenderte weiter. Durch die Glastür eines der Schränke sah er ein komplettes Porzellanservice, was er zuvor durch die Spiegelung des Lichts nicht hatte erkennen können. Er gewann mehr und mehr den Eindruck, dass sich in diesem Raum ein kompletter und sehr edler Hausstand befand. Die einzigen Dinge, die es nicht gab, waren ein Bett und Wäsche. Keine Textilien, gleich welcher Art. Zumindest sah er keine.

Ihn beschlich plötzlich ein ungutes Gefühl. Vielleicht waren all diese Sachen mit einem guten Grund hier drin, insbesondere wenn er an Danyels Vorliebe für blau und weiß dachte. Es stand ihm sicherlich nicht zu, sich all das anzusehen und er verfluchte seine Neugier. Hastig drehte er sich zur Tür, lauschte und öffnete sie, als er nichts als Stille vernahm.

Der lange Flur breitete sich leer vor ihm aus und er lief ihn rasch entlang, angetrieben von seinem schlechten Gewissen, und stolperte die Treppe fast hinunter. Kaum unten erkannte er an einem Bild wieder, dass er nun auf der richtigen Etage war. Warum hatte er nicht gleich den Aufgang auf dieser Seite des Gebäudes genommen? Erleichtert atmete er durch und als er die Tür zur Bibliothek aufstieß, war er froh, nicht noch einmal das falsche Zimmer erwischt zu haben.

Sein Blick fiel sofort auf den Beistelltisch, auf dem glücklicherweise noch immer das Telefon lag.

〜

Als Danyel nach Kilian sehen wollte, und der nicht da war, biss er wütend die Zähne aufeinander. Er spürte zwar, dass der nicht Reißaus genommen hatte, doch es wäre ihm lieber, wenn er ihn in seiner unmittelbaren Nähe wüsste. Auf der anderen Seite konnte er ihm nicht verübeln, dass er nicht stundenlang im Schlafzimmer verweilte.

Rasch sandte er seinen Federn seinen Willen zu und bewegte sich in die Richtung, aus der er Kilians Anwesenheit fühlte. Je näher er kam, umso überzeugter war er, dass Kilian in der Bibliothek sein musste. Kurz bevor er die Tür erreichte, hörte er die gedämpfte Stimme durch das Holz hindurch. Etwas sagte ihm, dass er jetzt nicht hineingehen und Kilian stören sollte. Danyel wollte es ignorieren, so wie er oft nur seine Interessen im Kopf hatte, doch das leise, dennoch wütend klingende ‚Mama!‘ ließ ihn mit der Klinke in der Hand verharren.

Er lauschte.

Schloss die Augen. Konzentrierte sich.

„Du weißt doch genau, wie es gekommen wäre. Sie hätte nicht die Möglichkeit gehabt, eine Familie zu gründen, Kinder zu haben und diese auch aufwachsen zu sehen", hörte er Kilian sagen.

Die Entgegnung war, trotz seiner ausgeprägten Sinne, viel zu leise. Er verstand sie nicht, erkannte nur, dass die Stimme weiblich war. Nicht verwunderlich …

„Ach nein? Es ist mir egal, auch wenn das wehtut. Ich konnte nicht anders. Kannst du nicht über deinen Schatten springen und es gut sein lassen? Es spielt keine Rolle, was du sagst. Es ändert nichts. Ich sterbe und Monja darf leben."

Die flüsterleise Antwort war nur kurz und Danyel versuchte, sich noch mehr auf sein Gehör zu konzentrieren.

„Du vergisst etwas Entscheidendes: Mit mir stirbt die Blutlinie, es sei denn, Monja bekommt ein Kind. Wäre alles geblieben, wie es war, dann würde der Tod erst Monja und schließlich dich mit sich nehmen, um die Seele auf eine neue Reise zu schicken. Übrig geblieben wäre ich. Ohne euch beide und ohne ein Kind, das die nächste Generation begründen würde."

Kilian sagte das alles sehr impulsiv und Danyel fragte sich, was dem jungen Mann daran lag, die Familie über sein eigenes Wohl zu stellen. Diese Selbstlosigkeit. Ein menschlicher Wesenszug, den er absolut nicht nachvollziehen konnte. Oder handelte er gar egoistisch, indem er freiwillig starb, um der Tatsache zu entgehen, dass er allein zurückbleiben würde? Er wusste es nicht. Opferbereitschaft oder Feigheit? Es blieb ein Rätsel für ihn. Und die Antwort der Mutter hörte er nicht, so sehr er sich auch bemühte.

„Ich komme nicht nach Hause, Mama. Monja weiß es und auch ihr hat es nicht gefallen. Doch daran gibt es nichts zu rütteln. Ich bleibe hier, es tut mir leid. Das Telefon wird reichen müssen …", seine Stimme erstarb.

Danyel stand wie angewurzelt vor der Tür, die Klinke in der Hand, und wartete.

„Morgen Abend, ja. Ich hab dich lieb, Mama. Bitte weine nicht, dir bleibt doch Monja."

Einen Augenblick später piepte es dezent und ein Klacken verriet, dass Kilian das Gerät zurück auf den Tisch gelegt hatte. Danyel hörte ihn geräuschvoll die Nase hochziehen, als ob er weinen würde. Daraufhin tat er etwas, was er schon seit Jahren nicht getan hatte. Er wagte es, Kilians Muster zu lesen. Das breite Spektrum menschlicher Gefühle hatte ihn zunehmend irritiert und gestört, weshalb er sich angewöhnt hatte, eine Mauer zwischen sich und all dem aufzubauen. Warum er die für Kilian einriss, konnte er nicht sagen. Vielleicht, weil er der Schlüssel für was auch immer sein sollte und Danyel es nicht verbocken wollte. Wenn er versuchte, Kilian zu verstehen, konnte er ihn vielleicht besser lenken …

Die Flut, die über ihn hereinbrach, nahm ihm einen Augenblick lang die Luft zum Atmen. Kilians Muster war durchzogen von Trauer, Schmerz und tiefer Liebe. Aber auch Trotz, Wut und störrischer Widerstand waren in ihm zu lesen. Unter dem brodelnden Wirrwarr lag Scham verborgen. Erst behielten die Traurigkeit und Machtlosigkeit die Oberhand, wurden aber Stück für Stück von Trotz überlagert, die urplötzlich in Erregung umschlug.

Danyel blinzelte ob der verwirrenden Eindrücke und zog schnell die innere Mauer wieder hoch, die ihn von all dem trennte. Wieder Herr seiner Sinne und im Besitz seiner eigenen, im Vergleich zu Kilians, weitaus schwächeren Empfindungen, atmete er tief durch. Erst jetzt bemerkte er das

Kitzeln auf der Wange. Die Flutwelle von Kilians Gefühlen hatte eine Träne hervorgelockt.

Unwirsch wischte er sie weg, versuchte ein neutrales Gesicht aufzusetzen und öffnete die Tür. Kilian sah auf und starrte ihn mit großen Augen an, fast, als wäre er bei etwas ertappt worden, was unrecht ist.

„Hast du dich erholt?"

„Es geht wieder", erwiderte er leise und errötete.

Danyel besaß so viele Fähigkeiten, doch die Gedanken seines Gegenübers konnte er nicht entziffern, so gern er es in diesem Augenblick auch getan hätte …

„Gewöhn dir bitte an, mir Bescheid zu geben, wohin du gehst."

„Warum? Reicht es nicht, dass ich innerhalb dieses winzigen Staates eingesperrt bin? Hieß es nicht, ich kann mich innerhalb dieser Mauern frei bewegen, solange ich das Gelände deines ‚Reiches' nicht verlasse?", erwiderte er hitzig.

Danyel trat zu ihm heran, beugte sich vor und stützte sich an den Armlehnen des Sessels ab.

„Wenn ich sage, ich wünsche zu wissen, wo du bist, dann brauche ich dafür keine Erklärung abzugeben. Halte dich einfach dran."

„Weißt du was? Ich kapier es einfach nicht. Mal bist du nett, dann wieder führst du dich auf wie ein Tyrann. Kannst du dich mal auf eins festlegen? Das würde es leichter machen."

„Dafür führst du dich auf, wie ein zickiges Weib. Vergiss nicht, wen du vor dir hast. Und, falls es dir entfallen sein sollte", sagte er und beugte sich weiter herab. „DU BIST MEIN."

Kilian erwiderte seinen Blick, ohne mit der Wimper zu zucken. Dann umspielte ein leichtes Lächeln seine Lippen.

„Ja, dass ich hier bin, ist deine Bezahlung für den Tausch. Das heißt aber nicht, dass ich dir gehöre. Mein Körper vielleicht, aber nicht meine Seele, meine Gedanken oder mein Herz. Ich muss dich nicht mögen …"

Danyel hatte mit allem gerechnet, aber nicht mit dieser Antwort. Der Kleine war stärker, als er anfangs angenommen hatte. Wobei – Widerworte hatte Kilian mehrfach gegeben. Etwas, was sich sonst niemand erlaubte. Seine Worte infrage zu stellen, seine Entscheidungen anzuzweifeln und Gegenwehr zu leisten, traute sich niemand. Es war nicht unbedingt so, als hätte er es untersagt. Mit der Zeit wurde es normal. Sein Wort zählte, war bindend. Auch für Dafour und die Boten. Kilian aber hielt dagegen und machte kein Geheimnis daraus. Es glich schon fast einem Tauziehen, was Danyel nicht so recht gefallen wollte, und doch hatte es seinen Reiz. Aber so leicht würde er ihn nicht davonkommen lassen. Er griff ihm in den Nacken, legte seine Lippen nah an Kilians Ohr und flüsterte: „Nein, du musst mich nicht mögen. Aber anscheinend magst du es, meine Kleider zu tragen. Und ich weiß bereits, dass du es liebst, von mir berührt zu werden. Nein, du musst mich nicht mögen, aber das brauchst du auch nicht. Es reicht, wenn du unter mir vor Lust kochst und dich windest. Wenn du nach mehr bettelst, bis ich dich erlöse. Mögen musst du mich dafür nicht."

Abrupt erhob er sich und ließ Kilian sitzen. Ohne ihn nochmals anzusehen, verließ er die Bibliothek. Er wusste, früher oder später käme der von selbst zurück, spätestens, wenn der Hunger ihn dazu trieb. Oder das Verlangen …

Was passierte nur mit ihm? War es wirklich Kilian, der die Dinge änderte oder war es doch er selbst? Jahre, ach was, Jahrtausende lang lief alles nach gleichem Muster. Lag es an Kilian, der sich selbst für das Glück seiner Schwester opferte, seinem hitzigen Charakter, seinen intensiven Berührungen, seinen Widerworten? Kitzelte all das etwas in Danyel wach, was schon immer in ihm geschlummert hatte? Oder sah er den jungen Menschen nur als Auslöser für etwas, das ohnehin passiert wäre?

Selbstreflexion war nicht unbedingt Danyels Stärke. Er sah aus wie ein Mensch, doch war er weit mehr. Mit einem Körper, der nicht alterte, mit mentalen Fähigkeiten und einem Wissen aus Jahrtausenden der Weltgeschichte. Die Zeit hatte dafür gesorgt, dass er sich eine harte Schale zugelegt hatte. Ja, er war egoistisch. Er hatte sich immer als Geschöpf gesehen, das weit oberhalb eines jeden Lebewesens stand. Niemand leistete Widerspruch. Doch war das richtig? Wen sollte er fragen?

Er quälte seinen Geist mit alldem, während er zurücklief. Antworten fand er keine.

Dreizehn

Monja stieg aus dem Zug und sah sich um. Rasch fand sie das Hinweisschild, welches ihr den Ausgang wies, und hielt darauf zu. Es war nicht viel los im Bahnhofsgebäude und das Hallen ihrer Schritte klang unheimlich. Eigentlich war sie nicht ängstlich, hatte früh Selbstverteidigung gelernt und wüsste sich notfalls zu wehren. Trotzdem ließ sich das unangenehme Gefühl nicht vertreiben, von dem sie nicht bestimmen konnte, woher es kam. Nur der Klang ihrer Absätze konnte dafür nicht verantwortlich sein.

Vor dem Ausgang sah sie sich um und entschied, einem Bauchgefühl folgend, sich nach links zu halten. Trotz der späten Uhrzeit herrschte noch reger Betrieb auf den Straßen, was sie angesichts der Größe dieser Stadt nicht sehr verwunderte. Monja achtete auf den vorbeirollenden Verkehr nur am Rande, zu sehr wurden ihre Blicke von der Umgebung angezogen. Sie musste gar nicht so weit laufen, bis ihr die Beleuchtung eines Hotels ins Auge sprang. Es sah schon aus der Ferne teuer aus, dennoch wollte sie ihr Glück versuchen. Monja fühlte sich immer noch unbehaglich und schrieb das der Müdigkeit und zugleich der Aufregung zu. Sie musste Kilian finden, das stand für sie fest. Sie konnte ihn unmöglich sterben lassen, ohne ihn noch einmal gesehen zu haben.

Als sie an der Tür des Hotels ankam, sah sie durch die Glasscheibe, dass die Rezeption besetzt war. Sie hoffte auf ein freies Zimmer, welches nicht ihr gesamtes Geld verschlingen würde, und trat ein.

Zehn Minuten später stand sie mit der Zimmerkarte im Lift. Auf Englisch hatte sie sich mit der jungen Angestellten recht gut unterhalten können. Mit ein wenig Flunkern und zerknirscht dreinblickend hatte sie schließlich den Preis für das Zimmer auf sechzig die Nacht, inklusive Frühstück, heruntergedrückt. Diese Masche war ihr auch bei Kilian immer gelungen, wenn sie ihn zu etwas überreden wollte. Bei ihm zwar ohne Schummelei, aber der traurige Kleinmädchenblick hatte immer gezogen.

In der dritten Etage stieg Monja aus und lief über einen weichen Teppichboden, der jeden ihrer Schritte verschluckte. Zimmer 309 war schnell gefunden. Sie zog die Karte durch, trat ein und fiel beinahe in das große Doppelbett. Beim Anblick der sauberen, strahlend weißen Wäsche überfiel sie die Müdigkeit mit aller Macht. Sie hielt die Augen lange genug auf, um ins Bad zu gehen, sich auszuziehen und unter die Decke zu kuscheln.

Endlich war sie in Rom, der Ewigen Stadt. Das Zuhause des Ewigen – Danyels Reich. Fast. Und irgendwo innerhalb dessen Wirkungskreis vermutete sie ihren Bruder. Ob der nun für Danyel arbeiten musste oder aber der geheimnisvolle Geliebte dort angestellt war? Sie hatte keine Bedenken, dass sie es herausfinden würde ... und dämmerte in einen tiefen Schlaf.

〰

Kilian hatte eine gefühlte Ewigkeit in der Bibliothek gesessen. Unfähig, auch nur einen klaren Gedanken zu fassen. In ihm tobten die widersprüchlichsten Gefühle. Das nicht nur wegen Danyels provozierender Worte, in denen mehr als ein Funke Wahrheit gelegen hatte. Auch das Gespräch mit seiner Mutter setzte ihm zu. Seine Mutter, die diese Nacht, nach seinem Geständnis, alleine verbringen würde, weil Monja bei einer Freundin war.

Am Liebsten wäre er durch den Hörer gekrochen, um ihr klarzumachen, dass, egal was sie auch sagte, der Handel unumkehrbar war, und sie sich mit den vollendeten Tatsachen abfinden musste. Es hatte ihn aufgewühlt, ihre Stimme zu hören, die Vorwürfe und die Traurigkeit darin. Er wusste, dass es so sein würde, dass sie nicht freudestrahlend jubeln könnte … im Grunde erschien es ihr noch immer unfair, denn sie war gezwungen, eines ihrer Kinder zu Grabe zu tragen.

Dann die Sache mit Danyel. Etwas verband sie, was nicht nur mit sexueller Anziehung zu erklären war. Weshalb sonst reizte es Kilian, das Schicksal mit Widerworten zu provozieren? Weshalb sonst drohte Danyel zwar mit Konsequenzen, machte sie aber nicht wahr? Warum umsorgte er ihn, statt ihn wegen des Fehlgriffs mit Verachtung zu strafen? Für den Mann, der für die Verhandlung gekommen war, hatte Danyel sehr deutliche Verachtung gezeigt, als er ihn mit angewidertem Blick des Hauses verwies. Es schien, als habe er für die Menschen nicht viel übrig. Auch am Anfang ihres Gesprächs war Danyel abweisend erschienen, als wäre Kilian nicht mehr, als eine lästige Fliege gewesen. Bis zu dem Punkt, als er ihn unerlaubt berührt hatte … Das war es! Plötzlich war Kilian überzeugt, dass, was auch immer er in Danyel auslöste, nichts mit dessen Alltag zu tun hatte. Spürte der die Berührung ihrer Haut ebenfalls so brennend, wie er selbst es tat? Gab es eine Verbindung zwischen ihnen, die über jede rationale Erklärung hinausging? Wenn ja, und ein Funken Hoffnung stieg in ihm auf, würde Danyel ihn dann vielleicht gehen lassen? Bliebe sein Pergament unverändert, sodass er ‚planmäßig' starb?

Aufgeregt stand er vom Sessel auf und streckte sich. Vom langen Sitzen tat ihm schon der Hintern weh. Mit dem Vorsatz, Danyel nach und nach auf den Zahn zu fühlen, lief er lächelnd den Korridor entlang. Aus heiterem Himmel packte ihn jemand und er wurde gegen die Wand gedrückt.

Dafour!

Kilian erstarrte, als er in das Gesicht des Weißhaarigen blickte. Die roten Augen strahlten solche Bösartigkeit aus, dass Kilian augenblicklich fröstelte.

„Habe ich dich nicht gewarnt?", grollte er.

„Was soll das?" Kilians Stimme war kaum mehr als ein Flüstern.

„Steck deine Nase nicht in Angelegenheiten, die dich nichts angehen!"

„Tu ich nicht …", entgegnete er matt.

„Nein? Weißt du, am besten wird sein, du nimmst dein Zeug und siehst zu, dass du verschwindest! Handel hin oder her. Du hast hier nichts zu suchen", fauchte Dafour ihn an.

Kilian verstand nicht, was der von ihm wollte, oder was er getan haben sollte, um dessen Wut heraufbeschworen zu haben. Er versuchte sich etwas zu lösen und straffte die Schultern.

„Ich mag in deinen Augen ein kleiner Mensch sein, aber eines lass dir gesagt sein. Ich stehe zu meinem Wort! Ich habe Danyel ein Versprechen gegeben und ich habe nicht vor, es zu brechen", sagte er deutlich, obwohl ihm das Herz bis zum Hals schlug.

Dafour kniff die Augen zusammen und stieß Kilian hart und ruckartig von sich. Er prallte mit dem Hinterkopf gegen die Wand und keuchte stöhnend auf, als der Schmerz in seinem Kopf explodierte. Schwindel erfasste ihn. Als er sich wieder gesammelt hatte, war er allein auf dem Gang. Langsam rappelte er sich auf und rieb über die schmerzende Stelle. Er hatte keine Ahnung, womit er die Wut des Kerls auf sich gezogen haben könnte. Die einzige sinnvolle Erklärung, die er sich auf dem Rückweg zurechtlegte, war logisch und verwirrend zugleich. Dafour musste eifersüchtig sein. Ertrug er es nicht, dass ein Mensch Danyels Aufmerksamkeit erlangt hatte? Hatte er womöglich selbst Interesse an ihm oder dachte er, Kilian würde zwischen ihnen stehen? Er ahnte, dass die beiden schon sehr lange zusammen ... ja was? Arbeiteten? Waren sie Freunde oder Herr und Untergebener?

Als er das Hauptgebäude betrat und erneut bedauerte, dass dieses Kirchengebäude nichts mehr von dem Charme besaß, den es einst innehatte, versuchte er locker zu wirken. Er wollte sich nicht anmerken lassen, dass er mit Dafour aneinandergeraten war. Er wusste einfach zu wenig darüber, wie Danyel und der Herr der Boten miteinander in Verbindung standen. Außerdem ahnte er, dass, wenn er Danyel von dem Übergriff erzählte, sich die Situation mit Dafour bestimmt nicht verbessern würde ... Notfalls musste er eine Ausrede nutzen, um die Beule an seinem Hinterkopf zu erklären.

Dafour brannte vor Wut. In ihm breitete sich ein Gefühl aus, das er nicht kannte. Als würde er durchleuchtet, bis in die kleinste Faser seines Selbst gescannt. Kilian war nicht nur ein Dorn im Auge, er fühlte sich wie eine Bedrohung an. Als würde er Dafours Taten aufdecken und anklagen.

Es mussten Tausende Frauen sein, die er bisher berührt hatte. Sie waren ihm nahe gewesen, willig ihren Leib darbietend, damit er sich an ihnen laben konnte. Alle menschlich und doch hatte keine etwas ausgelöst, das dem glich, was Kilian mit ihm anstellte. Mühsam beherrscht hielt er den Wicht in der Luft, um ihn erneut zu warnen. Er wusste genau, dass der geschnüffelt hatte. Es war der Sinn und Zweck, weshalb dieser Mensch sich überhaupt hier befand. Und er ließ nicht zu, dass Kilian Misstrauen schürte, um das Verhältnis zwischen Danyel und Dafour zu belasten. Sie hatten immer als Team gearbeitet! Das würde er sich nicht zerstören lassen. Nicht von einem, der daherkam, sich Danyels Gunst erschlich, und das Gute ausstrahlte, als wäre er eine absolut reine Seele.

Als er es nicht mehr aushielt, warf er ihn von sich und suchte das Weite. Nur langsam ließ das eigenartige Gefühl der Überprüfung nach. Es gab nichts Vergleichbares zu dem eben Erlebten, doch er würde nicht noch einmal den Fehler begehen, Danyel vor seinem Gespielen zu warnen. Wenn er genauer darüber nachdachte, schien ihm Kilians Anwesenheit eigentlich ganz praktisch, solange der sich aus allem raushielt. Danyel richtete die Aufmerksamkeit auf sein neues Spielzeug ... und Dafour wusste genau, wem er seine schenken würde. Es wurde Zeit für einen Anruf bei Antonio, um dessen Dienst in Anspruch zu nehmen. Ja, eines von Antonios Mädchen könnte dafür sorgen, dass seine Stimmung sich besserte. Und er schwor sich, Kilian nie wieder zu berühren! Noch einmal wollte er nicht diesem prüfenden Gefühl unterliegen.

~

„Hast du genug geschmollt und gegrübelt?" Danyels Stimme schallte zu ihm herüber. Er saß an seinem Tisch.

„Ich habe nicht geschmollt."

„Dann hat das Grübeln lange gedauert ...", meinte Danyel und zog einen Mundwinkel nach oben. Diese Geste mochte Kilian nicht sonderlich, denn sie glich einem selbstgefälligen und ihm gegenüber ziemlich spöttischen Grinsen.

„Wenn es mir nicht zusteht, mir Gedanken über meine Familie zu machen, kann ich es nicht ändern. Es lässt sich nicht abschalten", murrte Kilian und drehte sich um. Beinahe hätte er vergessen, den Blick zu senken. Im letzten Moment schaute er nach unten und sah dennoch Hände, die mit unfassbarer Schnelligkeit Pergamente beschrieben. Hände, die kaum als solche zu erkennen waren – Kilian glaubte, er habe sich verguckt, denn so durchscheinend wie wässrige Milch konnte niemand sein. Seine Augen mussten ihm einen Streich gespielt haben ... kein Wunder, bei den Kopfschmerzen, die sich in ihm breitmachten!

~

Danyel sah Kilian nach. Irgendwie sah er ganz schön mitgenommen aus. Verwunderlich, wo er doch die ganze Zeit in der Bibliothek gewesen war – Danyel hatte sich mehrfach davon überzeugt. Er nahm sich vor, ihn auf andere Gedanken zu bringen, doch zuerst musste der Packen Papiere fertig werden. Mit einer Ungeduld, die reiner Vorfreude geschuldet war, ließ er die Feder über die Blätter huschen.

Endlich war das handschriftliche Pensum dieser Stunde geschafft, den Rest hatten seine Federn erledigt. Danyel schob seinen Stuhl zurück und stand auf. Gerade als er gehen wollte, öffnete sich die Tür hinter ihm und Dafour kam herein. Er senkte sofort den Blick, als er Danyel sah und eilte zur Kiste, um sie mitzunehmen. Es wirkte, als würde Dafour bereuen, dass er so ausfallend geworden war. Danyel quittierte das mit einem zufriedenen Lächeln und schritt in Richtung des Vorhangs davon.

Er fand Kilian im Bett. Schlafend. Doch Danyel ließ sich davon nicht abhalten. Er kletterte neben ihn und strich mit der Hand über Kilians Nacken. Es dauerte nicht lange, bis er sich rührte. Verschlafen sah Kilian auf und drehte sich um, als er Danyel neben sich erkannte. Ein sinnliches Lächeln stahl sich auf seine Lippen, die Danyel sofort eroberte.

~~~

Als Monja aufwachte, fühlte sie sich topfit. Sie duschte in aller Ruhe, zog sich an und packte ihre wenigen Sachen. Anschließend fuhr sie in die Lobby hinunter und trat mitsamt ihrem Reisegepäck in den Frühstücksraum. Das dort aufgebaute Buffet ließ ihr das Wasser im Mund zusammenlaufen.

Sie stellte ihre Tasche auf eine Sitzbank und bediente sich. Während sie aß, ließ sie ihre Blicke eher gelangweilt als interessiert über die anderen Gäste gleiten. Ein Ehepaar mittleren Alters setzte sich an den Nachbartisch. Das allein hätte ihre Aufmerksamkeit nicht gelockt, doch als die Frau den Namen Danyel fallen ließ, spitzte Monja die Ohren. Sie sprachen Englisch und so weit Monja sie verstehen konnte, ließ sich die Frau über ein Gerücht aus, welches sie bei den Zimmermädchen aufgeschnappt hatte. Ihr Mann murrte, sie solle nichts auf das Gequatsche geben. Die Sprachreise hätte er nicht organisiert, damit sie sich der Gerüchteküche widmete. Vielmehr sollte sie sich auf das kulturelle und geschichtliche Erbe der Stadt konzentrieren und dabei ihre Italienischkenntnisse aufbessern. Sie aber beharrte darauf, dass es doch interessant wäre, was die Frauen getuschelt hatten. Es hieß, Danyel habe sich einen Liebhaber zugelegt. Einen Mann! Sie fanden es eklig und befremdlich, dass das Schicksal homosexuelle Neigungen besäße.

Monja schluckte und versuchte sich nicht anmerken zu lassen, dass sie lauschte.

Der Mann meckerte, dass die Frauen womöglich selbst Gefallen an Danyel gefunden hätten – der, wie man sagte, ein ausgesprochen schöner Mann sein sollte – und deshalb tratschten.

Seine Frau widersprach nicht. Dennoch schien es sie brennend zu interessieren, ob es denn der Wahrheit entsprach. Sie drängte so lange, bis ihr Mann zustimmte, zum Petersplatz zu fahren. Missmutig fügte er sich dem Willen seiner Frau.

Monja grinste innerlich. Doch die nächsten Sätze ließen dieses erstarren.

„Darlin', I don't think you could get a look at them."

„Maybe. Who knows? I would like to see the blond guy who is supposed to be Danyel's lover." Sie kicherte.

„Why? The historical site of this city is much more interesting!", brummte er.

„Honey, perhaps it is more interesting if Danyel is gay."

Monja leerte ihren Tee und ließ den Rest des Essens stehen. Sie hatte genug gehört. Ein blonder Kerl sollte bei Danyel sein? Kilian hatte aus der Vatikanstadt angerufen ... Nervöse Unruhe machte sich in ihr breit. Ja, sicher. Es gab auf der Welt bestimmt Tausende Männer mit blondem Haar. Davon auszugehen, dass ausgerechnet Kilian der sein sollte, bei dem es in dem Gerücht ging, war zugegeben etwas schräg. Oder besser: dumm. Monja stieß der anzügliche und etwas abfällige Ton der Frau auf, die darüber spekuliert hatte, ob Danyel schwul wäre. Selbst wenn, war das nicht egal? Monja hatte Danyel nie gesehen, nie als Person wahrgenommen. Er war ein zeitloses Wesen, vielleicht war er nicht an einen Körper gebunden und sah alle paar Jahre anders aus? Sie wusste nur, was die Leute sonst erzählten – und eigentlich wollte sie nicht alles davon glauben. Doch im Hinterkopf hatte sie immer den Gedanken: Das Schicksal ist unfair.

Als sie sich auf den Weg durch die große Stadt machte, hoffte sie, dass Kilian nicht im Umfeld von Danyel zu finden war. Alles nur ein Zufall und leicht erklärbar wäre ... und sie würde ihm einen Tritt in den Hintern verpassen, den er so schnell nicht vergessen würde! Kleine Schwester hin oder her.

Als sie die Pläne der Metro studiert hatte, den Bahnsteig fand und die Bahn einrollte, ahnte sie nicht, was für einen Fehler sie beging. Ihre von klein auf einstudierte Sorgsamkeit legte sie auch hier nicht ab, aber die war bei Weitem nicht genug. Im Gedränge der Leute, die sich beim Ein- und Aussteigen durch die Tür schoben, wurde sie unsanft angerempelt. Monja drehte sich um und wollte dem Verursacher einen bösen Blick zuwerfen. Dabei erhaschte sie im letzten Moment einen Blick auf ein Mädchen mit langem schwarzem Zopf, das durch die sich schließenden Türen verschwand.

Jemand zupfte sie am Ärmel. Ein älterer Herr mit Gehstock stand neben ihr.

„Soldi", sagte er und rieb mit dem Daumen über die Fingerspitzen.

‚Geld?', fragte Monja sich und erkannte im gleichen Moment, was er meinte. Sie griff an ihre Tasche und … pures Entsetzen beschlich sie. Ihre Börse war weg. Das Geld, ihr Ausweis! Die Göre hatte sie bestohlen!

Vierzehn

Kilian erwachte, streckte sich aus und schaute unmittelbar in türkisfarbene Augen. Ein wohliges Schaudern kroch über seine Haut. Erinnerungen an die vergangene Nacht waberten durch seinen Geist.

„Du hattest recht. Ich liebe es, von dir berührt zu werden", gab er unumwunden zu.

Ein triumphierender Ausdruck legte sich auf Danyels Gesicht. Kilian rümpfte die Nase.

„Das heißt aber nicht, dass ich dich mag, denn du weißt genau, aus welchem Grund ich hier bin. Du bist für mich so ähnlich, wie eine Droge – nein, der Sex ist wie eine Droge, von der ich nicht lassen kann. Und jetzt", er pausierte, „muss ich mal pinkeln."

Schwungvoll stand er auf und lief nackt, wie er war ins Bad. Er wusste mit ziemlicher Sicherheit, dass Danyel diese Aussage nicht geschmeckt hatte. Er glaubte fast, dessen durchdringenden Blick auf seiner Kehrseite zu spüren und schlug die Tür zu.

Nachdem er sich erleichtert und geduscht hatte, trat er zurück ins Schlafzimmer. Danyel war noch immer da. Damit hatte Kilian nicht gerechnet. Er saß auf der Bettkante und sah ihm entgegen.

„Du hast eine ziemlich mächtige Beule", sagte er, was Kilian dazu brachte, reflexartig nach unten auf sein Handtuch zu sehen.

„Nein, nicht da. Am Kopf!"

„Ach so, das. Missgeschick", spielte Kilian die Verletzung herunter. Die Schwellung tat auch nicht mehr wirklich weh.

„Aha." Danyel sah misstrauisch aus.

„Meine Güte! Es ist peinlich … mir ist ein Buch auf den Kopf gefallen. Ein ziemlicher Wälzer." Der erfundene Grund schien Danyel zu beruhigen. Er erwiderte nichts und ließ nicht erkennen, was er dachte. Schließlich stand er auf und wandte sich zur Tür.

„In der Küche steht ein Tablett mit ungefährlichem Frühstück für dich. Es ist zwar fast Mittag, aber das ist vermutlich egal. Die Schränke und der Kühlschrank sind umsortiert – du wirst es schon sehen", erklärte er in einem neutralen Tonfall und ließ Kilian allein.

Der stand einen Moment unschlüssig da. Dann nahm er sich erneut Sachen aus Danyels Regal und zog sich an. Anschließend durchquerte er den Wohnraum und betrat die Küche. Es war mehr die Neugier, die ihn dorthin trieb. Großen Appetit verspürte er nach dem Aufstehen nie. Was ihn erwartete, übertraf seine Vorstellung. Das Tablett auf der Anrichte war fast so groß, wie ein kleiner Tisch. Darauf eine Tasse, eine kleine Flasche Orangensaft, ein Frühstücksei, Weißbrot, Vollkornbrötchen, Marmelade, Käse, Lachs, Tomaten und Paprikastücke. Sollte er das etwa alles essen?

Er glaubte nicht, dass Danyel das vorbereitet hatte, eher der oder die Bedienstete – wer auch immer für den Einkauf und den ‚Haushalt' zuständig war. Kilian betätigte den Kaffeeautomaten und aß die Paprika, während er wartete.

Den aufgebrühten Espresso balancierend lief er auf den Vorhang zu, schob sich hindurch und blieb mit dem etwas zu langen Hosenbein hängen. Er strauchelte, fing sich ab und schaffte es sogar, den Espresso in dem Tässchen zu lassen. Verhalten fluchend fragte er sich, warum das Ding ständig zugezogen war. Konnte man den nicht einfach ein Stückchen aufstehen lassen?

Vor sich hingrummelnd bog er um die Ecke. Danyel saß wie erwartet hinter seinem Schreibtisch.

„Bist du schon fertig mit essen?"

„Nein. Ich hab noch keinen Hunger. Aber danke, sieht lecker aus."

Danyel nickte und schrieb weiter. Kilian stand unschlüssig vor dem Schreibtisch und betrachtete die Dinge darauf etwas genauer. Neben den Spielkarten und dem Würfel, die ihm schon aufgefallen waren, lagen noch Mikadostäbe in einer Schale. Eine kleine Lampe beleuchtete die glänzende Tischplatte, auf der kein Stäubchen zu sehen war. Kilian schätzte das Alter des Tisches recht hoch, ein antikes Stück, und doch war der Zustand so tadellos, als wäre er neu. Die kleinen Pergamente, die Namen und Geburtstag auswiesen, lagen fein säuberlich gestapelt an der vorderen Kante. Beinahe ununterbrochen kamen neue hinzu, schwebten auf den Stapel, ohne auch nur ein Stückchen abzuweichen. Andere glitten durch die Luft an ihnen vorbei nach hinten, wo die Federn ihren Teil zum Ausfüllen beitrugen.

Kilian sah Danyel zu, wie er die Lebenszeit eintrug – ohne jegliches Spielzeug als Anhaltspunkt zu nehmen – und erkannte die Abweichungen. Danyel hatte ihm erzählt, wie er wählte und in gewisser Weise war das auch fair. Zumindest auf die gesamte Weltbevölkerung gerechnet. Es bestand weder die Gefahr, dass die Anzahl der Menschen stark abnahm, noch konnte sie sich zu sehr erhöhen. Es schien, als wäre durch Danyels System ein Gleichgewicht im Kreislauf vorhanden.

Auf der anderen Seite konnte Kilian nicht ignorieren, dass es für einzelne Menschen furchtbar ungerecht war. So wie bei ihm und Monja. Es musste Tausende Familien geben, die mit einem Ungleichgewicht leben mussten. Es sei denn, man bekam einen Termin zum Verhandeln und bestenfalls ein paar Jahre hinzu. Plötzlich kam ihm ein Gedanke, den er aussprach, ehe er richtig darüber nachgedacht hatte.

„Warum entscheidet du beim Verhandeln nicht nach der Moral des Menschen, der vor dir steht?"

Danyel sah überrascht auf. „Was?"

„Na ja, wenn man den Hintergrund betrachtet … was für einen Charakter hat der Mensch … was würde er mit der gewonnenen Zeit anstellen?", stammelte Kilian nervös.

„Warum sollte das eine Rolle spielen?"

„Entschuldige, dass ich das so sage, aber einem Egoistischen und Gewinnsüchtigen, der nur auf das eigene Wohl bedacht ist, gäbe ich nicht einen Tag mehr. Aber wenn es jemand ist, der sozial engagiert ist, vielleicht ein Arzt oder jemand, der anderweitig caritativ tätig ist, dem würde ich ein langes Leben gönnen."

Danyel schnaubte.

„War nur ein Gedanke."

„Ich kann nicht in die Leute hineinsehen, die vor mir stehen. Wie also glaubst du, sollte ich über ihre Ziele oder den Charakter Bescheid wissen? Beinahe alle sind gleich. Sie bitten, und wenn sie nicht bekommen, was sie sich gewünscht haben, verwandeln sie sich in jämmerliche Bettler. Nur sehr wenige gehen, ohne zu klagen mit einem ‚Nein' zur Tür hinaus. Stimme ich dem Handel zu, weil sie mir etwas bieten, was ich gebrauchen kann, dann werden sie zu Schleimern, die mir heuchlerisch die Füße küssen. Und was lässt dich glauben, sie würden nicht lügen, wenn ich sie nach einer Motivation frage? Um Zeit zu bekommen, würde jeder lügen. Da sind sie doch alle gleich!"

Kilian erstarrte.

Hatte er tatsächlich geglaubt, dass Danyel ihm irgendwelche Sympathien entgegenbrachte? Nun fragte er sich, wer hier der Heuchler war. In ihrem Fall eindeutig Danyel! Der gerade zufällig gebrauchen konnte, was Kilian zu bieten hatte. Obendrein die Unterstellung, jeder wäre ein Lügner ...

„Gut zu wissen", sagte er eisig, stellte das Tässchen ab und kehrte Danyel den Rücken zu. In seinem Inneren machte sich Wut breit. Er war vom ersten Moment an ehrlich gewesen! Es lag nie in seiner Absicht, Danyel zu belügen, nur um zu bekommen, was er wollte. Er besaß bestimmt so manche Schwäche, aber er war kein Heuchler! Die Hosenbeine schleiften über den Boden, als er aus dem Gang stapfte, und verursachten dabei das einzige Geräusch neben dem Kratzen der Federn. Mitten in der Halle blieb er plötzlich stehen. Völlig in seinen Gedanken gefangen hatte er nicht nach unten geblickt und unfreiwillig, sowie nebenbei, die Schreibenden angesehen. Was er in diesem Augenblick nicht registriert hatte, holte ihn nun mit rasender Geschwindigkeit ein. Diese milchige Haut, unnatürlich und durchscheinend wie seine Schlaufenvorhänge zu Hause. Die Augen allerdings waren der Faktor, der ihn mitten im Lauf gebremst hatte. Nur weiß, keine Iris, keine Pupille.

‚Gruselig!', dachte er und schüttelte sich.

Es war nicht so, dass er vor den beiden Angst gehabt hätte. So ruhig und friedlich die immer da saßen, kein Wort sprachen und wirkten, als gehörten sie zur Einrichtung. Es war eher unheimlich. Und er wusste nicht, als was er sie betiteln sollte. Wie Dafour waren die zwei alles andere als menschlich.

„Das war ein fataler Fehler!", schallte Danyels Stimme zu ihm. Er klang hart und bedrohlich.

Kilian drehte sich langsam um und zwang sich, Danyel anzusehen, statt feige auf den Boden zu starren. Der kam auf ihn zu. Sein verkrampfter Gesichtsausdruck zeugte von unterdrückter Wut. Die Augen leuchtend, fast schon grell, und alles andere als freundlich. Dicht vor ihm blieb er stehen und Kilian ertappte sich dabei, dass er die Luft angehalten hatte.

„Ich habe dich gewarnt, oder nicht?", presste er zwischen den Zähnen hervor.

„Ja, das hast du. Und es war keine Absicht, ich habe einfach vergessen, runterzusehen."

„Dadurch, dass du es gewagt hast, Pajlin und Teghre anzusehen, hast du dich selbst in die Ecke manövriert. Du wirst keinen Schritt mehr tun, ohne dass ich weiß, wohin und wozu. Du telefonierst nicht, ohne dass ich danebenstehe. Und du verlässt dieses Gebäude nicht mehr."

Kilian blinzelte. Der harte Befehlston stieß ihm auf. Er verstand nicht, was es mit dem Verbot auf sich hatte, die beiden Schreibenden mit den sonderbaren Namen nicht anzusehen. Nun gut, sie wirkten etwas … eigentümlich, aber es ging keine Gefahr von ihnen aus. Oder doch? Und dass er nun unter Danyels Beobachtung stehen sollte, schmeckte ihm auch nicht. Er fühlte sich seiner Freiheit beraubt, mehr noch, als es eh schon der Fall war. Das autoritäre, beinahe diktatorische Gehabe von Danyel machte zudem deutlich, wo er stand. Der hoffnungsvolle Gedanke,

Kilian könnte ihm auf irgendeine Weise etwas bedeuten, fiel wie ein Kartenhaus in sich zusammen. Er mochte ja nur ein Mensch sein, aber der unterschwellige Vorwurf, er könnte mit jemandem über das Gesehene sprechen, beschwor Trotz in ihm herauf.

„Ich mag dein Preis sein. Ich bin auch ‚nur' ein Mensch, ein naiver vielleicht. Aber das rechtfertigt nicht, dass ich wie ein Kleinkind behandelt werde. Auf Schritt und Tritt beobachtet werde. Meine restliche Selbstständigkeit abgeben soll, die mir bis zum Tod noch bleibt. Da sterbe ich doch lieber gleich!", fuhr er Danyel an.

Die Spannung in Danyels Kiefer machte deutlich, wie sehr er sich beherrschte. Kilian versuchte, sich nicht ängstigen zu lassen. Er hatte keine Ahnung, wie böse Danyel werden konnte, ob er handgreiflich oder brutal seinen Standpunkt vertreten würde. Er wollte sich nichts dergleichen ausmalen, auch weil er Danyels andere Seite deutlich in Erinnerung hatte. Zärtlich, lustvoll und leidenschaftlich … Haut an Haut … miteinander vereint, ungehemmt und ungezügelt die Gier auskostend. Sein Kopfkino ließ eine Flut von Bildern vorbeifliegen.

Plötzlich drehte Danyel sich weg. „Du wirst dir noch wünschen, sterben zu dürfen!", zischte er, ehe er an den Schreibtisch zurückkehrte und Kilian verwirrt zurückließ.

~~~

Als die Bahn in der nächsten Station hielt, stieg Monja aus, eilte auf die andere Seite, um mit der nächsten gleich wieder zurückzufahren. Leichte Panik stieg in ihr auf, doch sie versuchte, sie zu verdrängen. Sie hoffte, die kleine Diebin hätte sich nur das Geld unter den Nagel gerissen und die Börse mit den Papieren in die Mülltonne geworfen. Wenn sie ihren Pass fände, hätte sie vielleicht die Chance, bei einer der ansässigen Banken Geld abzuheben.

Der Zug rollte ein und Monja wartete das erste Gedränge an der Tür ab, obgleich hier viel weniger Leute ein- und ausstiegen. Auch hatte sie nichts mehr, was sich zu stehlen lohnte, doch das schockierende Erlebnis steckte ihr noch in den Knochen.

Erneut in der Statione Termini lief sie zurück an ihr Ausgangsgleis, schaute in jedem Mülleimer nach, doch ihre rote Geldbörse blieb verschwunden. Sie dehnte die Suche aus, lief durch verschiedene Gänge und Treppenaufgänge entlang, nur um überall in den Abfall zu sehen. Nichts.

Schließlich blieb sie erschöpft und deprimiert stehen. Sie hatte keine Ahnung, was sie jetzt tun sollte! Ein Glück, dass sie das Zimmer im Voraus bezahlt hatte, sonst würde man sie womöglich noch für eine Zechprellerin halten. Als zwei uniformierte Männer an ihr vorbei gingen, fasste sie den Entschluss, sich an die Polizeistation zu wenden. Aber ob die italienischen Behörden ihr wirklich weiterhelfen konnten, wusste sie nicht. Ein Versuch war es wert ...

♒

Danyel ließ sich auf seinen Stuhl fallen. Nach außen hin gefasst und beherrscht, innerlich zerrissen zwischen Wut und Fassungslosigkeit. Verursacht von Kilian, der sich nicht an die Regeln hielt, Widerworte gab und ihn damit provozierte. Dazu der Umstand, dass dieser Mensch ein

Schlüssel sein sollte und ihm nach der kurzen Zeit, die er hier war, mehr unter die Haut ging, als er je zugeben würde.

Der Versuchung, ihn am Kragen zu packen und durch die lang gezogene Halle zu werfen, hatte Danyel nur mit Mühe widerstehen können. Wie konnte er es nur wagen, einen Blick auf Pajlin und Teghre zu werfen? Der trotzige Tonfall von Kilian tat sein Übriges dazu, dass Danyel vor Wut kochte. Auf der anderen Seite musste er sich eingestehen, dass der Mut des Jungen, ihm die Stirn zu bieten, seine Achtung verdiente. Er kam aus seinem lang genutzten Verhaltensmuster nicht raus. Mit der Zeit hatte er sich von den Menschen sein eigenes Bild gemacht – kein schönes. Wenn er genauer darüber nachdachte, was Kilian mit seinem Einfall gemeint hatte, so fand er die Art zu urteilen gar nicht so verkehrt. Es würde mehr Zeit und Mühe kosten, den Menschen so auf den Zahn zu fühlen. Mit der Hilfe, die ihm das Lesen von Emotionen gab, war es gar nicht so unmöglich, Wahrheit von Lüge zu unterscheiden. Und am Ende bekäme ein jeder auf gewisse Weise das, was er verdiente …

„Er hat keine Angst", raunte Pajlin plötzlich.

Danyels Kopf schnellte herum und sah sie an, doch sie schrieb unbeeindruckt weiter, als hätte sie gar nichts gesagt. Die Art der beiden, zumeist in Rätseln und ohne große Erklärungen Dinge auszusprechen, ließ ihn missgestimmt die Stirn runzeln. Jetzt konnte er selbst überlegen, wie sie das nun wieder gemeint hatte. Dass sie von Kilian sprach, schien eindeutig. Doch wovor hatte er keine Angst? Vor ihm oder vor seinen beiden Sehenden? Selbst Dafour vermied es, sie anzusehen. Vor langer Zeit hatte er einmal gesagt, ihnen in die Augen zu blicken, wäre, als ob man ins Nichts fiele. Danyel empfand nicht so. Er betrachtete das

Weiß als Inbegriff vollkommener Reinheit. Klar, sauber, neutral und perfekt. Einem Impuls folgend stand er auf und trat an den Tisch der beiden. Als sie den Blick hoben, legte er Pajlin die linke und Teghre die rechte Hand auf die Wange.

„Ihr seid meine wertvollsten Begleiter, mein größter Schatz und mein Stolz. Ich will und kann nicht zulassen, dass ihr in Gefahr geratet", sagte er und genoss noch einen Augenblick das Gefühl, welches durch die Berührung ausgelöst wurde. Die beiden waren so voller Lebensenergie, dass der bloße Kontakt mit der Haut ausreichte, um Danyel glauben zu lassen, er würde innerlich mit weißem reinem Licht beleuchtet, welches jede Dunkelheit und Tristesse verbannte. Die Schönheit dessen war nicht in Worte zu fassen und kaum zu ertragen. Schrecklich schön wäre der einzig passende Vergleich. Ein Grund, weshalb er nicht sehr oft den körperlichen Kontakt zu diesen strahlend reinen Seelen suchte.

Die ungewöhnlichen Augen blieben noch einen Augenblick auf ihn gerichtet, als er seine Hände zurückzog.

„Er ist der Schlüssel und nicht die Gefahr", flüsterte Teghre und besann sich wieder auf das Schreiben.

Danyel gab sich damit zufrieden, denn mehr würde er ohnehin nicht bekommen. Allerdings musste er jetzt herausfinden, wer oder was der Störfaktor war und wie Kilian als Schlüssel dort hineinpasste.

Langsam fragte er sich, wie er auf die Idee gekommen war, dass etwas Abwechslung ganz nett wäre …

〜〜

Kilian stand unschlüssig da. Er wollte Danyel nicht noch mehr verärgern, sich aber ebenso wenig bevormunden lassen. Kurzerhand beschloss er, sich weiter so zu verhalten, wie bisher. Was hatte er schon zu verlieren? Sein kleiner Hoffnungsschimmer war zerschlagen worden. Für seine letzten Wochen reichte es vollkommen, wenn er mit Danyel das Bett teilte – jede freie Minute wollte er so verbringen, wie es ihm beliebte. Und nicht, wie ihm befohlen wurde!

Während dieser Gedanken war er losgelaufen, blieb aber nochmals stehen, um die zu langen Hosenbeine aufzuschlagen. Das stetige Drauftreten nervte ihn. Anschließend führten ihn seine Schritte nach draußen, wo er barfuß über den perfekt getrimmten Rasen lief. Er passierte Rosenbüsche, deren Duft er tief inhalierte. Die Natur hatte normalerweise eine beruhigende Wirkung auf ihn, doch diesmal wollte sein Groll sich nicht auflösen. Daher interessierten ihn Danyels Verbote reichlich wenig.

Sicher, er hatte auch seinen Anteil dazu beigetragen, dass er mit Danyel so aneinandergeraten war. Nach der Auseinandersetzung mit Dafour, die ihm noch gut in Erinnerung war, schien sein Nervenkostüm nicht das Beste zu sein. Beide hatten deutlich gemacht, für was sie Kilian hielten. Er konnte nicht bestimmen, wie sie ihre Meinung über den Menschen gebildet hatten. Ärgerlich war nur, dass zumindest Danyel alle über einen Kamm scherte. Schwach, leidend, bettelnd, verachtenswert ... und Kilian weigerte sich vehement, sich zu diesen Kategorien zu zählen! Wenn er leidend wäre, dann hätte er gleich zu Danyel rennen müssen, um den Herrn der Boten zu verpetzen, weil der so grob gegen ihn vorgegangen war. Für schwach hielt er sich auch nicht. Wäre er schwach oder feige, dann hätte er es nicht gewagt, auch nur das geringste Widerwort von sich zu geben.

Kilian hatte kaum bemerkt, dass er den Seiteneingang des Nebengebäudes erreicht hatte. Gedankenverloren lief er einfach weiter. Was er sich als schwache Eigenschaft bescheinigte, war seine Naivität. Immer zu denken, es würde schon alles glattgehen – reiner Optimismus. Danyel zu vertrauen, ohne klare Abmachungen und ohne Nachfragen den Handel eingegangen zu sein – ja, das war sehr naiv gewesen. Jetzt hatte er zwar, was er wollte, doch er fühlte sich gar nicht mehr wohl damit. Da half es auch nicht, dass Danyel ein grandioser Liebhaber war, der Kilian bis in die Sterne katapultierte.

Plötzlich fand er sich vor der Tür wieder, hinter der er all die wertvollen Sachen entdeckt hatte. Er sah sich um. Außer ihm war niemand da. Er legte die Hand auf die Klinke, doch dann hörte er Schritte, die sich näherten. Hastig eilte er in die entgegengesetzte Richtung und versteckte sich hinter einem Vorsprung. Flach atmend, um sich nicht zu verraten, verharrte er. Das Geräusch kam immer näher und kurz darauf sah Kilian den Verursacher.

Dafour.

Ein selbstgefälliges Grinsen zierte sein Gesicht. Unter dem Arm trug er eine Kiste, auf der eine Weinflasche abgebildet war. Kilian traute sich nicht, auch nur den kleinen Zeh zu bewegen. Völlig unpassend und typisch für eine solche Situation, begann es in seiner Nase zu kribbeln. Er hielt die Luft an, hoffte das Unausweichliche aufzuhalten. Dann endlich hatte Dafour die Tür erreicht, öffnete sie und verschwand in dem Raum. Kilian nahm die Beine in die

Hand und rannte. Auf dem untersten Treppenabsatz konnte er es nicht mehr unterdrücken. Er nieste in die vorgehaltene Hand. Das Geräusch wurde dadurch zwar gedämpft, hallte aber trotzdem von den nackten Wänden wider. Draußen angekommen sah er hinter sich, um sicherzugehen, dass Dafour ihm nicht schon auf den Fersen war. Dem war nicht so. Beruhigt lief er über den Rasen und atmete erst auf, als er zurück und durch den Vorhang getreten war.

Er ließ sich auf das große Sofa fallen und realisierte erst jetzt, dass die Aktion auch vollkommen anders hätte enden können. Und noch eines wurde ihm klar: Dafour sammelte das ganze Zeug in dem Zimmer! Die Möbel, den Schmuck, den Wein …

Fünfzehn

Danyel hatte bemerkt, dass Kilian nach draußen gegangen war. Er ließ ihn, vor allem weil er nicht wusste, wie genau er nun mit ihm umgehen sollte. Er kannte das nicht von sich, und es ärgerte ihn. Sonst beruhten alle seine Entscheidungen und Handlungen auf seinem Willen. Nun aber wusste er nicht einmal, was er wollte!

Um sich abzulenken, nahm er sich vor, seinen Füller mit neuem Blut zu versehen. Im Grunde unnötig, doch die tägliche Handlung hatte sich so festgesetzt, dass er gar nicht mehr darüber nachdachte. Auch wenn keiner zum Verhandeln käme, sollte das Schreibgerät gepflegt werden. Geronnenes Blut würde rasch die Feder verstopfen, was eine intensive Reinigung nötig werden ließe.

Das edle Stück aus dem Hause Montegrappa besaß er seit zwanzig Jahren. Der Korpus bestand aus matt gebürstetem Silber, die Kappe und das hintere Ende waren mit Perlmutt überzogen. Das Ritual war stets gleich. Danyel nahm den Füller mit in die Küche, drehte das Endstück, bis der Kolben sämtliches Blut herausgedrückt hatte, spülte die Feder ab und trocknete sie. Anschließend nahm er das Messer vom Regal oberhalb der Spüle und das kleine Glas, welches danebenstand. Ein kleiner Schnitt in die Ader am Handgelenk, etwas Druck und sein Blut tropfte ins Glas. Dunkelrot. Sein Lebenselixier mit besonderer Kraft. Die Menge maß er mit den Augen ab, er wusste genau, wie viel in den Tintentank passte. Ehe er diesen füllte, spülte er sich die Haut ab und trocknete sie mit einem Stück Küchenpapier. Binnen Sekunden schloss sich der Schnitt, der in weniger als einer Stunde gar nicht mehr zu sehen wäre. Erst danach sog er das neue Blut auf, reinigte das Glas und das Messer und brachte sein Schmuckstück zurück an seinen Platz. Zuletzt hatte er ihn benutzt, um Kilians Lebenszeit zu kürzen …

Danach machte er das, was er immer tat. Er schrieb die Jahrzehnte, Jahre, Monate und Tage der neugeborenen Menschen auf. Die Namen der Kinder las er, ohne sich auch nur einen davon zu merken. Wozu auch? Irgendwann kamen diejenigen, die mit seiner Entscheidung nicht zufrieden waren. Sofern sie einen Termin bekamen. Diesen Diskussionen konnte er momentan nichts abgewinnen und er war froh, dass er Dafour angewiesen hatte, die nächsten Termine zu streichen. Wie der, oder Lucia, die für die Post zuständig war, das gehandhabt hatten, war ihm gleich. Hauptsache, es machte nicht noch einer von denen Theater an der Tür.

Er hörte Kilian sofort, als er zurückkam. Kilian eilte von der Tür bis zum Vorhang. Danyel vernahm die Bewegung des schweren Stoffs, als Kilian hindurchtrat. Es schien, als habe der junge Mann es eilig.

Danyel stand auf. Nur um sich kurz darauf wieder zu setzen. Was brachte es, wenn er jetzt zu ihm ging? Er wusste noch immer nicht, wie er mit dem kleinen Sturkopf umgehen sollte. Er wollte gegenüber dem jungen Menschen nicht das Gesicht verlieren. Denn das war es, was ihn widersprüchlich handeln ließ. Die Angst, nicht als das angesehen zu werden, was er war. Zuzugeben, wie ein Mensch eine Schwäche zu besitzen. Seine harsche Art stand für alles, was er war und sorgte zugleich dafür, dass er sich von den Menschen abgrenzte. Wäre es eine Schwäche, sich von Emotionen leiten zu lassen, statt von alten eingefahrenen Verhaltensmustern?

〰

Mit Blick auf den künstlichen Sternenhimmel, der schwach glomm, gab sich Kilian seinen Grübeleien hin. Er hatte keinen Zweifel daran, dass all die kostbaren Sachen in dem Raum von Dafour gehortet wurden. Nur warum? Und was ihm noch wichtiger war, wusste Danyel davon? Wo auch immer Dafour die Sachen her hatte – es interessierte Kilian brennend, weshalb er sie bekam. Der Herr der Boten wirkte nicht unbedingt vertrauenerweckend, eher abschreckend. Vom ersten Moment an war er Kilian unheimlich gewesen. Die Warnungen seitens Dafour, er solle nicht schnüffeln, sprachen dafür, dass Danyel nicht eingeweiht war. Auch den Übergriff sah Kilian als Zeichen, dass Dafour etwas zu verbergen hatte.

Da Kilian keinen von beiden fragen konnte, ohne mit dem Vorwurf konfrontiert zu werden, er habe tatsächlich geschnüffelt, wollte er sein Wissen für sich behalten. Vorerst. Sollte Dafour ihn erneut angreifen, könnte er ihn damit konfrontieren und sehen, wie der darauf reagieren würde. Denn er glaubte nicht, dass die Möbel, der Schmuck und die restlichen Dinge Geschenke waren. Kilian fiel nicht ein Grund ein, weshalb man den Weißhaarigen beschenken sollte. Vielleicht war alles gestohlen? Nein, das konnte er sich nicht vorstellen. Es musste einen anderen Grund geben.

Um die Grübeleien zu vertreiben, stand er auf und ging in die Küche, um sein spätes Frühstück zu genießen. Das Tablett stand noch genauso da, wie er es zurückgelassen hatte. Bewaffnet mit den leckeren Sachen hockte er sich an den Tresen und vermied es, seine Gedanken erneut zu Dafour wandern zu lassen.

Zuerst machte er sich über den Lachs her, der vorzüglich schmeckte, auch wenn er nicht mehr gekühlt war. Anschließend belegte er sich das Vollkornbrötchen mit Käse und schnitt eine Tomate drauf. Die kleine Flasche Orangensaft leerte er nebenbei und hob sich das Frühstücksei bis zum Ende auf. Bei sich zu Hause würde er sich ein solches Frühstück nie machen. Das bestand meist aus zwei Scheiben Toast und einer Tasse Kaffee, wenn er überhaupt etwas aß, ehe er sich auf den Weg zur Arbeit machte. Viel zu oft hatte er länger geschlafen, als er sollte, und deshalb unterwegs ein belegtes Brötchen oder Teilchen gekauft. Auch bei seiner Mutter hatte es solche Auswahl nie gegeben. Müsli und Obst waren ihr Credo, wenn es darum ging, gut in den Tag zu starten. Ein Punkt, den er ihr wirklich zugutehalten musste. Denn so knapp die Familienkasse manchmal gewesen war, hatte sie immer auf gesunde und ausgewogene Ernährung bestanden. Ihm wurde das Herz schwer, wenn er an sie dachte. Irgendwie verstand er sie auch. Von Anfang an hatte sie sich damit abgefunden, dass sie Monja gehen lassen musste. Plötzlich war es genau umgekehrt.

Monja hatte eine wahre Odyssee hinter sich. Bei der Polizei hatte man ihr nicht helfen können, stattdessen wurde sie an die Deutsche Botschaft verwiesen. Der Marsch durch die Stadt, mangels Geld für die Metro, war ermüdend gewesen. Nach gefühlten fünf Kilometern war sie endlich auf das große Gebäude gestoßen. Die schwere Eingangstür hatte ihr Respekt eingeflößt, denn sie hatte sich nur mit kräftigem Druck öffnen lassen. Als sie hindurchgetreten war, erkannte sie, dass dieser Kraftakt gar nicht von Nöten gewesen wäre, denn die Tür hatte ein automatisches Öffnungssystem. Es war ihr schrecklich peinlich, dass sie sich wie eine Irre gegen das Holz gelehnt hatte, wo die Tür doch von ganz allein aufgegangen war.

Der Mann an der Information, hinter einer dicken Glasscheibe, kommentierte diesen Fauxpas glücklicherweise nicht. Sie wusste genau, dass er sie beobachtet haben musste, denn sein Monitor zeigte die Kamerabilder des Eingangsbereichs. Nachdem Monja ihm ihr Problem geschildert hatte, war ein Botschafter gerufen worden.

Stunden später, nach einer Menge bürokratischem Aufwand, vielen Fragen seitens des Botschafters und Erklärungen von Monja, bekam sie einen Notpass ausgestellt. An Bargeld zu kommen stellte sich als nicht minder schwer heraus. Zwar konnte man sich Geld zur Botschaft senden lassen, doch dazu musste es jemand von zu Hause aus abschicken. Notgedrungen rief Monja ihre Mutter an, hoffend, dass sie diese erreichen würde.

Nach dem fünften Freizeichenton hob sie endlich ab.

„Hein?"

„Mama! Ich bin's, Monja. Ich brauche deine Hilfe."

„Monja! Wo steckst du? Ich dachte, du wärst längst zu Hause, wenn ich Feierabend habe."

„Ich weiß. Bitte, versprich mir, dass du nicht gleich ausflippst. Ich bin in Rom, um Kilian zu suchen."

„WAS?"

Sie zog sich instinktiv vom Hörer zurück. Erst, als der schrille Schrei verklungen war, legte sie ihn wieder ans Ohr.

„Ich habe geahnt, dass du so reagierst. Hör zu, ich rufe von der Botschaft aus an und ich weiß nicht, wie lange sie mich telefonieren lassen. Ich bin in der Bahn beklaut worden und mein gesamtes Geld ist weg. Ich gebe dir eine Nummer durch, kannst du mir etwas überweisen – heute noch?" Sie hörte ihre Mutter tief durchatmen und erwartete eine Standpauke. Doch die blieb aus.

„Ach Kind ... Ich weiß, was dein Bruder getan hat. Er hat angerufen. Ich hoffe, du findest ihn und bringst ihn zur Vernunft. Schaff ihn nach Hause, wenn du kannst. Das Geld sende ich dir ... wie viel brauchst du?"

Monja schluckte. Eine solch rationale Reaktion hatte sie nicht erwartet. Vor allem nicht diesen lockeren Tonfall.

„Ich weiß nicht. Zweihundert müssten reichen. Ich gebe es dir zurück. Und lass bitte mein Konto sperren."

„Kommt erst mal wieder nach Hause, den Rest klären wir, wenn ihr wieder hier seid." Kein Wort dazu, dass Monja klammheimlich gefahren war und ihre Mutter belogen hatte.

„Danke Mama!" Monja war erleichtert. Doch sie ahnte, dass sie die Schelte für den Ausflug zu Hause bekäme. Rasch gab sie noch die Kontoverbindung durch, die der Botschafter ihr aufgeschrieben hatte. Anschließend musste sie warten, bis die Transaktion im System registriert war.

Als sie die Botschaft verließ, war es bereits später Nachmittag, weshalb sie überlegte, den Besuch der Vatikanstadt auf den folgenden Tag zu verschieben. Doch sie verwarf den Gedanken, lief zur nächsten Metro Station, zog ein Ticket und verstaute das restliche Geld in der vorderen Hosentasche. Noch mal würde sie sich nicht beklauen lassen …

〜〜〜

Danyel ließ Kilian den Freiraum, allein zu sein. Zumindest für eine Stunde. Bis er bemerkte, dass er sich Gedanken um den Menschen machte. Sogar leichte Sorge in ihm wuchs – was angesichts der Tatsache, dass er sonst kaum Interesse an der Menschheit besaß, doch ziemlich erstaunlich war. Es ging nicht mehr nur um ihn selbst, um sein eigenes Vergnügen, welches er sich von der Anwesenheit des Jungen versprochen hatte. Danyel fand keine befriedigende Erklärung dafür, dass Kilian sich binnen kurzer Zeit zu etwas so Wichtigem entwickelt hatte. Zwei Faktoren gaben ihren Anteil dazu – zum einen war da die Aussage von Teghre und Pajlin und zum anderen die enorme Anziehungskraft. Danyel zweifelte nicht daran, dass Kilian in diesem Punkt so empfand, wie er. Schließlich hatte der es zugegeben. Was ihn verstimmte, war Kilians Aussage, er würde ihn nicht mögen. Sicherlich, er musste das auch nicht. Zumal Kilian ihm nicht gerade feindselig begegnete – aber auch nicht mit dem nötigen Respekt. So sehr er an sich Veränderungen bemerkte, so sehr ärgerte es ihn auch, dass Kilian kaum einen Unterschied zwischen ihm und einem gewöhnlichen

〜 167 〜

Menschen machte. Er zeigte keine Angst – weder vor ihm noch schien er Pajlin und Teghre zu fürchten …

Als er aufstand, streckte er sich und ein lautes Knacken bezeugte, dass er zu lange in starrer Haltung gesessen hatte. Zwar war sein Körper belastbarer als der eines Menschen, dennoch besaß er die eine oder andere Schwäche. Es wurde Zeit, dass er etwas aß, um seinen enormen Bedarf zu decken.

Danyel trat durch den Vorhang und lief an Kilian vorbei, der auf dem Sofa saß und gedankenverloren wirkte. In der Küche öffnete er den Kühlschrank, griff einen angereicherten Frucht-Joghurt-Shake und stürzte den Inhalt ohne Absetzen hinunter. Anschließend nahm er sich ein vorbereitetes Gericht aus dem Fach, zog die Folie ab und stellte den Teller in die Mikrowelle. Das Summen des Gerätes übertönte die leisen Schritte, die sich immer weiter entfernten.

∿

Das Herumsitzen wurde Kilian zu langweilig. Er verließ das alte Kirchengemäuer und trat in den Garten. Um Dafour nicht ungewollt vor die Füße zu laufen, ließ er das Gebäude mit Bibliothek und Sammelzimmer links liegen. Stattdessen erkundete er die Häuser auf der anderen Seite. Mit Erstaunen bemerkte er, dass keine der Eingangstüren geschlossen war, und das, obwohl vom Petersplatz aus jeder durch den Durchgang kommen und das Gelände betreten konnte. Viele Geheimnisse schien Danyel also nicht zu hegen – im Gegensatz zu Dafour.

Das erste Gebäude wirkte weitestgehend ungenutzt. Er fand eine Wäschekammer und einen Vorratsraum. Ein Labor, bei dem er vermutete, es sei einzig dazu da, Danyels Lebensmittel anzureichern, und eine kleine Werkstatt. Werkzeuge aller Art, Glühbirnen, Bohnerwachs, Putzeimer und sonstiger Kram, der zur Reinigung und Unterhaltung des Anwesens diente.

Je weiter er herumschlenderte, umso mehr verwirrte es ihn, dass ihm keiner begegnete. Allzu viel Personal konnte es nicht geben – oder die tägliche Arbeitszeit war vorüber. Er wusste es nicht. Seine Schritte hallten auf den Böden, die entweder steinern oder mit Holzdielen ausgelegt waren. Plötzlich erklang Musik, zwar gedämpft, aber deutlich zu hören. Neugierig suchte Kilian nach deren Ursprung und wurde zwei Gebäude weiter fündig. Das weiß gestrichene Haus war eindeutig das belebteste. Als er sich näherte, und dabei einen Blick durch das Fenster warf, erkannte er sofort, wer dort wohnte. Die Boten.

Unschlüssig blieb er stehen. Konnte er denn einfach dort hineingehen? Er konnte nicht abschätzen, wie sie auf ihn reagieren würden.

„Hey Karl!", rief unerwartet einer. „Sieh mal, wer uns hier besucht! Danyels Schoßhündchen."

Kilian schluckte. Er hatte weder erwartet, dass einer der Boten Deutsch sprach, noch fand er die Bezeichnung seiner Person angemessen. Grimmig zog er die Stirn kraus und sah sich um. Kurz darauf tauchte der auf, der mit Karl angesprochen worden war.

„Du hast recht, Werner. Was will der Blondschopf nur?", rätselte er.

Kilian betrachtete ihn. Er wirkte wie Anfang dreißig, trug dunkles, an den Schläfen leicht meliertes Haar und war leger gekleidet. Trainingshose und T-Shirt, keine Schuhe, und in der Hand hielt er einen Weinpokal.

„Ich wollte den Feierabend-Umtrunk nicht stören", murmelte Kilian und drehte sich weg.

„Wohin willst du denn so schnell, du bist doch gerade erst gekommen?", erkundigte sich der Erste, der, während er sprach, durch die Tür trat.

Eine Antwort blieb Kilian ihm schuldig, denn die Erscheinung des Kerls war doch ziemlich imposant und nicht das, was er erwartet hatte. Vor ihm stand ein Mann, der gut in jede Rockergruppe gepasst hätte. Das lange, aber schüttere strohblonde Haar zum Zopf gebunden, ein gepflegter Bart zierte das Gesicht. Die sichtlich muskulösen Beine steckten in schwarzen Bikerhosen. Den Oberkörper umspielte nur ein offenes, kariertes Hemd. Passend dazu, als wolle er einem Klischee entsprechen, wurde seine Haut von Tattoos geziert, deren Machart auf das vorige Jahrhundert schließen ließ. Als i-Tüpfelchen hielt er ein Bier in der Hand.

„Na, was ist? Willste auch eins?"

Kilian schüttelte den Kopf. „Ich trinke nicht."

„Das ist aber schade. Wenn du es dir anders überlegst, kannst du auch einen Pokal Wein haben …", bot Karl an.

„Danke, aber nein. Macht ruhig weiter, was auch immer ihr feiert. Ich wollte nur wissen, wo die Musik herkommt."

„Bei uns ist jeden Tag Party. Wer seine Arbeit schnell macht … Fünf oder zehn Minuten Aufwand in der Stunde", erwiderte Werner und grinste. Der Bart hob sich dabei ein Stückchen, was dem strengen Aussehen des Kerls etwas Witziges verlieh. Dessen Aussage stimmte Kilian allerdings nachdenklich.

„Was denn? Pergamente ausliefern, feiern, Pergamente ausliefern, feiern ... und so weiter. Verfliegt ihr euch nicht, wenn ihr in den Pausen trinkt?"

„Ach was!" Karl leerte seinen Wein. „Um betrunken zu werden, müsste ich schon eine ganze Wanne voll in mich hineinschütten. Keine Bange, jedes Baby bekommt das richtige Dokument."

„Okay. Danke für die Erklärung."

„Jetzt habe ich aber eine Frage: Was treibt dich Jungchen denn in Danyels Arme? Jemanden wie dich hat es hier noch nie gegeben." Werner musterte ihn fragend.

„Ein Handel, was sonst?"

Die beiden Boten sahen sich vielsagend an. Kilian verdrehte die Augen, denn er war fast sicher, was sie dachten. *Stricher.*

„Darf man fragen, was du ausgehandelt hast, um diesen Preis zu zahlen?"

Kilians Blick schnellte zu Karl. „Nein", sagte er härter, als beabsichtigt. „Ich meine, das möchte ich lieber für mich behalten."

„Nun gut. Wie lange wirst du denn bleiben? Vielleicht überlegst du es dir ja anders und kommst doch auf eine kleine Feierstunde vorbei."

„Noch knappe zwei Monate. Und wer weiß, vielleicht komme ich tatsächlich wieder. Und wenn es am letzten Tag ist. Dann sauf ich mich ins Koma, ehe ich sterbe." Der Sarkasmus in seiner Stimme war nicht zu überhören.

„Wer will denn schon an den Tod denken?" Karl kam auf ihn zu und ergänzte in gesenktem Ton: „Vielleicht lässt Danyel ja mit sich reden, und er legt noch was drauf, wenn er mit dir zufrieden ist."

Kilian grunzte. Die anzügliche Tonlage machte deutlich, was die Worte nicht getan hatten.

„Lass ihn in Ruhe, Karl. Komm lieber rein, wir trinken noch einen. In zwanzig Minuten kommt die nächste Kiste."

Die beiden verzogen sich und Kilian atmete tief durch. Was ihn am Meisten ärgerte, war, dass sie recht hatten. Man konnte es nicht abstreiten – sein Körper gehörte Danyel.

Die Sonne machte sich bereits auf den Weg Richtung Horizont. Kilian hatte die Zeit auf diese Weise noch nie gut schätzen können. Doch wenn die nächste Kiste mit Lebenszeitdokumenten gleich käme, näherte sich die volle Stunde. So tippte Kilian, dass es entweder fast fünf oder sogar schon fast sechs war.

Hatte er wirklich den halben Mittag auf dem Sofa verbracht? Es schien so. Und wenn er auf seinen Magen hörte, ging es eher auf sechs Uhr zu. Sein spätes Frühstück war um die Mittagszeit gewesen. Er lief an den Gebäuden entlang zurück und nahm sich vor, diesmal auf die Markierungen zu achten, ehe er etwas aß, was in *seinen* Fächern untergebracht war.

Sechzehn

Monja verließ die Metro an der Station Ottaviano und hielt sich links. Hoffnungsvoll lief sie die Straße hinunter, überquerte eine Kreuzung und näherte sich unaufhörlich dem Petersplatz. Wiederholt fragte sie sich, ob sie Kilian finden würde. Ob man ihr Auskunft gäbe, wenn sie sich nach ihm erkundigen würde. Sofern man sie verstand.

Sie konnte ein Stück des Säulenganges sehen, der den Platz auf beiden Seiten umschloss, und je näher sie kam, umso aufgeregter wurde sie. Eigentlich war es ziemlich kopflos gewesen, einfach ohne Plan zu fahren. Sollte sie jetzt an die Tür klopfen und fragen: ‚Ist Kilian da?' Wohl kaum.

Einige Minuten später trat sie durch die Säulen hindurch. Der Platz erstreckte sich vor ihr und der Blick auf das imposante, ehemalige Kirchengebäude war atemberaubend. Die Stufen, die zum Eingang führten, waren makellos. Überhaupt war der Vorplatz sehr gepflegt, was sie erneut zu der Überlegung zurückbrachte, ob Kilian hier arbeiten musste.

Monja sah sich um, doch niemand schien großartig Notiz von ihr zu nehmen. Sie konnte nicht einmal sagen, ob es Einheimische oder Touristen waren, die auf oder an dem Platz ihres Weges gingen. Während sie auf den Durchgang rechts des Hauptportals zulief, hielt sie weder jemand auf, noch wurde sie angesprochen. Neugierig und mit klopfendem Herzen trat sie hindurch, fand sich schließlich am Rand einer sehenswerten Gartenanlage wieder.

Bäume, Sträucher, Rosenbüsche und ein akkurat getrimmter Rasen, der von sauberen Wegen durchschnitten wurde. Staunend sah sie sich um und erkannte, dass die Anlage größer war, als sie auf den ersten Blick gedacht hatte. Hier und da sorgten arrangierte Blumenbeete für Farbtupfer inmitten des Grüns. Die gesamte Fläche, um welche vereinzelt Gebäude auszumachen waren, glich einer Parkanlage, wie man sie in Großstädten öfter sah.

Allerdings schien niemand sonst hier zu sein. Monja fühlte sich wie ein Eindringling, der verbotenerweise dieses schöne Gelände betreten hatte. Es war ihr unangenehm, alleine über den Weg zu laufen. Fast kam es ihr vor, als würde sie beobachtet. Ihre Nackenhaare sträubten sich und sie zog die Schultern hoch. Das Gefühl, ein Dutzend Paar Augen würden auf ihr ruhen, verschwand nicht. Dennoch hielt sie auf das große Haus zu, welches direkt hinter dem Dom lag. Sie nahm allen Mut zusammen, während sie auf den Eingang zuging, und hoffte, dass sie dort jemanden antreffen würde.

Sie kam nicht dazu, an die Tür zu klopfen.

„Mi scusi, che cosa ci fai qui?", rief eine tiefe Stimme.

Monja drehte sich um und suchte den Urheber. Ein Mann eilte auf sie zu, weiß gekleidet und mit langem Haar, das kaum von der Kleidung zu unterscheiden war. Sie erkannte ihn – er hatte ihr das geänderte Pergament gebracht.

„Ähm, Verzeihung. Ich verstehe Sie nicht", sagte sie und blickte ratlos drein.

„Ah. Deutsch. Ich fragte, was Sie hier tun?", erwiderte er.

Er hatte sie fast erreicht, nur wenige Schritte trennten sie noch voneinander. Monja stellten sich alle Härchen am Körper auf, als sie die Augen des Mannes sah. Rot blickten diese ihr entgegen und sorgten augenblicklich für ein unbehagliches Gefühl.

„Ich", sie räusperte sich, da ihr die Stimme zu versagen drohte. „Ich bin auf der Suche nach meinem Bruder."

„Was bringt Sie zu der Annahme, dass Sie ihn hier finden könnten, junge Frau?"

Monja straffte die Schultern. „Er hat von hier aus angerufen. Also schlussfolgere ich, dass er hier war oder noch immer ist."

Der unheimliche Weißhaarige verzog keine Miene.

„Nun, wie heißt denn ihr Bruder. Vielleicht kann ich Ihnen helfen?"

„Kilian Hein." Monja versuchte ein freundliches Lächeln zu zeigen und hoffte, dass er ihr wirklich helfen konnte.

〰

Diesmal war sein Abendessen nicht so opulent, wie das erste. Aus den Vorräten, die für ihn angeschafft worden waren, suchte er sich Antipasti und Weißbrot heraus. Zum Nachtisch gönnte er sich einen Becher Mascarpone-Creme mit Früchten. Kilian hatte gerade seine Sachen anstandshalber aufgeräumt, als Danyel hinter ihn trat. Dessen Arme schlangen sich um seine Hüften und der warme Atem kitzelte seinen Nacken.

Jegliche Worte waren überflüssig, auch wenn es einiges gegeben hätte, was Kilian ansprechen wollte. Danyels Nähe aber ließ alles andere in den Hintergrund rücken. So unstimmig ihre zwischenmenschliche Beziehung auch war — sofern man das so nennen konnte — umso passgenauer war die gegenseitige Anziehungskraft und Wirkung aufeinander.

Zu dem warmen Atem gesellten sich leichte Küsse, die ihn erschaudern ließen. Kilian drehte sich in Danyels Umarmung, hungrig nach mehr. Er griff Danyel in den Nacken und zog ihn näher zu sich. Nur einen Wimpernschlag später lagen ihre Lippen aufeinander. Die Hitze flammte in Kilian auf, als sich ihre Zungen berührten, sich sanft umkreisten und in einen wilden Tanz übergingen. Seine Nerven prickelten, seine Sinne gepolt auf Gefühl, sein Verlangen stieg. Es glich wirklich einer Sucht, denn den Empfindungen, die Danyel in ihm auslöste, konnte und wollte er sich nicht entziehen.

Mit den Händen wanderte Kilian über die erreichbaren Stellen an Danyels Körper, genoss die glatte Haut unter seinen Fingern, strich über die muskulöse Brust und den flachen Bauch.

„Wenn wir nicht sofort ins Bett kommen, falle ich hier in der Küche über dich her", presste Danyel hervor, kaum dass er sich von Kilians Lippen gelöst hatte.

Kilian entwich ein Keuchen und er ließ sich bereitwillig mitziehen. Weit kamen sie allerdings nicht. Schon am Sofa machten sie Halt, versanken in einem Kuss, der ihre Lust noch mehr aufpeitschte. Danyel zog ihm hektisch das T-Shirt aus, glitt mit den Händen über nackte Haut und stieß ihn an die Grenzen des Aushaltbaren.

Kilian schob ihn von sich, rang nach Luft und versuchte sich unter Kontrolle zu halten. „Wenn du nicht aufhörst, dann spritz ich in der Jeans ab, noch ehe wir das Bett gesehen haben."

Ein zufriedenes Grinsen breitete sich auf Danyels Gesicht aus. „So will ich dich haben, Kleiner."

Kilian ließ das unkommentiert, schob Danyel rückwärts in Richtung Schlafzimmer, bis sie das Bett erreichten. Danyel ließ sich darauf fallen, griff in seine hintere Hosentasche und zog eine kleine Tube hervor. Anschließend riss er die Knopfleiste auf. Kilian fackelte nicht lange. Er packte an die Hosenbeine und zog. Die Hose landete achtlos auf dem Boden – seine gesellte sich kurz darauf hinzu.

Danyels Blick glitt über seinen nackten Körper, verweilte kurz an der Erektion, die sich ihm entgegenstreckte, und winkte ihn mit einem Fingerzeig heran.

„Sag mir, was du willst", forderte Kilian.

Die türkisfarbenen Augen leuchteten etwas heller auf. „Was ich will? Dich, hier. Auf mir."

Er kletterte über ihn, sodass er rittlings auf Danyel saß, und raffte dessen Shirt nach oben. Die entblößte Brust mit den festen Nippeln hob und senkte sich hektisch. Plötzlich packte Danyel ihn und wirbelte sie beide herum. Mit einem Handgriff riss Danyel sein Hemd über den Kopf, schnappte sich die Tube und legte sich Kilians Beine auf die Schultern.

Kilian spürte die Nässe zwischen seinen Backen, bog sich den Fingern entgegen, die ihn vorbereiteten. In seinem Unterleib kribbelte es – er wollte mehr, und doch sollte es nie enden!

Die Finger zogen sich zurück, wurden durch die pralle Spitze ersetzt. Langsam glitt Danyel in ihn, sah ihn dabei unverwandt an.

Kilian stöhnte auf, als die Härte ihn komplett ausfüllte. Er fühlte sich, als stünde er kurz vor dem Explodieren, und kostete die berauschende Lust voll aus. Sein harter Schwanz lag auf seinem Bauch, das Blut pulsierte in der

Länge, und die hochempfindliche Spitze schrie nach Aufmerksamkeit – die sie nicht bekam. Stattdessen hielt Danyel seine Schenkel umfasst und stieß rhythmisch in ihn. Jeder Nerv in ihm wurde gereizt, schürte die Gier, die sein Herz rasen ließ.

Kilian lag willenlos vor Danyel, gefangen in dem Moment, berauscht und darauf hin fiebernd, dass sich seine Lust entlud. Die Stöße wurden rasch drängender und hektischer. Keuchend verließ die Luft Kilians Mund, und als er glaubte, es nicht mehr aushalten zu können, umfasste er sich selbst.

Danyel stöhnte. „Zeig's mir!", forderte er rau.

Kilian ließ seine Faust auf und ab gleiten, kam mit jedem Stoß von Danyel näher an den Rand. Als der wiederholt seinen empfindlichsten Punkt traf, war er nicht mehr zu bremsen. Als würde ein Blitz einschlagen, entlud sich die aufgestaute Spannung. Lautstark schrie er den Höhepunkt hinaus, der ihn überrollte und ihn Sterne sehen ließ. Sein Körper kribbelte vom Scheitel bis zu den Zehen, jede Faser schien in der Lust zu glühen.

Als die Wellen abebbten, sah er auf. Danyel hatte die Lippen fest aufeinandergepresst. Schweiß glänzte auf seiner Haut. Er warf den Kopf in den Nacken, die Sehnen an Hals und Schultern traten hervor, als er mit ruckartigen Stößen auf das Ende zuritt. Kurz darauf katapultierte er sich selbst über die Klippe, stöhnte laut den lustvollen Taumel heraus, in dem er gefangen war. Kilian genoss den Anblick, den er dabei bot.

Nach Luft ringend sackte Danyel über Kilian zusammen. Der Blick, der ihn traf, war beinahe liebevoll. Ein anderer Vergleich fiel Kilian nicht ein. Es war zu schön, um wahr zu sein, doch er wollte es in diesem Moment gerne glauben, dass da mehr zwischen ihnen war, als bloße Anziehung.

～
～

Er konnte kaum fassen, wen er da vor sich hatte. Ein glücklicher Zufall, dass sie ausgerechnet ihm vor die Füße gelaufen war.

„Kilian? Ja, der ist hier und ich weiß, wo er ist. Kommen Sie, ich bringe Sie zu ihm", bot er an und setzte sein freundlichstes Gesicht auf.

Er wies zur Tür des Gebäudes vor ihnen.

„Vielen Dank. Das ist sehr nett", sagte sie und folgte ihm.

Dafour hätte sich vor Freude die Hände reiben können, doch er ließ es bleiben. Die kleine Schwester von Kilian. Warum hatte er sie nicht gleich erkannt? Vermutlich sah er einfach zu viele Menschen, als dass er sich ihr Gesicht hätte merken können. Nach außen hin gefasst, und innerlich jubelnd, führte er sie ins Haus, die Stufen in den Keller hinunter und sah sich schon als Gewinner.

Das Mädchen dackelte ihm hinterher, wie ein Küken der Entenmutter. Sie stellte keine Fragen, was ihm auch ganz recht war. Er steuerte einen der hinteren Kellerräume an, von denen er wusste, dass sie fensterlos waren.

„Sind Sie sicher, dass Kilian hier unten ist?", erkundigte sie sich.

„Ja. Er soll hier für etwas Ordnung sorgen", sagte Dafour und beglückwünschte sich selbst zu dem spontanen Einfall.

„Aha. Dachte ich mir, dass er für den Handel arbeiten muss."

‚Wenn du wüsstest, Mädchen!', dachte er gehässig. Dann öffnete er eine Tür, zog Kilians Schwester mit sich in den Raum, betätigte den Lichtschalter und verharrte hinter ihr. Sein Körper verdeckte den Rahmen.

„Aber ...", begann sie.

„Halts Maul. Du bleibst hier. Denn du bist meine Versicherung, dass Kilian von hier verschwindet. Und mehr will ich nicht." Rasch trat er zurück auf den Flur, zog die Tür zu und schloss ab. Den Schlüssel steckte er sich in die Tasche. Nicht auszudenken, sollte jemand diesen Raum betreten ... Nein. Keine Chance. Das Schwesterchen würde da drin warten müssen, bis Dafour sich Kilian vorgenommen hatte.

Es war nur noch eine Frage von Stunden – dann wäre wieder alles beim Alten. Grinsend lief er über den Flur zurück und schätzte die Bauweise des Hauses. Die dicken Mauern schluckten die Rufe des Mädchens schon nach einigen Schritten.

$$\sim\!\!\sim$$

War denn das zu fassen? Der Bote hatte sie doch glatt in diesem Raum eingesperrt und es gab nicht einmal ein Fenster!

Monja schluckte den Schreck herunter, schrie und hämmerte gegen die Tür, doch er kam nicht zurück. Resigniert ließ sie die Hände sinken. Was hatte er noch gesagt? Er wollte, dass Kilian verschwindet. Das verstand sie nicht. Warum sollte ihr Bruder dem Boten ein Dorn im Auge sein?

Monja drehte sich um sich selbst, während sie einen Blick durch den Raum schweifen ließ. Vielleicht gab es hier etwas, womit sie die Tür öffnen könnte.

Unzählige Kisten standen in einer Ecke. Auf einem Regal waren Vasen aufgereiht – manche schön, andere potthässlich in ihren Augen. Doch sie wusste mit fast hundertprozentiger Sicherheit, jede davon hatte viel Geld gekostet. An der Wand gegenüber stand eine Holztruhe. Monja öffnete sie und sah … gähnende Leere. Sie ließ den Deckel fallen, was einen lauten Rums nach sich zog.

Also trat sie zu den Kartons, öffnete einen nach dem anderen, nur um lauter unnützes Zeug zu finden. Zumindest konnte sie nichts davon gebrauchen. Eine Kiste war voller Putzlappen, die nächste enthielt Flaschen mit Reinigungsmittel. Dann kamen Kerzen zum Vorschein, gefolgt von Papierservietten.

„Ist das ein Haushaltslager, oder was?", murrte sie vor sich hin und zog den nächsten Karton vor. Er kam ihr sehr schwer vor und als sie den Klebestreifen abgezogen hatte, sah sie den Grund. Einzelne Päckchen mit Rosendünger steckten darin. Alles in allem sicherlich zwanzig davon.

Monja brummte ungeduldig. Es musste sich doch etwas finden lassen! Sie würde sich nicht einfach so damit abfinden, dass sie eingesperrt worden war. Also suchte sie weiter.

〰〰

Danyel blickte auf Kilian hinunter und glaubte die Erklärung gefunden zu haben. Das Rätsel von Pajlin und Teghre konnte nur eines bedeuten: Kilian war wirklich ein Schlüssel. Einer, der sich daran machte, sein Herz zu öffnen.

Der Ausdruck auf Kilians Gesicht spiegelte tiefe Befriedigung wider, wie sie nur ein erfüllender Höhepunkt auslösen konnte. Der leicht verträumte Blick nahm Danyel gefangen. Trotzdem zwang er sich, ihre noch immer bestehende Verbindung zu lösen.

„Darf ich dich um etwas bitten?", fragte Kilian, der sich auf die Seite rollte und ihm nachsah, während er sich in Richtung Bad aufmachte.

„Kommt darauf an", wich er aus.

„An meinem letzten Tag …"

Danyel unterbrach ihn. „Stopp. Bis es so weit ist, haben wir noch Zeit. Und die will ich nicht mit Plänen vergeuden." Ohne weitere Worte abzuwarten, schloss er die Tür und stellte sich unter die Dusche.

Kilian war noch nicht lange da und trotzdem hatte er etwas bewegt. Danyel musste sich eingestehen, dass er sich mehr und mehr veränderte. Jedem anderen gegenüber hätte er deutlich mehr Härte gezeigt. Jeder Fremde, der es wagen würde, seine Sehenden anzublicken, würde das Gebäude nicht lebend verlassen. Kilian ließ er es durchgehen und das nicht nur, weil er eine besondere Rolle innehaben sollte. Er brachte eine Saite in ihm zum Klingen, von der er nicht gewusst hatte, dass es sie gab. Ob er das nun begrüßen oder als unangenehm empfinden sollte, wusste er nicht.

Der Pfad, auf dem er nun schon so lange unterwegs war und der tiefe Fahrrinnen aufwies, schien nicht mehr in die richtige Richtung zu führen. Danyel musste Kilian zustimmen. Seine Urteile zu fällen, ohne sich eine Meinung gebildet zu haben, war nicht richtig. Er sollte nach dem Charakter der Menschen urteilen. Es wäre ein Schritt zu mehr Gerechtigkeit. Ein Ansatz, um etwas zu ändern, auch wenn ihn die Menschheit an sich nicht wirklich interessierte. Dennoch war sie ein Teil des Ganzen. Alles hatte seinen Platz im ewigen Kreislauf des Lebens.

Siebzehn

Kilian blieb im Bett liegen, bis Danyel geduscht hatte, und sah ihm zu, wie er sich anzog. Es ärgerte ihn, dass er seine Bitte nicht mal hatte aussprechen dürfen. Die tiefe Verbundenheit, die zwischen ihnen bestanden hatte, löste den Wunsch aus. Seinen letzten Tag mit Danyel zu verbringen, sofern dessen Zeitplan das erlauben würde, und sich mit sinnlicher Zweisamkeit vom Leben zu verabschieden, war Kilian genau richtig erschienen. Besser konnte man doch kaum abtreten, oder? Die Höhenflüge, die Danyel ihm bescherte, waren mit nichts Irdischem zu vergleichen ...

Ein anderer Gedanke brachte ihn dazu, sich aufzusetzen.

„Sag mal, woher haben die beiden da draußen ihre Namen?"

Danyel hielt in der Bewegung inne und sein Blick war nicht zu deuten.

„Ich bin eben ein neugieriger Mensch", sagte Kilian entschuldigend.

„Sie gaben sich ihre Namen selbst, warum?"

„Sie klingen sehr schön. Außergewöhnlich."

„Das sind sie." Er zog ein nachtblaues Hemd über und knöpfte es zu.

Kilian gähnte, wohlige Erschöpfung hatte sich in ihm breitgemacht, dennoch kam er nicht umhin, ins Bad zu gehen. Danyel kommentierte das nur mit einer hochgezogenen Braue. Als Kilian umständlich aufstand, stahl sich ein schiefes Grinsen auf Danyels Gesicht.

„Lach nur, ist ja nicht dein Arsch", brummte er und verzog sich ins Badezimmer.

Als er zurück ins Schlafzimmer kam, war dieses leer. Etwas anderes hatte er auch nicht erwartet. Danyel saß bestimmt an seinem Schreibtisch. Er zog sich rasch an und lief in die Küche. Aus dem Kühlschrank nahm er sich eine Flasche Multivitaminsaft, auf deren Etikett sein Name stand, und leerte sie zur Hälfte. Seine Müdigkeit war durch die Dusche verflogen, also trat er durch den Vorhang, um Danyel ein wenig bei der Arbeit zuzusehen.

Als er gerade so um die Ecke sehen konnte, blieb er ruckartig stehen. Danyel war nicht an seinem Tisch. Stattdessen stand Dafour dort und kramte in der Schublade. Glas klirrte. Kilian zog sich augenblicklich zurück und hoffte, dass er nicht bemerkt worden war. Vorsichtig linste er erneut zum Tisch und wünschte sich eine große Topfpflanze, hinter der er sich verstecken könnte. Doch Dafour schien ihn tatsächlich nicht gesehen zu haben. Kilian konnte nicht erkennen, was genau der Herr der Boten machte. Der steckte sich jetzt etwas in seine Tasche, schloss das Schubfach und trat durch die weiße Tür, die offen gestanden hatte.

Kilian blieb grübelnd zurück und fasste kurzerhand einen Entschluss. Er senkte den Blick und ging auf den Tisch der Schreibenden zu. Er hatte keine Ahnung, ob sie sprechen oder ihn verstehen konnten, dennoch wollte er es wagen. Er zwang sich, auf die Tischplatte zu sehen, statt auf die Hände der beiden.

„Entschuldigung. Zum einen, weil ich euch angesehen habe – es war keine Absicht. Zum anderen würde ich gerne wissen, was Dafour gerade an Danyels Tisch gemacht hat."

Er glaubte schon, es würde keine Reaktion kommen, als eine dunkle, sehr brüchig klingende Stimme antwortete.

„Wir verbieten dir nicht, uns anzusehen. Das ist Danyels Wille. Und Dafour hat neue Tinte gebracht."

„Danke. Ich dachte schon, ihr versteht mich nicht", erwiderte Kilian. „Dafour hat etwas aus der Schublade mitgenommen, konntet ihr erkennen, was?"

„Wir sehen alles und doch nichts", entgegnete ihm eine deutlich hellere, aber ebenso schwache Stimme. Er ordnete sie Pajlin zu, weil der Name weiblich klang.

Plötzlich näherten sich schnelle Schritte. Kilian drehte sich sofort vom Tisch der beiden weg. „Danke!", flüsterte er und hockte sich mit Blick auf die schwebenden Federn auf den Boden.

„Du, hier?", fragte Danyel hinter ihm gereizt.

Kilian sah zu ihm auf. „Darf ich nicht hier sitzen?"

„Hier sitzen schon, aber nichts anfassen!", donnerte Danyel.

„Habe ich doch gar nicht", wehrte Kilian ab und stand auf. „Warum sollte ich auch?"

„Eigenartig. Denn komischerweise verrutschen die Dinge in meiner Schublade immer dann, wenn ich gerade nicht hier bin." Danyel trat nahe an ihn heran und blitzte ihn böse an.

Kilian blinzelte und versuchte, eins und eins zusammenzuzählen. „Welche Dinge?"

Danyel verengte die Augen und der bohrende Blick war Kilian unangenehm, trotzdem wich er nicht zurück. Er hatte sich nichts vorzuwerfen.

„Meine Schreibgeräte zum Beispiel."

Kilian klappte die Kinnlade runter – sollte es das gewesen sein? Hatte Dafour den Füller eingesteckt? Diesen ganz speziellen Füller, mit dem Danyel seine und Monjas Zeit getauscht hatte? Da er es nicht genau wusste, behielt er den Gedanken für sich.

„Also, ich war weder an deinem Tisch, noch brauche ich deine Schreibgeräte. Ich habe nicht vor, einen Brief zu schreiben."

Danyel erwiderte nichts. Er sah ihn noch einen Moment an, drehte sich dann abrupt um und trat hinter seinen Tisch. Er zog die Schublade auf, blickte hinein und schien sich zu vergewissern, dass noch alles da war. Die Stirn in Falten gelegt wechselte sein Blick zwischen Kilian und den Schreibenden hin und her.

„Und, ist noch alles drin?", fragte Kilian gereizt.

„Ja, ist es. Aber wieder nicht so, wie ich es zurückgelassen habe."

„An mir liegt es nicht; ich mag mich nicht immer vorbildlich benehmen, aber ich lasse mir nicht vorwerfen, ich würde lügen oder stehlen!"

„Warum sollte ich dir das glauben? Vielleicht bist du ja doch aus einem guten Grund hier …"

„Ja, bin ich. Weil du meiner Schwester meine Lebenszeit übertragen hast. Das ist der einzige Grund. Jetzt denk, was du willst", motzte er und drehte sich weg.

〰

Kilian rauschte beleidigt ab und Danyel konnte es ihm nicht verübeln. Aber außer Kilian war niemand hier gewesen, weshalb sein Verdacht berechtigt war.

Sein Füller lag wieder nicht so, wie er ihn platziert hatte. Danyel zog die Schublade erneut auf. Die kleinen Tintenfässchen waren nachgefüllt worden. Sie standen in Reih und Glied, alle mit dem Etikett nach vorne. Das bezeugte, dass Dafour ebenfalls da gewesen war. Ein Satz neuer Federn lag wie immer daneben. Sein Füller aber, auf dem samtenen Tuch, lag falsch. Die Klammer an der Kappe wies nach links, nicht nach rechts.

Er seufzte und sah zu Pajlin und Teghre, die sich nur um die Pergamente zu kümmern schienen. Zuerst wollte er sie fragen, wie lange Kilian während seiner Abwesenheit hier gewesen war, doch die beiden besaßen nicht das nötige Zeitgefühl dafür. Für sie zählten nur der Blick auf die Welt, die Registrierung der Geburten und das Schreiben.

Allerdings hieß das nicht unbedingt, dass sie nichts von dem mitbekamen, was um sie herum geschah. Er wollte nicht an Kilians Worten zweifeln, doch Dafours Warnung schlich sich in seinen Sinn. Was, wenn der doch nicht so danebengelegen hatte? Was, wenn Kilians Handel nur ein Vorwand gewesen war? Nein, antwortete er sich selbst. Dieser Verdacht ließ sich nicht mit der Aussage von Pajlin und Teghre vereinbaren. Hauptsächlich, weil Kilian vor Betreten dieser Gemäuer keine Ahnung davon hatte haben können, wie die Pergamente beschrieben und wie sie verändert wurden. Nun fragte er sich, ob er es mit seinem Wunsch nach Abwechslung nicht übertrieben hatte. Zudem schalt er sich selbst einen Narren, denn Kilians Gefühlswelt hätte ihm die Antwort auf die Frage zeigen können, ob der die Wahrheit gesagt hatte. Doch statt sie zu lesen, hatte er den Menschen ziehen lassen. Langsam gewann er den Eindruck, dass er beinahe alles falsch machte, wenn es um Kilian ging.

≈

Enttäuschung, Wut und Ratlosigkeit machten sich in Kilian breit. Er trat hinaus in die frische Abendluft und hoffte, die würde ihm einen klaren Kopf bescheren.

Er hatte nichts Unrechtes getan – es sei denn, mit den beiden sonderbaren Wesen zu sprechen, galt als Verstoß. Doch konnte er sich nicht dazu durchringen, Danyel von seiner Beobachtung zu erzählen. Was, wenn er sich irrte und Dafour ebenso nichts Unrechtes getan hatte, sondern nur seine Arbeit? Er wollte nicht riskieren, den Herrn der Boten in schlechtes Licht zu rücken, ohne dass er Beweise vorzeigen konnte. Die zu bekommen würde schwer werden. Das ganze Zeug im Nebengebäude reichte wohl nicht aus, außerdem hatte Kilian keinen Schimmer, ob Danyel von all den Sachen wusste.

Er drehte sich im Kreis. So hatte er sich seinen Aufenthalt hier nicht vorgestellt – mit Danyel, der unter Stimmungsschwankungen litt und Dafour, der deutlich gemacht hatte, was er von Kilian hielt.

Seine Schritte trugen ihn durch die weitläufige Anlage, bis er sich erneut vor dem Haus der Boten wiederfand. Die Verlockung, die Einladung auf einen Drink doch noch anzunehmen, war da. Er widerstand ihr und lief den Weg zurück. Die Dämmerung breitete sich aus und im schwindenden Tageslicht besaßen der Park und das hoch aufragende Gemäuer des ehemaligen Gotteshauses eine fast unheimliche Ausstrahlung.

Plötzlich und wie aus dem Nichts tauchte Dafour vor ihm auf. Kilian zuckte erschrocken zusammen.

„Plagt dich ein schlechtes Gewissen?", fragte der amüsiert.

„Nein, aber vor mir taucht nicht oft jemand einfach so auf. Was willst du?"

„Was ich will?", ein boshaftes Grinsen umspielte Dafours Mund. „Ganz einfach. Ich weiß, dass du mich eben beobachtet hast. Und wenn auch nur ein Wort über deine Lippen kommt, wirst du das bitter bereuen."

„Ach ja? Warum sollte ich Angst vor dir haben? Ich sterbe sowieso in weniger als zwei Monaten." Kilian verschränkte die Arme vor der Brust und sah Dafour herausfordernd an. „Wovor soll ich mich noch fürchten? Verrate mir lieber, warum ich Danyel nicht sagen soll, was ich beobachtet habe … und damit meine ich auch all die Dinge, die ich in diesem einen Raum sehen konnte. Möbel, Schmuck, Wein …", begann er aufzuzählen.

„Ich wusste es. Du hast geschnüffelt, und ich habe dich gewarnt. Ich dulde nicht, dass du mir dazwischenfunkst. Doch jetzt ist Schluss damit. Wenn du nicht willst, dass deiner süßen Schwester etwas zustößt, hältst du die Klappe." Sein Ton war eisig.

Kilian stellten sich die Haare auf. Was hatte der Kerl mit Monja zu tun?

„Was soll das heißen?"

„Nun, sie ist mein Joker. Alles, was ich will, ist, dass du von hier verschwindest. Mehr nicht."

Kilian starrte ihn an. „Was? Wie soll ich das anstellen? Ich soll gehen? Ich glaube kaum, dass Danyel das einfach so akzeptiert. Er hat deutlich genug gesagt, dass ich das Gelände nicht verlassen darf!"

„Es ist mir egal, wie du das anstellst. Nimm dein Zeug und geh. Du hast vierundzwanzig Stunden. Bist du dann immer noch hier, wird deine Schwester darunter leiden müssen."

Ehe Kilian etwas erwidern konnte, war er weg. So plötzlich verschwunden, wie er aufgetaucht war. Panik erfasste ihn. Wie sollte er Monja schützen? Und vor allem, wenn er sich dem beugte, was Dafour verlangte, wurde der Handel dann nicht aufgehoben?

Den Rest des Weges joggte er, nahm aber nicht Kurs zu Danyel, sondern in Richtung Bibliothek. Er musste Monja anrufen und sie warnen!

〰

Er beobachtete, wie Kilian davonrannte. Die Warnung hatte gesessen. Sehr schön. Wer wäre er, wenn er sich sein mühsam aufgebautes Geschäft von einem Wurm wie diesem Menschen kaputtmachen lassen würde? Nein. Dafour war vorerst zufrieden. Wenn alles glattging, wäre Kilian rasch von der Bildfläche verschwunden und er könnte in aller Seelenruhe weiter die gefälschten Lebenszeitdokumente verhökern. Mehr wollte er gar nicht. Man mochte ihn als gierig bezeichnen, was auch nicht sehr weit hergeholt war. Aber was sprach denn dagegen, etwas von Danyels Macht selbst zu nutzen, um sich zu bereichern? Die Menschen würden ihm bestimmt keinen Strick daraus drehen – die waren froh, dass sie ihre Reichtümer bei Dafour gegen neue Pergamente tauschen konnten.

Und für den Fall, dass Kilian nicht wie verlangt schwieg, würde Dafour ihn vor Danyel als Lügner hinstellen. Schließlich waren sie zeit ihres Daseins Gefährten – wem würde Danyel also mehr Glauben schenken?

Enttäuscht schob Monja den letzten Karton beiseite. Sie hatte nichts gefunden, was ihr helfen könnte, die Tür aufzubrechen. Ratlos hockte sie auf dem Boden. Ohne die Chance, aus diesem Raum auszubrechen, musste sie wohl oder übel darauf warten, dass der Bote zurückkam. Denn das würde er. Sie glaubte zwar nicht, dass er ihr Essen oder etwas zum Trinken bringen würde, doch das war vorerst zweitrangig. Noch hatte sie Wasser in der Flasche, die in ihrer Tasche steckte. Hunger war auszuhalten. Viel schlimmer war, dass sie sich einfach keinen Reim darauf machen konnte, warum ihr Entführer Kilian loswerden wollte. In der Folge überlegte sie, wie viel Wahrheit in Kilians Worten gelegen hatte, als er ihr den Grund für sein Bleiben auftischte. Hatte der rotäugige Kerl etwa einen Freund, einen der anderen Boten, der Gefallen an Kilian gefunden hatte? Möglich wäre es.

〜〜〜

Kilian hastete in die Bibliothek und griff sofort zum Telefon, das glücklicherweise noch auf dem Tisch lag. Er wählte, vertippte sich und begann von vorne. Endlich kam das Freizeichen.

Es klingelte viel zu lange. Zumindest für seinen Geschmack. Dann endlich hob jemand ab.

„Monja?", rief er sofort.

„Nein, Kilian. Ich bin es. Und da du nach deiner Schwester fragst, denke ich, sie hat dich noch nicht gefunden ...“, sie seufzte.

Kilian stockte, ihm rutschte das Herz in die Hose. „Sag jetzt nicht, sie ist hier, um mich zu suchen.“

„Doch. Sie ist ohne mir etwas davon zu sagen nach Rom gefahren ... warum? Was ist los?“, fragte sie und klang leicht alarmiert.

Kilian atmete langsam aus und ließ sich auf den Sessel fallen. „Es gab heute einen kleinen Streit“, erklärte er und untertrieb bewusst.

„Um was ging es?“

„Das kann ich dir nicht sagen. Mir wurde gedroht, wenn ich nicht auf eine gewisse Forderung eingehe, könnte Monja darunter leiden. Deshalb rufe ich an.“

Sie sog schockiert die Luft ein. Einen Augenblick lang herrschte Funkstille.

„Ich glaube nicht, dass ihr etwas passiert. Schlimmer als heute Mittag kann es sie nicht treffen. Sie ist in der Metro beklaut worden und nur deshalb weiß ich, dass sie in Rom ist. Was habe ich nur falsch gemacht? Meine Kinder tanzen mir auf der Nase herum, anstatt mit mir über ihre Ängste und Sorgen zu sprechen.“

Der letzte Satz ließ Kilian kräftig schlucken. Die Enttäuschung war so deutlich herauszuhören gewesen.

„Es tut mir leid“, sagte er leise.

„Ja, ja. Sobald Monja auftaucht, packst du deine Sachen und kommst mit ihr zurück. Das ist das Einzige, was dein und ihr Verhalten wieder gutmachen kann. Ich will euch sehen und mich davon überzeugen, dass ihr in Ordnung seid!“

„Aber …"

„Nein. Kein aber mehr, Kilian. Ich habe nichts weiter zu sagen", schimpfte sie und legte auf.

Kilian überkam Panik. Dafours Worte stahlen sich ihm in den Sinn. Monja war nach Rom gekommen und der einzige Schluss, den Kilian nun ziehen konnte, war, dass Dafour sie gefunden hatte, bevor sie Kilian finden konnte. Jetzt blieb nur noch ein Weg, um das Problem zu lösen. Danyel.

Achtzehn

Mit vor Aufregung klopfendem Herzen trat Kilian in das ehemalige Kirchengemäuer. Er wunderte sich, dass sein Herzschlag nicht von den hohen Wänden und der Decke widerhallte. Aber eigentlich hallte es dort kaum ... weder Schritte noch Stimmen ... eigenartig, dass ihm das bisher nicht aufgefallen war.

Er bemühte sich, ruhig zu atmen, während er auf Danyels Schreibtisch zusteuerte. Doch schon von Weitem erkannte er, dass der nicht da war. Er änderte die Richtung, lief durch den Vorhang – Danyel war nicht da. Auch in der Küche, im Schlafzimmer und im Bad suchte er vergebens.

Mangels Alternativen, er konnte ja kaum das ganze Gelände absuchen, trat er zurück in die weitläufige Halle und lief dort sprichwörtlich eine Furche in den Boden. Während der ersten Minuten dachte er noch, Danyel würde jeden Augenblick zurückkommen. Doch je mehr Zeit verstrich, umso ungeduldiger wurde er. Wo steckte der bloß?

Kilian wurde wahnsinnig vor Sorge um Monja. Wenn Dafour sie tatsächlich in seine Fänge bekommen hatte? Wo war sie und noch wichtiger, hatte er ihr etwas angetan?

Plötzlich fiel ihm der Satz ein, den Pajlin gesagt hatte: Wir sehen alles und doch nichts. Er verharrte und kaute grübelnd auf seiner Unterlippe. Konnte er den beiden erneut Fragen stellen oder mochten sie das nicht? Kilian entschied, dass es ihm egal war, das Risiko ging er ein. Er wollte doch bloß wissen, ob es seiner Schwester gut ging!

Langsam ging er auf den Tisch der beiden zu. Er hatte sie noch nicht erreicht, da öffnete sich die weiße Tür an der Seite. Hindurch trat Danyel.

„Da bist du ja!", rief Kilian erleichtert.

Sein Gegenüber zog erstaunt die Brauen nach oben.

„Hast du mich etwa vermisst?" Leichte Belustigung lag in seinem Ton.

„Nein, ja. Ach ... wir müssen reden. Dringend."

Danyel blickte irritiert drein. Kilian trat nervös von einem Fuß auf den anderen.

„Was ist denn? Du siehst aus, als hättest du Hummeln im Hintern."

„Keine Zeit für Scherze. Glaubst du mir, wenn ich sage, ich war nicht an deinem Schreibtisch? Würdest du mir glauben, wenn ich wüsste, wer es stattdessen war?"

Danyel nickte zögerlich. Zu zögerlich für Kilians Geschmack. Das Thema schien ihm nicht zu gefallen.

„Es ist wichtig, dass du mir in diesem Punkt nicht misstraust. Denn es geht um Monja. Sie ist in Gefahr, genauso wie ich."

Danyel lachte auf. „Warum solltet ihr in Gefahr sein? Ich meine, du bist hier – was sollte dir hier passieren? Und deine Schwester ist weit weg, wenn ich nicht irre."

„Nein, ist sie nicht. Sie ist hier, in dieser Stadt und vermutlich sogar ganz in der Nähe. Und ich habe einen guten Grund zu glauben, dass sie festgehalten wird."

Danyel sah skeptisch aus. Er bedachte Kilian mit einem Blick, der alles andere als ermutigend war. Dennoch blieb Kilian keine Wahl, er musste ihn einweihen.

„Bitte, ich weiß, das mag ziemlich verrückt klingen, aber was ich dir gleich sage, ist wirklich wahr."

„Ich bin ganz Ohr", erwiderte Danyel und setzte sich auf seinen Stuhl. Kilian lehnte sich am Schreibtisch an und sammelte sich kurz.

„Wo fange ich an? Am Besten zuerst damit: Weißt du, dass es im Nebengebäude einen Raum gibt, in dem jede Menge Sachen lagern? Antike Möbel, Schmuck, Porzellan, Wein und was weiß ich noch alles ..."

„Nein. Aber hier gibt es viele Dinge, die noch aus der alten Zeit übrig sind. Ich habe sie wegräumen lassen."

„Diese Sachen gehören bestimmt nicht dazu. Ich habe beobachten können, wie Dafour eine Kiste Wein in den Raum gebracht hat."

Danyel öffnete den Mund, doch Kilian stoppte ihn mit der erhobenen Hand. „Nein, lass mich ausreden."

Danyel klappte den Mund zu und nickte ein Mal.

„Ich bin zufällig dort reingeraten, weil ich die Bibliothek nicht auf Anhieb wiedergefunden habe. Später dann, nachdem ich telefoniert hatte, ist mir Dafour begegnet. Er hat mich bedroht. Schon am ersten Tag im Garten sagte er, ich soll mich nicht in irgendwelche Angelegenheiten einmischen. Als er mich im Flur gepackt hat, sagte er, ich solle von hier verschwinden, weil ich hier nichts zu suchen hätte. Er hat mir auch die Beule verpasst."

Er pausierte und betrachtete Danyel. Dessen Mimik spiegelte jedoch nicht wider, was er von den Ausführungen hielt.

„Ich wollte mich nicht von ihm einschüchtern lassen. Ich dachte, er wäre vielleicht eifersüchtig. Schließlich seid ihr schon lange Zeit zusammen. Na ja. Vorhin habe ich ihn dann hier am Tisch gesehen. Er hat in der Schublade gekramt – und vermutlich die Tinte aufgefüllt. Es klirrte leicht. Aber er hat sich auch etwas eingesteckt. Was das war, konnte ich nicht sehen. Ich habe nur um die Ecke gelinst und dachte, er habe mich nicht bemerkt. Hat er aber. Als ich dann eben durch den Park lief, tauchte er plötzlich auf. Er verlangte, dass ich für mich behalte, was ich gesehen habe. Er drohte mir damit, dass Monja etwas zustößt, sollte ich nicht die Klappe halten. Zudem will er, dass ich so schnell wie möglich verschwinde, damit ich ihm nicht mehr dazwischenfunke. Bei was auch immer …" Kilian sog tief die Luft ein.

„Das klingt ziemlich abenteuerlich, das ist dir doch klar, oder?"

„Ja, weiß ich. Das Schlimmste ist aber, dass ich Monja warnen wollte. Ich rief an und meine Mutter sagte mir, dass Monja sich heimlich aufgemacht hat, um nach mir zu suchen. Sie ist hier, in Rom, wurde in der Metro beklaut und nur deshalb weiß meine Mutter davon. Jetzt glaube ich, dass Dafour sie festhält, bis ich auf seine Forderung eingehe, mein Zeug nehme und verschwinde."

„Das ist ein ungeheuerlicher Vorwurf, den du mir da präsentierst. Dafour ist ein treuer Begleiter, der von Beginn an für die Pergamente zuständig war und ist. Es ist nicht so, als würde ich dir nicht glauben wollen. Aber ich kann mir auch nicht vorstellen, dass er mich hintergeht – mit was auch immer."

Kilian ließ enttäuscht den Kopf hängen.

„Weißt du, wenn es nur um mich gehen würde, hätte ich nichts gesagt. Aber es geht auch um Monja. Ich habe Dafour gesagt, dass er mir keine Angst einjagen kann. Ich sterbe sowieso bald, was habe ich also zu verlieren? Wenn du mir nicht glaubst, geh rüber und sieh dir den ganzen Kram an. Frag ihn doch, woher das alles kommt."

„Es ist eine komische Angewohnheit von dir, mir Vorschläge zu machen, was ich tun oder lassen soll … aber wenn es der Wahrheitsfindung dient, gerne. Sehen wir uns den Krempel an. Sollte es für alles eine plausible Erklärung geben, muss ich davon ausgehen, dass du dir einen Vorwand gesucht hast, um deine Schuld nicht abtragen zu müssen."

„Was? Ich lüge nicht! Und außerdem, um den Preis für den Handel nicht zahlen zu müssen, gäbe es viel einfachere Wege, als mir das alles auszudenken. Ich hätte mir auch einen Strick suchen und den an einem der Bäume draußen festbinden können. Mir das Leben zu nehmen, wäre doch viel leichter gewesen. Scheiß auf die zwei Monate!", fuhr Kilian ihn wütend an.

Danyel wirkte sichtlich erschrocken, dann erstaunt. Kilian bemerkte erst, was die Wendung ausgelöst hatte, als er es fühlen konnte. Eine kühle Hand legte sich auf seinen Nacken und er zuckte erschrocken zurück.

„Nein. Warte", wies Danyel ihn an. „Lass sie gewähren."

Für die weibliche Anrede konnte es nur eine Erklärung geben. Pajlin. Kilian erstarrte und spürte erneut die Berührung.

Danyel sah fassungslos zu, wie Pajlin hinter Kilian verweilte und ihre zarte Hand wieder auf seine Haut legte. Sie strich ihre Kapuze zurück und das sanfte Leuchten, das sie umgab, wurde deutlich. Sie erstrahlte und zeigte ihre wahre

Schönheit. Das kinnlange weiße Haar schimmerte und umrahmte ihr ebenmäßiges Gesicht. Sie blickte in die Ferne und doch zu Danyel. Ein leichtes Lächeln umspielte ihre Lippen, als sie ihre Hand zurückzog.

„Er ist der Schlüssel. Die Seele ist absolut rein und weiß. Das Herz ist groß. Keine Lüge verbirgt sich in ihm. Keine Berechnung. Furcht lässt ihn verzweifeln. Die Liebe lässt ihn hoffen. Er ist das Licht, welches das Dunkel vertreibt." Ihre flüsternde, raue Aussprache klang ernst und mahnend. Danyel glaubte ihr. Es gab keinen Grund, ihre Worte anzuzweifeln.

Er sah zu Kilian, der mit geschlossenen Augen da stand und wirkte, wie eine Statue.

„War dir das unangenehm?", erkundigte sich Danyel.

Kilian schlug de Augen auf und blinzelte. Er wirkte verwirrt.

„Nein. Nur kühl." Er drehte sich um und stieß hörbar die Luft aus. Danyel gab es auf, ihn davon abhalten zu wollen, Pajlin und Teghre anzusehen.

„Du bist wunderschön!", hauchte er.

Pajlin lächelte erneut. „Deine Schönheit liegt in dir, ich habe sie gesehen", erwiderte sie und bewegte sich auf ihren Tisch zu.

Danyel grinste in sich hinein. Er konnte Kilians Gesicht nicht sehen, aber er war sich fast sicher, dass der ihr mit offenem Mund nachsah.

Danyel stand auf und gesellte sich zu Kilian, der tatsächlich mit großen Augen und leicht geöffneten Lippen auf Pajlin starrte, die zurück an ihren Platz schwebte.

Sobald sie saß, zog sie ihre Kapuze hoch, griff ihre Feder und beschrieb ein leeres Pergament.

Danyel griff Kilian unters Kinn und klappte ihm den Mund zu. „Sie sind wie ein Wunder, nicht wahr? Sie sind mein Schatz – in jeglichem Sinne. Nicht wirklich körperlich und doch haben sie eine Substanz. Keine Geister und doch fast schwerelos. Sie sind ein Teil von mir und doch nicht. Sie sind alles für mich, für das ich keine Worte finde. Sie sehen alles und doch nichts …"

Kilian räusperte sich. „Letzteres war mir bekannt, danke für deine Offenheit. Und wie auch immer das funktioniert hat, ich bin erleichtert. Ich habe nicht gelogen, wie ich es gesagt habe."

„Meine Zweifel darfst du mir aber auch nicht übel nehmen. Jetzt zeig mir mal, wo dieser besagte Raum ist."

Kilian stieß sich vom Tisch ab und lief voran. Sie schwiegen, bis sie die Tür erreicht hatten.

„Überzeug dich selbst", sagte er und drückte die Klinke herunter. Die Tür schwang auf und Danyel trat in den Raum. Was er sah, bestätigte Kilians Worte. Antikes Mobiliar, die Weine, Kartons mit ungewissem Inhalt. Porzellan und Kristallglas in den Schränken, die mit einer Glasscheibe ausgestattet waren. Eine Vitrine mit glänzendem Schmuck. Danyel zweifelte nicht daran, dass auch die anderen Schränke gefüllt waren. Wozu war das ganze Zeug? Was wollte Dafour nur damit? Ärger stieg in ihm auf – was sollte die Heimlichtuerei?

Während er an einigen Möbelstücken entlang lief und den Inhalt inspizierte, sah er, dass Kilian an die Vitrine getreten war und den Schmuck beäugte.

Danyel ging zu ihm, ließ den Blick über die glänzenden Stücke schweifen und versuchte zu erkennen, was Kilian interessierte. Es gelang ihm nicht wirklich. Kurzerhand zog er ihn ein Stück zurück und öffnete die Vitrine.

„Nimm dir, was dir gefällt."

Sein Kopf schnellte herum, die Augen erschrocken geweitet. „Nein. Das geht nicht", wehrte er ab.

„Doch. Sieh es als Dank dafür, dass du mir die Wahrheit gesagt hast, anstatt wortlos zu verschwinden. Mut sollte belohnt werden."

„Dann verschieben wir es auf später, ich muss erst wissen, wo Monja ist." Kilian warf noch einen Blick auf den Schmuck und drehte sich dann weg.

„Das werden wir bald wissen", presste Danyel zwischen den Zähnen hervor. Die Wut auf seinen treuen Begleiter stieg. Ihm wurde mehr und mehr bewusst, dass Dafour diese Sachen bewusst vor ihm versteckte.

„DAFOUR!", brüllte er.

Kilian presste sich die Hände auf die Ohren und das Geschirr im Schrank klirrte noch, als der Ruf verhallt war.

Es dauerte nicht lange und der Herr der Boten erschien wie aus dem Nichts. Er wirkte weder erschrocken noch erstaunt und sah fragend zu Danyel.

„Sag mir, was ist das alles?", fuhr Danyel ihn an und ließ seinen Zeigefinger kreisen.

„Geschenke von Sterblichen", erwiderte Dafour ungerührt.

„Nun, Geschenke sagst du. Es verwundert mich, dass die Menschen Geschenke darbieten und du sie hier versteckst.

Um nicht zu sagen: hortest. Welchen Grund sollten sie haben, all das zu *verschenken?*"

„Ich verstecke sie nicht, ich wusste nur nicht, wohin damit. Du machst dir doch nichts aus materiellen Dingen. Und der Grund ist so simpel wie einfältig: weil ich den Sterblichen ein Pergament brachte, das ihrem kürzlich geborenen Kind ein langes Leben bescheinigte. All diese Dinge sind ein Dankeschön."

Danyel nickte, sah sich beeindruckt um und dann wieder zu Dafour. „Erstaunlich, dass die Menschen dir Geschenke aus Dankbarkeit übergeben, die doch eigentlich mir zustünden … zumal hier höchstwahrscheinlich einiges dabei ist, das wertvoll ist." Danyel trat einen Schritt auf ihn zu. „Glaubst du ernsthaft, du kommst damit durch?"

Dafour wich nicht zurück, doch ein schneller Seitenblick zu Kilian verriet ihn. „Ich weiß nicht, was du meinst, Danyel."

Das reichte aus, um Danyel die Fassung verlieren zu lassen. „Woher kommt das Zeug?"

Dafour zuckte zusammen und blieb die Antwort schuldig. Doch so schnell gab Danyel nicht auf. Mit einer Hand packte er ihn am Kragen und hielt ihn fest. Anschließend nutzte er die Kraft seiner Gedanken und beförderte den gesamten Inhalt von Dafours Taschen nach draußen. Um sie herum schwebten nun ein Schlüssel, eine kleine rote Kapsel, eine kleine Feder und ein zusammengerolltes Pergament.

Danyel griff nach Letzterem, rollte es zwischen den Fingern auf und erkannte sofort, was er in der Hand hielt.

„DU VERRÄTER!", donnerte er. „Wie kannst du es wagen, in meinem Namen die Lebenszeit eines Menschen zu ändern? Das hätte ich nie von dir gedacht!", schnaubte er verächtlich.

„Du hast auch immer nur auf dich geachtet. Deine Wünsche, dein Wille, dein Nutzen. Du, du, du ... niemand sonst."

„Ist das deine Entschuldigung? Du findest mich egoistisch, weil ich die Entscheidungen fälle? Es ist meine Bestimmung! Hast du das vergessen? Bestimmt nicht, aber sich ein Stück vom Kuchen zu krallen, das schien dir verlockend genug, um diesen Verrat zu begehen. Jetzt hast du nur noch eine Möglichkeit, dich vor dem Tod zu retten. Wo ist Monja Hein? Und wehe, du lügst."

Dafour schielte auf den Schlüssel, der neben ihnen schwebte, und Danyel schnappte ihn.

„Danke. Und die passende Tür dazu wirst du mir zeigen."

„Ich bin unsterblich", sagte Dafour gepresst. „Das Mädchen ist im Keller, Gebäude eins."

„Ob du unsterblich bist, entscheide einzig und allein ICH!"

~~~

Kilian verfolgte gebannt, was sich zwischen den beiden abspielte. Die eisige Kälte in Danyels Stimme war beunruhigend. Wäre er an Dafours Stelle gewesen, er hätte vor Angst gezittert.

Dafour sagte nichts weiter und Kilian zählte selbst eins und eins zusammen. Das Kramen in der Schublade, die kleine schwebende Kapsel, das gefälschte Pergament mit rot eingetragener Lebenszeit. Dafour hatte Danyels Blut gestohlen, um mit diesem unerlaubt die Dokumente umzuschreiben. Was sie hier in dem Raum sahen, war vermutlich nur ein Teil seiner Prämien …

Es wunderte ihn, dass der Herr der Boten eine ziemlich teilnahmslose Miene zur Schau stellte. Immerhin war ihm gerade an den Kopf geworfen worden, dass seine Unsterblichkeit in Gefahr war.

„Nein!" Endlich zeigte Dafour eine Regung. Panik spiegelte sich auf seinem Gesicht. Erstaunt sah Kilian zu, wie die rote Färbung seiner Augen verblasste, bis nur noch ein gewöhnliches Braun übrig blieb. Die blasse Haut wurde von einem leicht sommerlichen Teint ersetzt und plötzlich wirkten die weißen Haare albern. Deutlicher konnte er nicht vorgeführt bekommen, dass Danyel kein Mensch war. Unbehagen und Faszination rangen um die Vorherrschaft und Kilian wurde die Macht bewusst, die Danyel besaß. Angst hatte er trotzdem nicht vor ihm.

„Geh und lebe unter denen, mit denen du Geschäfte gemacht hast." Danyel spie die Worte förmlich aus und warf ihn von sich. Dafour taumelte rückwärts, fing sich und eilte zur Tür.

„Du hast zehn Jahre. Sollte ich das Mädchen nicht unversehrt auffinden, streiche ich dir auch diese", rief Danyel ihm nach. Anschließend drehte er sich zu Kilian um.

„Ich habe dir unrecht getan. Doch einen solchen Verrat hätte ich ihm nicht zugetraut. Ich bin dir zu Dank verpflichtet, denn ohne dich wäre der Betrug wohl nicht aufgeflogen", sagte er versöhnlich.

„Danke. Die Entschuldigung weiß ich zu schätzen. Und jetzt lass uns Monja befreien", drängte Kilian.

Neunzehn

Nach längerem Herumsitzen hielt Monja die Untätigkeit nicht mehr aus. Sie lief in dem Raum auf und ab, knetete nervös ihre Finger und verfluchte sich selbst, dass sie dem Kerl so leichtgläubig gefolgt war. Wie hatte sie bloß so dumm sein können? Einfach mitzugehen, sich in die Falle locken zu lassen, ohne auch nur einen Deut Skepsis an den Tag zu legen.

Klar, sie hatte nur Kilian im Kopf gehabt, der Wunsch, ihn zu treffen, hatte alles andere ausgeblendet. Nun saß sie im Schlamassel. Eingesperrt in diesem Keller, ohne Fenster, und ohne eine Ahnung, wann man sie wieder herauslassen würde. Ob sie überhaupt gehen dürfte?

Je länger sie überlegte, umso mehr bekam sie es mit der Angst zu tun. Wenn der Bote sie nun für ein Risiko hielt? Oder Kilian nicht auf die Bedingungen einging, die der Rotäugige ihm stellte? Was, wenn Kilian ihm gar nicht erst Glauben schenkte?

Fragen über Fragen und keine Antworten. Sie wusste ja immer noch nicht, was Kilian an diesem Ort hielt. Weshalb er Rom nicht den Rücken kehren wollte oder konnte! Wütend über die ganze Situation trat sie gegen einen Karton, der daraufhin durch den Raum schlitterte und gegen das Regal mit den Vasen krachte. Es klirrte verdächtig und Monja sah das Unheil kommen, ehe es geschah. Das Regal schwankte und stürzte schließlich um. Lautes Getöse folgte, als die Vasen zu Boden fielen und dabei etliche zu Bruch gingen. Monja zuckte zusammen und sprang zurück, um nicht von den umherfliegenden Splittern getroffen zu werden.

„Also echt!", fluchte sie. „Mir kann man wirklich Dummheit attestieren. In dieser bescheuerten Stadt geht aber auch alles schief, was schief gehen kann." Sie lehnte sich gegen die Wand hinter ihrem Rücken und atmete tief durch. Ihr Blick glitt über die Scherben. „Zumindest muss ich das nicht aufräumen", befand sie und kicherte.

Was war das? Hatte sie eine Stimme gehört? Jemand rief nach ihr. Oder hatte sie sich das eingebildet? Sie lauschte und tatsächlich, auf dem Flur rief jemand ihren Namen. Mit einem Satz war sie an der Tür und hämmerte dagegen.

„Ich bin hier!", brüllte sie, so laut sie konnte.

Kurz darauf klickte es im Schloss und die Tür wurde aufgedrückt. Monja wich schnell zur Seite und sah um das Türblatt herum. Vor ihr tauchte ein blaues Hemd auf, in dem ein stattlicher Brustkorb steckte. Sie ließ ihren Blick nach oben wandern.

Breite Schultern, kräftiger Adamsapfel, ein markantes Gesicht. Zerzaust wirkendes schwarzes Haar und Augen, die sie an Edelsteine erinnerten. Das musste Danyel sein, davon war sie überzeugt. Er strahlte eine Macht aus, die ihr die Knie weich werden ließ.

Seine sinnlichen Lippen verzogen sich zu einem freundlichen Lächeln, dann beugte er sich herunter und sagte zu ihr: „Du starrst mich genauso an, wie dein Bruder es tat, als er mich zum ersten Mal sah."

Monja spürte, wie sie rot wurde. Die eigenartige Situation war schlagartig vorüber, als die Tür weiter aufgeschoben wurde.

„Jetzt lass mich doch mal durch!", verlangte ein ungeduldig klingender Kilian.

Danyel trat zur Seite und Monja spürte, wie sich das Grinsen auf ihrem Gesicht ausbreitete. Ohne Worte ließ sie sich in die Arme ihres Bruders fallen.

„Bis du okay?", fragte er.

„Die Frage ist eher, ob du okay bist? Ich hab mir solche Sorgen gemacht! Dieser Kerl meinte, er will dich loswerden und sperrte mich hier ein. Kilian, was hat das alles zu bedeuten?"

〜〜〜

Fassungslos lief Dafour die Treppe hinunter. Er fühlte sich schrecklich. Viel zu schwach, schutzlos und verletzlich. Zurecht hatte er die Menschen für ihre Schwäche verachtet – dumm nur, dass er nun selbst wie sie war. Er hätte nie gedacht, dass Danyel so weit gehen würde. Ja, er hatte sich seine Lage selbst zuzuschreiben. Die Geschäfte unter der Hand waren zu verlockend gewesen … das Risiko groß. Trotzdem bemitleidete er sich selbst, dass es so geendet hatte.

Den Blick auf den Boden geheftet eilte er, so schnell ihn die Beine trugen, zu seinen Räumen. Welch ein Glück, dass er nicht nur Wertgegenstände angehäuft hatte. Als hätte er es geahnt, hatte er vor einigen Monaten begonnen, die Pergamente auch gegen Geld zu tauschen. Dieses lag gebündelt in einer kleinen Holzschatulle, die er in seinem Kleiderschrank aufbewahrte. Sie war das Einzige, was er mitnahm, als er seinen Bereich verließ.

Er benutzte die weiße Tür, um Danyels Reich durch das große Portal zu verlassen. Es schien ihm das einzig Angemessene zu sein. Sich durch den Hinterausgang davonzuschleichen, verbot ihm das letzte bisschen Würde, das er noch besaß. Als er den Tisch von Pajlin und Teghre passierte, bedauerte er den Entschluss.

„Wer hoch fliegt, fällt tief." Teghres Worte bohrten sich trotz des leisen Tons wie glühende Eisen in seinen Rücken. Er grunzte ungehalten. Diesen Hinweis hätte er nun wirklich nicht mehr gebraucht! Und doch traf der den Nagel auf den Kopf. Dafour lief durch das Mittelschiff, die Kiste unter den Arm geklemmt, und reckte trotzig das Kinn nach oben. Er mochte ja ein Gefallener sein, doch die Rache des Verstoßenen würde Danyel noch ereilen. Ein boshaftes Grinsen lag auf Dafours Lippen, als er durch die große Tür trat, die Stufen hinunter und über den Petersplatz eilte.

≈

Kilian schob Monja ein Stückchen von sich und sah sie prüfend an. Sie schien wirklich in Ordnung zu sein. Er war froh, sie wohlbehalten wiederzuhaben.

„Ohne es zu wollen, oder zu ahnen, bin ich in etwas hineingeraten, was nun aber glücklicherweise geklärt ist. Jetzt komm erst mal raus hier, dann können wir in Ruhe reden." Er schlang ihr den Arm um die Schultern und führte sie aus dem Raum. Danyel folgte ihnen wortlos.

Als sie über den Flur gingen, sah Monja über die Schulter.

„Und erzähl mir nichts vom Pferd. Ich weiß genau, was dich hier hält", sagte sie und zwinkerte Kilian zu.

Er seufzte nur. Sollte er ihr etwas vormachen, was sie eh durchschauen würde? Unsinnig. Er führte sie die Stufen hinauf und als sie schließlich nach draußen traten, schaute er sie von der Seite an. „Bist du noch sauer?", fragte er vorsichtig.

Monja zog eine Schnute, löste sich aus seiner Umarmung und schneller, als er reagieren konnte, trat sie ihm in den Hintern.

„Autsch!", rief er empört aus.

Monja verschränkte die Arme vor der Brust. „Nein, ich bin nicht mehr sauer. Aber den Arschtritt hast du verdient!"

An seiner Seite tauchte Danyel auf. „Ich muss zugeben, deine kleine Schwester ist sehr amüsant", bekannte er.

Kilian grunzte. „Liegt wohl in der Familie …"

„Mag sein. Ich habe noch etwas zu erledigen. Nimm sie mit rein und versorg sie." Er sah an ihm vorbei zu Monja. „Du musst Hunger und Durst haben. Kilian weiß, wo alles ist." Damit ließ er die beiden stehen und marschierte mit langen Schritten zum Nebengebäude. Kilian hakte Monja unter und führte sie ins Innere von Danyels Reich.

Er ließ ihr nicht die Zeit, sich alles anzusehen und dirigierte sie in die Küche.

„Du bist die ganze Zeit bei ihm gewesen, stimmt's?"

Kilian sah sie an und verdrehte die Augen. „Warum fragst du überhaupt, wenn du es doch weißt."

„Na ja, wenn ich ihn mir so ansehe, kann ich dich sehr gut verstehen." Monja grinste frech. „Wäre mir nicht anders gegangen. Heißer Body!" Sie wackelte mit den Brauen.

„Monja!" Entrüstet starrte er sie an.

„Ich bin kein kleines Mädchen mehr und ich bin nicht blind. Da ist was zwischen euch. Aber warum diese Heimlichtuerei?", fragte sie, während er Saft und Kleinigkeiten zum Essen aus dem Kühlschrank holte.

„Weil es nicht so begonnen hat, wie es für dich aussehen mag. Dann kam die Sache mit Dafour – so heißt der Kerl, der dich eingesperrt hat."

„Er ist unheimlich", warf Monja ein.

„Ja. Nein, besser: Er war unheimlich. Danyel hat ihm seinen Status genommen, weil er ein Verräter war."

„Welchen Status?"

„Ich erzähl dir das gleich der Reihe nach. Aber zuerst wirst du etwas essen", befahl er liebevoll.

〜〜〜

Danyel stand vor der Vitrine und überlegte, doch er konnte nicht bestimmen, welches der Schmuckstücke Kilian gefallen hatte. Er sah sich um, entdeckte in einem der Schränke eine große Porzellanschüssel und nahm diese zur Hand, um den gesamten Schmuck unterzubringen.

Die Dreistigkeit, die Dafour an den Tag gelegt hatte, war nicht zu übertreffen. Nie hätte er erwartet, dass hinter seinem Rücken solche Geschäfte liefen! Was Dafour letztendlich damit bezweckt hatte, spielte nur am Rande eine Rolle. Dennoch ärgerte er sich, dass er nicht die Gelegenheit ergriffen hatte, seinem gefallenen Gefährten genauer auf den Zahn zu fühlen. Danyel verstand nicht, was Dafour mit all den Sachen gewollt hatte. Wahrscheinlich war das, was er hier sehen konnte, nur ein Teil dessen, was Dafour aus

Raffgier an ‚Bezahlung‘ entgegengenommen hatte. Wie auch immer es gewesen war, jetzt war es vorbei.

Danyel eilte die Treppe hinunter. In der Gartenanlage angekommen, rief er nach Jean – einem seiner Boten. Danyel hatte kaum drei Atemzüge getan, als der erschien.

„Ab sofort bist du dafür zuständig, die Kiste mit den Lebenszeitdokumenten abzuholen und die Pergamente an die Boten weiterzugeben“, erklärte er ihm.

„Wie du wünschst, Danyel.“

„Und noch etwas: Ich möchte, dass ihr alle gleich rüberkommt, denn es gibt einiges zu klären. Wenn sie von der Auslieferung zurück sind, erwarte ich euch.“

Jean nickte. „Selbstverständlich.“

Danyel legte ihm kurz die Hand auf die Schulter. Was wie eine nette Geste aussah, hatte einen tieferen Sinn. Danyel übertrug Jean leichte telekinetische Fähigkeiten, die für seine neue Aufgabe als Herr der Boten erforderlich waren. Anschließend entließ er ihn.

Nachdem das erledigt war, betrat Danyel sein Reich. Er hörte, dass Kilian sich mit seiner Schwester unterhielt und entschied, die beiden vorerst nicht zu stören. Stattdessen kümmerte er sich um einige Pergamente. Er war im Verzug, was bei den Ereignissen nicht weiter verwunderte. Aus der Schublade nahm er den Satz neuer Federn, sandte sie zu den anderen schwebenden, und ließ sie die Daten eintragen.

Einen Stapel auf seinem Schreibtisch füllte er eigenhändig aus. Als Erstes nahm er ein leeres Pergament zur Hand, setzte Dafours Namen darauf, nahm das aktuelle Datum als Geburtstag, weil er am heutigen Tage zur Menschlichkeit gewechselt war, und gab ihm zehn Jahre Lebenszeit. Er bereute diesen Schritt nicht. Dafour das Leben sofort zu nehmen, wäre keine Strafe gewesen. Wiederholt blickte er dabei auf die Schüssel mit dem Schmuck, die nun auf seinem Schreibtisch stand, und fasste einen Entschluss. Um für die Zukunft einen erneuten Missbrauch seines machtvollen Blutes auszuschließen, nahm er den Füller von seinem Platz. Fortan würde er für jedes zu ändernde Pergament frisches Blut verwenden und dieses wie die herkömmliche Tinte mit einer Feder zu Papier bringen.

Von jetzt auf gleich wurde die große Halle von Rascheln und leisem Raunen erfüllt. Seine Boten waren da. Danyel stand auf und schlenderte zu ihnen. Neben der eigenen Muttersprache verstanden sie alle Englisch und Deutsch. Letzteres nur, weil knapp vierzig der einhundert aus einem deutschsprachigen Land stammten. Während Danyel sie zu Boten gemacht hatte, gab er ihnen auch die Gabe, diese Sprachen zu sprechen – sofern sie es nicht schon gekonnt hatten. So war von Anfang an gegeben, dass sie sich untereinander verstanden, gleich wo sie auch hergekommen waren.

„Ich erwarte absolute Ehrlichkeit von euch. Nur so könnt ihr eure Loyalität unter Beweis stellen", begann er und sah über seine Boten hinweg. „Es hat sich herausgestellt, dass Dafour mir gegenüber nicht loyal war. Wer von euch hat von seinen Machenschaften gewusst?"

Fragende, erschrockene und ratlose Gesichter, wohin er auch blickte.

„Dafour hat mit dem Verlust der Unsterblichkeit für seinen Verrat bezahlen müssen. Jean übernimmt ab sofort

dessen Aufgaben und ich erwarte, dass ihr ihn unterstützt."
Danyel erntete ausnahmslos Zustimmung.

„Was hat Dafour getan, um so in Ungnade zu fallen?", erkundigte sich Jean.

„Nun, ich würde sagen, er war von egoistischen Gedanken geleitet. Er stahl mein Blut, fälschte Pergamente und handelte damit. Als Strafe schien es mir angemessen, ihn für zehn Jahre zu einem menschlichen Leben zu verdammen. Er hat nie verheimlicht, wie sehr er die Schwächen der Menschen verachtet – nun ist er selbst einer."

„Danke für die Offenheit", sagte Paolo daraufhin.

„Seht es als Mahnung. Es ist unumgänglich, dass jeder von euch hier hinter mir und meinen Entscheidungen steht. Und wo wir schon dabei sind … euch ist sicherlich nicht entgangen, dass Kilian mein Gast ist. Seine Schwester ebenfalls, wie lange auch immer sie bleiben mag, denn sie geriet unschuldig zwischen die Fronten. Ich erwarte von euch angemessenes Verhalten." Danyel sah fragend in die große Runde.

Jean trat einen Schritt vor. „Ich denke, ich spreche für uns alle, wenn ich sage, du genießt unser vollstes Vertrauen. Was wir sind, haben wir dir zu verdanken."

„Nun, da ich auf eure Arbeit angewiesen bin, wäscht eine Hand die andere, will ich meinen. Aber, und das sollte spätestens jetzt klar sein: Ich werde jeden Fehltritt ahnden. Ich habe vor, in der Zukunft einiges zu ändern, was manche meiner Handlungsweisen betrifft. Und jetzt macht euch auf den Weg – die Pergamente dieser Stunde warten auf die Auslieferung."

Während Danyel gesprochen hatte, hörte Kilian aufmerksam zu. Monja hatte sich am Sofapolster angelehnt und beobachtete ihn still. Es war ihm schnell klar geworden, mit wem Danyel jenseits des Vorhangs sprach.

Der Hinweis, dass er und Monja auch von den Boten wie Gäste behandelt werden sollten, verwunderte ihn. Wie auch die ihnen gegenüber nicht ausgesprochene Einladung, Monja könne bleiben, so lange sie wolle – in dem Augenblick hatte Monja erstaunt die Brauen hochgezogen. Kilian sah ihr an, dass sie etwas sagen wollte, doch er stoppte sie mit erhobener Hand, noch ehe ein Wort über ihre Lippen kam.

Kurz nachdem Danyel seine Boten aufgefordert hatte, ihrer Arbeit nachzukommen, teilte sich der Vorhang.

„Ich nehme an, ihr habt mitgehört." Keine Frage, eine Feststellung.

„Ja, es wäre auch kaum möglich gewesen, es nicht zu tun." Kilian setzte ein schiefes Lächeln auf.

„Stimmt, bei der Stimme kann man unmöglich weghören", pflichtete Monja ihm schwärmerisch bei.

Kilian hatte ihr alles erzählt und sie reagierte mit Verständnis. Er hatte nicht beschönigt, was er getan hatte, um ihr seine Zeit zu geben. Im ersten Augenblick schaute sie etwas entsetzt aus, doch dann grinste sie süffisant: ,So wie Danyel aussieht, hätte ich auch nicht lange überlegt. Ich glaube, es gibt auf der ganzen Welt keinen Kerl, der so umwerfend ist.' Kilian hatte gelacht und ihr versprochen, sie würde ganz bestimmt einen ebenso umwerfenden Mann finden.

Danyel stellte eine Porzellanschüssel auf den Tisch und setzte sich zu ihnen.

„Jetzt such dir raus, was dir gefallen hat, Kilian. Der Rest ist für dich, Monja. Betrachte es als Entschädigung."

Kilian konnte ihn nur anstarren.

„Das kann ich nicht annehmen", sagte Monja und hob eine Kette hoch. „Die Stücke müssen ein Vermögen wert sein!"

„Dann verkaufe sie und nutze das Geld für ein schönes Leben", erwiderte Danyel ungerührt.

Monja sah zerknirscht aus. „Ein schönes Leben!", schnaubte sie. „Ein Leben ohne meinen Bruder. Es ist nicht so, als wenn ich sein Opfer nicht zu schätzen wüsste … aber ich kann nicht hier sitzen, mich an dem Geschenk erfreuen und dabei genau wissen, dass er stirbt."

„Wir wären nicht hier, wenn er nicht darum gebeten hätte", wehrte Danyel ab.

„Ja. Damit hast du recht. Aber ich frage mich, was daran gerecht ist. Auf welcher Grundlage entscheidest du, wer wie lange leben darf? Aus einer Laune heraus? Erzähl mir nicht, das hat alles einen tieferen Sinn", schimpfte sie und sprang auf.

Kilian sah ihr sprachlos zu, wie sie auf und ab lief. Er kannte sie gut, wusste genau, dass sie in Rage war. Und im Grunde verhielt sie sich nicht anders, als er selbst. Auch er betrachtete Danyel nicht voller Ehrfurcht, oder druckste respektvoll vor dem Schicksal herum. Er hatte Danyel immer als Mensch angesehen, obwohl er wusste, dass er keiner war. Jetzt blickte er zu ihm hinüber und erkannte, dass Danyel Monjas Marsch belustigt beobachtete.

„Man kann nicht abstreiten, dass ihr miteinander verwandt seid. Es gibt nicht viele Menschen, die sich trauen, so mit mir zu reden …"

Monja stoppte und schenkte ihm einen grimmigen Blick. Danyel lachte.

„Ich finde das nicht witzig!", empörte sie sich.

„Nein, witzig ist das nicht. Ihr beide seid auf besondere Weise erheiternd."

„Ach ja?", presste Monja zwischen den Zähnen hindurch. „Du hast gut reden, denn du hast unsere Lebenszeit geschrieben. Und jetzt? Bleibt sie, wie sie ist?"

Danyel beugte sich vor und stützte die Arme auf die Knie. „Was soll das heißen? Willst du mit mir handeln?"

Sie zeigte eine hilflose Geste. „Darf ich?"

Er zog eine Braue nach oben. „Was stellst du dir vor? Den Tausch rückgängig machen? Deine Zeit halbieren, sodass ihr etwa gleich alt werdet? Oder erbittest du mehr Zeit für ihn?"

Monja öffnete den Mund, doch Kilian fuhr ihr dazwischen. „Nichts von allem. Lass es sein, Monja. Wenn ich eines gelernt habe, seit ich hier bin, dann ist es die Tatsache, dass er sich wenig um die Interessen der Menschen schert. Ich habe dir zwar gesagt, warum ich hiergeblieben bin, aber er zwang mich nicht dazu. Ich wollte es so. Also belass es dabei."

Sie schaute ihn entsetzt und enttäuscht an. Es tat ihm weh, doch was sie vorhatte, war von vorneherein zum Scheitern verurteilt.

„Verstehst du mich gar nicht? Glaubst du, mir geht es anders als dir? Ich kann nicht einen auf Friede-Freude-

Eierkuchen machen, wenn ich weiß, dass ich dich verliere",
sagte sie. Eine Träne lief ihr über die Wange.

Unangenehme Stille entstand. Danyel unterbrach diese, als
er aufstand und Monja um die Schultern fasste. „Komm
mal mit."

Irritiert sah sie zu Kilian, der achselzuckend bejahte und
den beiden folgte. Er hatte keine Ahnung, was Danyel von
ihr wollte.

Zwanzig

Monja ließ sich von Danyel führen. An seiner Seite kam sie sich unsagbar klein vor. Nicht nur, weil er sie ein gutes Stück überragte. So nah spürte sie deutlich seine Ausstrahlung, die ihn von einem Menschen unterschied. Seine Kraft schien in ihr zu summen und es wurde deutlich, wie viel Macht er besaß. Plötzlich erschien es ihr unangemessen, wie sie mit ihm gesprochen hatte.

„Es tut mir leid", bekannte sie leise.

„Was?"

„Na, meine Wortwahl, mein Verhalten ...", begann sie aufzuzählen, doch er unterbrach sie.

„Kein weiteres Wort. Ich mag es nicht gewohnt sein, dass man so mit mir spricht, aber du hast deinen Standpunkt vertreten. So wie es Kilian auch ständig macht. Jetzt schließ die Augen, bitte."

Monja sah verwirrt zu ihm auf. Er drehte sie zu sich und der sanfte Ausdruck auf seinem Gesicht beruhigte sie.

„Was hast du vor?", fragte Kilian plötzlich.

„Du wirst es schon sehen", erwiderte Danyel mit einem kurzen Seitenblick zu ihm.

Monja atmete tief durch und schloss die Augen.

„Na also, braves Mädchen." Danyel führte sie weiter. „Keine Sorge, es ist nichts Schlimmes", beruhigte er sie.

Zusammen liefen sie ein paar Schritte, dann folgte ein Richtungswechsel. Monja war versucht, die Augen zu öffnen und musste sich beherrschen, es nicht zu tun. Was auch immer das Schicksal mit ihr vorhatte, sie wollte es sich nicht mit ihm verscherzen. Vielleicht gab es doch noch Hoffnung für Kilian …

„Stopp.“

Sie blieb gehorsam stehen und die Nervosität kribbelte ihr unangenehm im Bauch. Kratzende Geräusche waren das Einzige, was sie neben ihrem eigenen Herzschlag hörte. Ihr rauschte das Blut in den Ohren, als habe sie einen Dauerlauf hinter sich. Dabei war es nur die Aufregung, die ihren Puls in die Höhe schnellen ließ. Eines allerdings wusste sie nun mit Sicherheit: Wenn alles so bliebe, wie es war, würde sie es ohne einen weiteren Widerspruch akzeptieren.

〜〜〜

Er wusste nicht genau, was ihn auf die Idee gebracht hatte. Es erschien ihm einfach nur richtig zu sein.

„Augen geschlossen halten“, wies er sie an und wandte sich anschließend seinen Sehenden zu.

„Pajlin?“, begann er.

Kilian schien zu ahnen, was er vorhatte, denn er trat vor Monja und hielt ihr die Hand über die Augen. „Nicht erschrecken, ich bis es nur“, sprach er ihr beruhigend zu.

Zugleich erhob sich Pajlin. „Ich weiß, was du wünschst“, wisperte sie.

Sicher, er hätte selbst seine Mauern herunterlassen können, um in Monja zu lesen. Doch Pajlin würde deutlich mehr sehen, als er selbst. Er müsste sich dem Chaos ihrer Gefühle stellen und könnte sie doch nicht so deuten, dass er sie wirklich verstand.

Was Pajlin bei Kilian ohne Aufforderung getan hatte, wiederholte sie nun bei Monja. Ihre Hand schob sich unter das

Haar der jungen Frau. Kaum hatte sie den Hautkontakt hergestellt, zuckte Monja kurz zusammen. Kilian beruhigte sie. Pajlin ließ sich nicht stören, schob ihre Kapuze ein Stück zurück und wandte Danyel das Gesicht zu. Es dauerte bloß einen Moment, dann bildete sich ein sanftes Lächeln auf ihren Lippen. Dazu gesellte sich ein leicht wehmütiger Ausdruck. Sie schaute Danyel an, und doch durch ihn hindurch – wie immer.

„Ihr Kummer wiegt so schwer wie die Liebe. Der Kummer wünscht eine Änderung, doch die Liebe lässt sie akzeptieren, was du bestimmst."

Kilians Kopf schnellte herum. Danyel entging sein Blick nicht, auch wenn er an den beiden vorbei zu Pajlin sah, die weiterhin ihre Hand an Monjas Nacken hielt. Sie äußerte sich nicht mehr zu dem, was sie in ihr las. Dann zog sie ihre Hand zurück und kam auf ihn zu.

„Dein Weg geht über sie. Wäge gut ab, welche Richtung du einschlagen willst", flüsterte sie gewohnt rau.

„Ich beachte eure Worte immer, das weißt du." Auch wenn er nicht ganz sicher war, was sie diesmal bedeuteten. Er strich ihr eine Strähne hinters Ohr und küsste sie dankbar auf die Wange. Etwas, das er schon sehr lange nicht mehr getan hatte …

Für die tiefe Liebe und Verbundenheit, die er empfand, fanden sich keine Worte, gleich welche Sprache er dafür verwenden würde. Nichts konnte ausdrücken, was die geisterhaften Wesen für ihn waren. Pajlin wie auch Teghre hatten ihn stets begleitet, und ihn gesehen, wie er wirklich war. Nicht seine Fassade. Das wurde ihm in diesem Moment bewusst.

„Findest du, es ist an der Zeit, eine Veränderung herbei-zuführen?"

„Viele Zeichen deuten darauf, dass es notwendig ist."

Er nickte.

„Gib Acht, das Dunkel ist noch nicht vertrieben." Die von Teghre geflüsterten Worte verwirrten Danyel. Und doch sagte er sich, dass er eins nach dem anderen angehen müsste.

„Ich danke dir, meine Schöne", wandte er sich erneut an Pajlin. Sie zog ihre Kapuze zurück in die gewohnte Position und begab sich an ihren Platz. Danyel trat neben Monja und Kilian.

„Du darfst die Augen wieder öffnen."

Während sie sich staunend umsah, festigte sich Danyels Entschluss. Er ließ sich auf seinen Stuhl sinken und stellte sich Kilians fragendem Blick.

„Was hat das alles zu bedeuten?"

Danyel ließ seine Schotten fallen, weil er sich vor dem Kommenden nicht abschirmen wollte. Zu viel hing an den Entscheidungen der nächsten Minuten.

„Ich stelle dir jetzt eine Frage und es ist wichtig, dass du ehrlich antwortest. Was siehst du, wenn du mich an-schaust?"

〜〜

Jetzt verstand er gar nichts mehr. Wozu hatte Danyel Monja lesen lassen? Dann diese Frage! Er wollte Ehrlich-keit? Er wusste selbst nicht mal genau, was er in Danyel sah …

„Das ist gar nicht so leicht zu beantworten", begann Kilian. „Ich sehe dich und glaube, einen Menschen vor mir zu haben. Ich sehe einen Egoisten, ein oberflächliches Wesen, das sich nicht für die Menschheit interessiert. Ich sehe einen Mann, dessen Stimmung so schnell schwankt, dass man nicht mithalten kann. Ich sehe einen Anführer, der absolute Loyalität verlangt. Ich sehe aber auch einen zärtlichen Liebhaber, einen Mann, der sich sorgt. Ich sehe dich an und weiß, ich werde nie aufhören, dich zu begehren. Ich sehe dich an und hoffe, dass in dir auch ein Herz steckt und nicht bloße Berechnung."

〰

Danyel musste sich zusammenreißen, um nicht von der Flut an Gefühlen, die ihn von Kilian und Monja erreichten, erschlagen zu werden. Kilians Muster bezeugte, dass er all das meinte, was er gesagt hatte. Es gab sogar noch etwas mehr, das er nicht ausgesprochen hatte und Danyel zu seiner nächsten Frage brachte.

„Wenn ich dir anbieten würde, dein Leben an meiner Seite zu verbringen – und ich rede nicht von den zwei Monaten – was würdest du sagen?"

Kilian starrte ihn ungläubig an.

„Du hast recht. Ich interessiere mich wenig für die Menschen. Das liegt vor allem an ihren Schwächen. Die meisten von ihnen langweilen mich oder bringen mich zur Weißglut, weil sie das, was sie haben, nicht zu schätzen wissen. Ich betone: die meisten. Und ja, ich bin ein Egoist. Deshalb habe ich dir gerade diese Frage gestellt, Kilian. Ich will dich hier haben. Du hast mir gezeigt, dass es gar nicht so schlecht ist, ab und an etwas Menschlichkeit zu zeigen. Das ist der Weg, den ich gehen muss. Monja fragte mich, so wie du, wie ich meine Entscheidungen begründe."

Kilian sah skeptisch aus. Diesen Eindruck bestätigte sein Raster – er war skeptisch. Danyel konnte es ihm nicht verübeln. Monja starrte wie gebannt auf die schwebenden Federn, bei ihr las er Unglauben und Faszination, welche die restlichen Gefühle überlagerten.

„Warum sollte ich dir glauben? Sag mir, warum ich dein großzügiges Angebot annehmen sollte? Willst du mich hier haben, weil du mich so amüsant findest? Oder ist es der Sex – den könntest du wohl von jedem anderen auch bekommen. Drehen wir den Spieß doch mal um: Was siehst du, wenn du mich anschaust?"

Kilians Worte hatten nun auch Monjas Aufmerksamkeit geweckt. Ihr Blick schoss zwischen ihnen hin und her und sie wartete gespannt auf seine Antwort. Er konnte ihre Neugier und Anspannung deutlich fühlen.

„Na schön, gleiches Recht für alle. Was ich sehe: einen naiven jungen Mann mit dem Herz am rechten Fleck, einen Menschen mit Gerechtigkeitssinn, einen Sturkopf und ein wissbegieriges Kind. Ich sehe einen Kerl, der mutig genug ist, um einem Unsterblichen die Stirn zu bieten. Einen, der genug Rückgrat besaß, mir von dem Verrat zu berichten, obwohl er davon ausgehen musste, dass ich ihm nicht glaube. Ich sehe dich an und weiß, du berührst etwas in mir, von dem ich nicht wusste, dass es da ist. Pajlin sagte, deine Schönheit liegt in dir. Es stimmt. Dass ich meine Finger am liebsten nicht von dir lassen würde, ist nur das Sahnehäubchen obendrauf."

Kilian grübelte über die Worte nach. Danyel fühlte sich fast schon überfordert von dem, was in dem Menschen vorging und ungefiltert bei ihm ankam. Monja hingegen sah ihn respektvoll an.

„Ich weiß nicht, wie du sonst bist, aber das klang für mich sehr menschlich und fast schon wie eine Liebeserklärung."

~~~

Kilian rang mit sich. Irgendwie hatte Monja recht. Danyels Worte straften den Eindruck Lügen, er wäre ein oberflächliches Wesen, das nur sich selbst im Kopf hatte. Er machte sich etwas aus ihm und wenn Kilian ehrlich zu sich selbst war, dann traf es umgekehrt genauso zu. So manches Verhalten von Danyel brachte ihn auf die Palme, er verstand ihn oft nicht, und doch war schon seit der ersten Berührung etwas zwischen ihnen gewesen, was nicht nur mit sexueller Anziehung zu erklären war.

„Du weißt vermutlich, dass ich eben nicht alles gesagt habe …"

„Ja. Und deshalb stellte ich dir die Frage, die du noch immer nicht beantwortet hast."

„Kilian, bitte mach das Richtige." Monja sah ihn flehend an.

„Was ist richtig?", erwiderte er und sah erneut zu Danyel. „Du hast darum gebeten, dass ich ehrlich bin. Wenn ich das dir und mir selbst gegenüber bin, dann bleibt mir keine große Wahl. Wenn ich dich ansehe, dann erkenne ich unter deiner Fassade den Mann meiner Träume. Es macht mir Angst, weil ich weiß, du bist kein Mensch. Ich spüre es, sobald ich deine Haut berühre. Da ist etwas Besonderes, für das sich keine Worte finden. Du bietest mir ein Leben an deiner Seite. Verlockend. Aber ich kann das nur annehmen, wenn ich nicht in einem goldenen Käfig sitzen muss. Es tut mir leid, falls das nicht die Antwort ist, die du hören wolltest."

„Es ist mehr, als ich hören wollte. Und ich habe nicht vor, dich einzusperren. Deine Schwester und meine Sehenden sollen Zeuge sein von dem, was ich dir anbiete. Sonst hätte ich es nicht zur Sprache gebracht. Der Pfad, auf dem ich schon so lange unterwegs bin, scheint nicht mehr in die richtige Richtung zu gehen. Es wird wirklich Zeit, wieder etwas Neues zu wagen. Mehr Gerechtigkeit walten zu lassen – auch und vor allem der Natur zuliebe. Du hast mir ansatzweise gezeigt, wie. Ich sollte wahrlich mehr nach dem Charakter der Menschen urteilen. Und deshalb biete ich dir an, an meiner Seite zu weilen, solange wie du es möchtest. Wenn du einwilligst, kann ich binnen Sekunden dein Pergament unwirksam werden lassen."

Kilian ließ das Gesagte ein wenig sacken. Hatte er das jetzt wirklich richtig verstanden?

„Darf ich fragen, was genau du meinst? So lange er will … also für mich klingt das, als würdest du ihm die Entscheidung überlassen, wann er sterben will." Monja stützte die Hände auf dem Tisch auf und musterte Danyel.

Kilian konnte sich ein Grinsen nicht verkneifen. Monja war manchmal – na einfach Monja. Redete, ehe sie nachdachte.

„So ist es. Aber nicht nur das." Danyel wandte den Blick von Monja zu Kilian. „Du könntest so unsterblich sein, wie die Boten. Nur langsam altern. Wenn du aus freien Stücken bei mir bleiben möchtest, mich etwas Menschlichkeit lehrst und hoffentlich, weil du gerne mit mir zusammen sein würdest."

Ja, er hatte ihn richtig verstanden. Und so verlockend es im Augenblick klang, er konnte unmöglich sofort annehmen.

„Wie lange darf ich darüber nachdenken?"

„Nimm dir die Zeit, die du brauchst. Aber lass mich nicht zu lange warten."

„In Ordnung."

„Ähm. Ich habe da noch eine Frage …", platzte Monja heraus.

„Stell sie, aber ich verspreche nicht, dass du eine Antwort bekommst."

Monja deutete einmal rund. „Was genau ist das hier eigentlich? Und wer sind die beiden mit der großen Kapuze?"

〰

Danyel verkniff sich ein Lachen. Dieses Mädchen war wirklich erfrischend. Ihre lockere Art war gewiss einer der Gründe, weshalb Kilian sie so liebte und seine Zeit für sie geopfert hatte.

„Kilian kann es dir erklären. Anschließend solltet ihr eure Mutter anrufen und der armen Frau sagen, dass alles in Ordnung ist. Es muss nicht sein, dass sie hier morgen auch noch auf der Matte steht, weil sie sich sorgt."

„Na so viel weiß ich doch auch nicht …", begann Kilian.

„Aber genug, um es zu erklären. Und Monja – es ist nicht erlaubt, die beiden anzusehen. Es reicht vollkommen, dass du ihre Hände siehst!" Danyel blickte sie streng an, worauf sie nickte.

„Stimmt, das reicht mir absolut."

Kilian führte Monja hinaus und Danyel widmete sich seiner Aufgabe. Ja, er würde in Zukunft anders urteilen, doch beim Ausfüllen der Pergamente hielt er sich an die grobe Formel, die er schon immer nutzte. Die meisten durchschnittlich, den Rest kürzer oder länger in der Zeitangabe.

Nach einigen Dokumenten zog er die Schublade auf, besann sich dann eines Besseren und nahm die Würfel, Spielkarten und den Packen Mikadostäbe zur Hand. Langeweile hatte er nun wirklich nicht mehr und die Spiele zum Ermitteln der Lebenszeit waren nicht nur überflüssig geworden, sondern unfair gegenüber den Menschen, bei denen er sie angewendet hatte. Er warf alles in den Papierkorb. Jetzt hoffte er nur noch, Kilian würde in sich hineinhören und das tun, was seine Gefühle Danyel schon verraten hatten. Ja sagen.

Einundzwanzig

Es breitete sich aus wie ein Grippevirus. Als ob die Worte ein Lauffeuer wären, rasten sie durch die Stadt und über ihre Grenzen hinaus. Dafour hatte nur in die richtigen Ohren flüstern müssen und schon setzte sich die Maschinerie in Gang.

Vorfreude machte sich in ihm breit. Danyel würde noch sehen, was er davon hatte, ihn zu verstoßen. Die Botschaft, die nun bei den Menschen für Furore und Getuschel sorgte, was so einfach wie wirkungsvoll: *Das Schicksal verachtet uns Menschen. Wir sind nur ein Spielzeug in seinem endlosen Dasein. Wir müssen uns wehren, uns Gehör verschaffen und eine Mindestzeit von sieben Jahrzehnten Lebenszeit verlangen. Kommt nach Rom, begehrt auf und wir machen dem Schicksal klar, wer wir sind!*

Diese Worte und ähnliche streute er aus. Es vergingen kaum vierundzwanzig Stunden, nachdem Dafour den Ersten mit der Nachricht angesteckt hatte, dann strömten die ersten Grüppchen auf den Petersplatz. Bewaffnet mit Transparenten forderten sie sieben Jahrzehnte Lebenszeit für alle. Das war zwar nicht ganz das, was Dafour geplant hatte, doch es lief auf dasselbe hinaus. Er wollte dem Schicksal die Grundlage entziehen. Es durfte keine Handel mehr geben. Keine Vergünstigungen mehr für Danyel, der mit den Verhandlungen immer Gegenleistungen gewonnen hatte.

Ein kleiner Aufstand, oder ein großer, wenn es gut lief, und Danyel würde reagieren müssen. Darauf freute Dafour sich schon. Denn er ahnte, dass dies für Danyel nicht gut enden würde. Dessen Abneigung gegen die schwachen

Menschen war zu tief verankert, als dass er sie von heute auf morgen würde abstellen können. Dafour baute auf den Egoismus, den er so oft an Danyel beobachtet hatte. Dieser sollte jetzt dafür sorgen, dass die Mauern vom Haus des Schicksals erbeben würden.

〰〰

Am kommenden Morgen, nach einer kurzen Nacht, die sie mit Gesprächen verbracht hatten, bis Monja auf dem Sofa eingeschlafen war, wollte Kilian seiner Schwester das Gelände zeigen. Sie hingegen hatte Unmengen Fragen, die sie am Vorabend nicht zu stellen wagte. Vieles war angesprochen worden, aber die wichtigsten Punkte rund um Danyel umschifften sie dabei wie ein gefährliches Gebiet. Monja sah Kilian von der Seite an, während er sie mit sich zog.

„Jetzt sag doch mal was!", zeterte sie, als er sie nach dem Frühstück einfach an der Hand gepackt hatte, ohne auf ihre Fragen zu antworten.

„Zuerst zeige ich dir etwas."

Monja hatte Mühe, mit ihm Schritt zu halten. Er führte sie in ein Nebengebäude und dort die Treppe hinauf. Schließlich erreichten sie eine Tür, die Kilian sofort aufstieß. Der große Raum war vollgestellt mit Möbeln, Kisten und Flaschen.

„Was ist das alles? Was machen wir hier?", fragte sie unwirsch.

„Das hier hat Dafour gehortet. Er stahl Danyels Blut, weil nur das ein bereits geschriebenes Pergament ändern kann. So wie deins und meins. Dafour hat die Daten heimlich geändert, mit zusätzlicher Zeit gehandelt und wurde dafür bestraft."

„Ja, das habe ich schon mitbekommen."

„Du hast eine Unmenge an Fragen, ich weiß. Ich versuche mal zusammenzufassen, was ich mitbekommen habe. Die beiden, die am Tisch sitzen und schreiben, sind die Sehenden. Pajlin und Teghre. Pajlin hat dich berührt, um in dir zu lesen. Hat sie mit mir auch schon gemacht. Sie sehen die Geburten und schreiben die Daten auf. Danyel füllt dann den Rest aus. Die Lebenszeit. Da er die Masse aber nicht allein handschriftlich zu Papier bringen kann, hat er diese ‚magischen' Federn, die du gesehen hast. Er steuert sie gedanklich. Einmal pro Stunde kommt dann der Herr der Boten, holt die fertigen Pergamente ab und sie werden verteilt."

Monja nickte langsam. „Wer oder was sind diese Sehenden? Ihre Haut ist unheimlich."

Kilian lachte dezent. „Sei froh, dass du ihre Gesichter nicht gesehen hast. Die sind viel unheimlicher."

„Ihre Berührung war allerdings angenehm", sinnierte Monja.

„Ja, das ist wahr."

„Und was wirst du jetzt machen?"

Kilian wusste genau, was sie meinte. Er konnte ihr nicht antworten, denn er wusste es nicht. Daher zuckte er nur mit den Schultern.

„Willst du zu Hause anrufen?", lenkte er ab.

„Ja, ich glaube, das wäre wirklich keine schlechte Idee. Ich fühle mich schrecklich. Wir hätten gestern schon anrufen müssen."

„Ich weiß. Es war dann doch wohl alles ein bisschen zu viel …" Dass er sich nicht getraut hatte, ihre Mutter über den Stand der Dinge zu informieren, verschwieg er lieber. Alles war so schnell gegangen und er wusste nicht, was er tun sollte. Was hätte er sagen sollen, außer: ‚Mama, uns geht es gut. Mach dir keine Sorgen'. Nein, er kannte sie zu gut, und wusste, sie würde weiter darauf drängen, dass die Geschwister sich auf den Heimweg machten. All das ließ er unausgesprochen.

Kilian führte Monja einen Stock höher in die Bibliothek, doch das schnurlose Telefon auf dem Tisch war leer.

„Dumm. Ich habe keine Ahnung, wo die Basis von dem Ding ist", gab Kilian zu.

„Na weit kann sie nicht sein. Wenn nicht hier drin, dann in den Nebenräumen. So eine große Reichweite haben diese Dinger doch nicht."

Sie machten sich auf die Suche und wurden zwei Räume weiter fündig. Die Ladestation stand auf einem Schränkchen. Das Zimmer selbst war ähnlich wie ein Büro eingerichtet. Nur mit dem Unterschied, dass in den Schränken nichts drin und außer der Telefonbasis keine weiteren Geräte vorhanden waren.

„Lass uns noch mal runtergehen. Ich will nicht hier herumstehen, bis der Akku voll genug zum Anrufen ist."

„Gute Idee", pflichtete Monja ihm bei. „Dann kannst du mir mal zeigen, wo ich schlafen soll. Das Sofa ist zwar bequem, aber ich ziehe es vor, unbeobachtet zu schlafen."

„Na ja, Gästezimmer gibt es wohl nicht. Zumindest hat Danyel das gesagt. Ich denke, du kannst es auch eine Nacht neben mir aushalten, oder? Sofern sich nichts anderes findet."

„Neben dir? Ich dachte ..."

„Falsch", unterbrach Kilian. „Er schläft nicht."

Sie grinste frech. „Außer miiiii..." Kilian brachte sie zum Schweigen, indem er sie kitzelte.

„Du freches Ding! Wo ist nur meine kleine Prinzessin hin?", fragte er theatralisch leidend.

„Erwachsen geworden. Lass uns ein Rennen machen – wer zuerst unten ist, hat einen Wunsch frei. So wie früher", schlug sie vor und stand schon in den Startlöchern.

„Meinetwegen – aber glaub nicht, dass du gegen mich eine Chance hast!", stimmte er lachend zu.

Gemeinsam zählten sie von drei rückwärts und spurteten los.

〜〜〜

Lautes und schnell aufeinanderfolgendes Poltern von Absätzen schallte durch die Halle. Danyel legte die Feder beiseite und stand auf, um nachzusehen. Kaum war er um die Ecke gebogen, sah er Eduardo auf sich zukommen. Der schien aufgeregt zu sein. Der sonst so gelassene Mann war ungewöhnlich hektisch.

„Was ist los?"

„Das ... solltest du ... dir ansehen!", presste sein Türwächter schnaufend hervor und deutete über seine Schulter zur Eingangstür.

„Beruhige dich."

Eduardo holte mehrmals tief Luft und sammelte sich.

„Immer mit der Ruhe. Was ist da draußen?"

„Menschen. Viele Menschen und es werden immer mehr. Sie demonstrieren. Manche haben große Transparente dabei."

„Was?", Danyel musste ein Lachen unterdrücken. „Weshalb demonstrieren sie denn?"

„Sieh es dir selbst an. Ich habe es anfangs gar nicht bemerkt, doch dann wurden das Gemurmel und die Rufe auf dem Platz lauter und ich sah nach."

Danyel folgte Eduardo ungläubig an die Tür. Dort angekommen öffnete er sie nur einen Spaltbreit und spähte hindurch. Was er sah, konnte er kaum glauben. Zwei der Transparente konnte er durch die schmale Lücke erkennen. Das eine war beschriftet mit: Gerechtigkeit. Auf dem anderen prangte die Forderung: Sieben Jahrzehnte für jeden Menschen!

Danyel grunzte und schloss die Tür. „Was ist denn in die gefahren?", brummte er und beantwortete sich die Frage sofort selbst: „Dafour." Er ballte die Hände zu Fäusten. Hätte er den Verräter doch nur nicht am Leben gelassen. Nun hatte er die Quittung für den Fehler vor der Tür. Eine andere Erklärung konnte es nicht geben.

„Schließ bitte jede Tür und jedes Fenster hier vorne. Ich kümmere mich selbst um die hinteren", wies er Eduardo an.

„Selbstverständlich." Er machte sich sofort an die Arbeit. Danyel eilte zurück. So schnell, wie er durch die Halle raste, hätte ihm kein menschliches Auge folgen können. Er kontrollierte die Zugänge, angefangen bei Dafours Räumlichkeiten. Als er zurück in die Halle eilte, um die Tür zur Gartenanlage zu schließen, rannte er beinahe in Kilian und

Monja hinein, die völlig außer Atem gerade durch diese hindurchgekommen waren.

„Gut, dass ihr da seid. Reinkommen, Tür zu. Abschließen!", befahl Danyel und drehte sich auf dem Absatz um. Die letzte Tür befand sich hinter der Küche. Der Durchgang zu einem Weg, der sehr leicht vom Torbogen aus zu finden war. Er schloss sie ab und rieb sich die Schläfen. Teghre hatte es angekündigt: ‚Das Dunkel ist noch nicht vertrieben.' waren seine Worte gewesen.

„Was ist denn los?", fragte Kilian hinter ihm. Danyel hatte ihn gar nicht kommen hören.

„Der Platz draußen ist voll mit Menschen, die demonstrieren. Ihr könnt es selbst sehen – aber nicht an der Tür. Wir müssen rauf gehen, zum Balkon."

〜〜

Dafour stand abseits und rieb sich die Hände. Sein Plan schien aufzugehen, die Leute strömten in Scharen herbei. Oh, er freute sich schon darauf, dass Danyel sich dem stellen musste. Und darauf, was er der Menschheit zu sagen hatte, die er so ungerecht behandelte. Sicher, er selbst war kein Stück besser – eher schlechter. Aber seine Niederlage war Grund genug, Danyel dieses Chaos vor die Nase zu setzen! Er glaubte nicht, dass es sehr lange dauern sollte, bis der sich sehen lassen würde. Die Dynamik der Masse war nicht zu unterschätzen. Wenn Danyel sich zu lange Zeit ließe, würde die Stimmung der friedlichen Demonstration kippen. Eigentlich wäre das für Dafour sogar die angenehmere Variante …

Zweiundzwanzig

Kilian traute seinen Augen nicht, als er schon vom Zimmer aus durch die Scheibe all diese Menschen sah. Er musste gar nicht hinausgehen, um zu erkennen, dass die Stimmung zwar friedlich war, aber wirkte, wie die Ruhe vor dem Sturm. Schilder und Transparente forderten Gerechtigkeit, Respekt der Menschheit gegenüber und sehr zu Kilians Erstaunen die gleiche Lebenszeit für alle – zumindest der Teil der Texte, die entweder auf Deutsch oder Englisch verfasst waren.

„Das kann doch nicht ihr Ernst sein?", murmelte er.

„Das ist nicht auf deren Mist gewachsen. Das ist Dafours Werk", erwiderte Danyel, der sichtlich aufgebracht war.

„Was macht dich da so sicher?"

„Es passt zu ihm. Es ist seine Art der Rache."

„Na ja", warf Monja ein, „was können die da draußen dir anhaben?"

Kilian starrte Monja mit großen Augen an. Er war unfähig, etwas zu sagen.

Danyel schnaubte. „Du verkennst den Ernst der Lage. Du magst zwar recht haben – sie können mir nichts tun. Aber die Dynamik, die diese Menschen da draußen auslösen könnten, würde ein riesiges Chaos ergeben. Das kann ich nicht gebrauchen und sie auch nicht. Solche Demonstrationen können auch immer in gefährliche Tumulte ausarten. Je nachdem, welche Leute anwesend sind."

„Was willst du jetzt machen?", fragte Kilian ihn.

„Es gibt nur einen Weg, den es sich zu gehen lohnt." Als er das sagte, sah er Kilian fest an. Es schien, als stünde sein

Entschluss fest und Kilian ahnte, dass dieser viel damit zu tun hatte, was ihm angeboten worden war.

„Der wäre?", erkundigte er sich vorsichtig.

Danyel legte den Kopf schräg, dann trat er zügig auf Kilian zu, der sich fast bedrängt fühlte. Monja sah währenddessen nach draußen und murmelte etwas vor sich hin. Dicht vor ihm blieb Danyel stehen, umfasste sein Gesicht und fesselte ihn an seinen türkisfarbenen Blick. Langsam, bis er unsagbar sanft seine Lippen streifte.

„Bitte fälle deine Entscheidung, Kilian", raunte er gegen seinen Mund.

Kilian rang nach Luft. Unfähig zu registrieren, was im Augenblick geschah. Was wollte Danyel von ihm? Was wollte er wirklich? Sollte er bleiben, damit er als Beispiel dafür herhalten konnte, wie menschenfreundlich Danyel war? Oder lag ihm doch so viel an ihm, dass er seine Zukunft mit der von Kilian verbinden wollte? Und noch wichtiger – was wollte er selbst? Er wusste es nicht …

„Sag mir einen Grund, warum ich bleiben sollte", verlangte er leise und versuchte die aufsteigende Hitze zu verdrängen, die durch Danyels Berührung ausgelöst wurde.

Danyels Pupillen weiteten sich. Es kam ihm vor, als ob es eine Gefühlsregung wäre, die sich durch die Augen zeigte.

„Weil ich dich darum bitte", hauchte Danyel.

„Das ist kein Grund …" Kilians Stimme klang brüchig und er konnte nichts dagegen tun. Es fesselte ihn, in diese kleinen Meere zu blicken. Danyels Berührung, seine Nähe und Kilians sich überschlagende Gedanken benötigten alle Kraft, die er hatte.

„Eine Bitte ist kein Grund? Dann lass es mich anders formulieren", sagte er und löste den Augenkontakt. Er beugte sich weiter vor, bis Kilian den warmen Atem an seinem Hals und die Berührung an seinem Ohr spürte. „Ich bitte dich zu bleiben, weil ich möchte, dass du mich Menschlichkeit lehrst. Weil ich möchte, dass du an meiner Seite bist – nicht als Ausrede, um mich selbst in ein besseres Licht zu rücken. Ich bitte dich darum, weil ich mir wünsche, dass du mich irgendwann magst und weil ich hoffe, dass du gerne bleiben würdest", raunte er. Der letzte Satz hatte dafür gesorgt, dass Kilians Körper von einer Gänsehaut überzogen wurde. Er schauderte.

Sein Herz schlug hektisch und er bemühte sich, ruhig zu atmen. Das war nicht so einfach, denn Danyels Geruch stieg mit jedem Atemzug in seine Nase und vernebelte seinen Verstand. Fragte er sich wirklich, was er tun sollte oder war es nicht längst entschieden? Ja. Er wusste es, tief in sich drin erkannte er, dass er es die ganze Zeit gewusst hatte.

„Die Entscheidung, wie lange ich lebe, liegt bei mir?", hakte er nach.

Danyel zuckte zurück und sah ihn verwundert an.

„Ja, eigentlich schon."

„Und ich wäre nicht an dein Reich gefesselt?"

„Nein. Der erste Punkt in Sachen Menschlichkeit. Wie könnte ich versuchen, besser zu werden, wenn ich dich hier festhalten würde – weil ich Angst habe, du kämest nicht zurück, wenn du mein kleines Reich verlässt?"

„Entschuldigt ihr zwei. So ungern ich störe, aber es kommen immer mehr Menschen hinzu", warf Monja ein.

Kilian sah zu ihr rüber und erkannte erstaunt, dass sie ein breites Grinsen auf den Lippen hatte.

„Ach, großer Bruder, an deiner Stelle würde ich sofort zusagen. Ich bin nicht taub, du anscheinend schon. Was er eben so leise gesagt hat, kommt erneut einer Liebeserklärung gleich …", sie zwinkerte. „Und wenn ich euch so zusammen sehe, wüsste ich nicht, was besser zusammenpassen könnte. Außerdem verrät deine Körpersprache ganz genau, was du willst, Kilian."

Er blinzelte. Er kannte Monjas unverblümte Art, immer zu sagen, was sie dachte, doch dieses Mal haute es ihn fast aus den Socken. War es so offensichtlich? Und Danyels Worte klangen in ihren Ohren wie ein Geständnis, dass dieser sich etwas aus Kilian machte?

Sein Blick richtete sich wieder auf Danyel, der angespannt wirkte.

„Hat sie recht, mit dem, was sie sagt? Dass du …"

„Kleiner, es mag da draußen viele geben, die behaupten ich sei herzlos und gefühlskalt. Ich bin kein Mensch, aber dass heißt nicht, dass ich keine Emotionen besitze. Wie könnte ich sonst genießen, was zwischen uns ist? Wie könnte ich vor Wonne erzittern und vor Lust schreien? Wie könnte ich diese Lippen küssen", er strich mit dem Daumen über Kilians Unterlippe, „und erschaudern? Wie könnte ich lächeln, nur weil ich dich ansehe? Also ja, es war ein Eingeständnis, dass mir etwas an dir liegt."

Kilian hatte Mühe, ihm zu folgen, und doch verstand er alles sofort. Was sich anfühlte, als wäre es nicht wahr, riss seine letzten Zweifel nieder. Er musste einfach darauf vertrauen, dass es der Wahrheit entsprach.

„Ich bleibe gerne bei dir. Und wenn du, wie auch immer du das machst, mir dieses neue andere Leben gibst, dann bitte ich um einen Zusatz."

Danyel zog eine Braue nach oben. „Der da wäre?"

„Wenn es möglich ist, lass mich die italienische Sprache verstehen und sprechen können."

Danyel lachte. Die gestellte Bedingung schien ihn zu erleichtern. Es war fast, als habe er erwartet, Kilian würde etwas Unerfüllbares verlangen.

„Wenn du das möchtest, gebe ich dir diese Sprache. Aber warum?"

„Tu es einfach." Kilian sah ihn bittend an und als Danyel leicht nickte, schloss er die Augen.

Es gab keine Worte für das, was in den nächsten Minuten mit ihm geschah. Kilian war überzeugt davon, die ganze Zeit unbewegt gestanden zu haben, doch angefühlt hatte es sich, als wäre er durch einen Wirbelsturm gejagt, habe kopfüber an einem Bungeeseil gehangen und zugleich einen Looping nach dem anderen geflogen. Als wäre sein Körper durcheinandergewirbelt und sein Gedächtnis, wie ein Computer, mit einem Update versehen worden. All seine Erinnerungen und sein Wissen waren noch da, aber irgendwie mehr. Er konnte es nicht beschreiben.

„Grazie Danyel. Voglio parlare con la gente."

„Perché?"

Kilian zuckte mit den Schultern. Er löste sich aus Danyels Umarmung und trat auf die Balkontüren zu.

„Äh, was hast du gerade zu ihm gesagt?", fragte Monja.

Kilian sah zu ihr und grinste. „Nichts Anzügliches, falls du das gehofft hast", er zwinkerte, „ich habe nur gesagt, dass ich mit den Leuten reden will."

Monja sah ihn an, als käme er vom Mond. Er kommentierte es nicht und öffnete die Balkontür. Kaum war er hinausgetreten, ließ er den Blick über die Menge schweifen. Einen Augenblick lang glaubte er, unter all den Menschen Maria zu erkennen. Auf den zweiten Blick verschwand die Überzeugung. Die Entfernung war einfach zu groß.

〜〜〜

Danyel fühlte sich innerlich zerrissen. Auf der einen Seite war die unbändige Freude, dass Kilian wirklich bei ihm blieb, so stark, dass er ihn liebend gern sofort in seine Arme gerissen hätte, um jeden Zentimeter seiner Haut zu erkunden und ihm größte Lust zu bescheren. Andererseits riefen seine Verpflichtungen nach ihm. Die Menschen draußen verlangten ebenso nach seiner Aufmerksamkeit, wie die Pergamente. Kilians Wunsch, Italienisch zu können, hatte ihn erstaunt. Seine Vermutung, was der damit bezweckt hatte, bestätigte sich und er zog den Hut vor ihm. Es war mutig, sich der Menschenmenge zu stellen und was auch immer er den Leuten sagen wollte, Danyel war sich fast sicher, es würde besänftigend wirken.

Um sich nicht nachsagen zu lassen, er wäre feige, eilte er Kilian hinterher und betrat nur einen Sekundenbruchteil nach ihm den großen Balkon.

„Warte", bat er ihn.

Kilian nickte kaum merklich und trat langsam an die Brüstung.

„Wenn du zuerst das Wort an sie richtest, werden sie glauben, ich hätte dich vorgeschickt", meinte er kritisch, als er neben ihn trat.

„Kann sein."

Danyel nahm das Raunen wahr, was durch die Versammelten lief. Darauf folgte eine abwartende Stille, die er sofort nutzte.

„Ich bin das Schicksal und ich kann mir denken, weshalb ihr gekommen seid!", sagte er laut. „Was ihr verlangt, kann ich nicht erfüllen."

Buhrufe wurden laut, doch er hob die Hände, um sie zu stoppen. „Hört mir zu! Ihr wollt Gerechtigkeit? Dann frage ich euch, was genau ist das? Ist es gerecht, alle gleich zu behandeln? Ist es fair, die Selbstlosen und die Egoistischen auf eine Stufe zu stellen? Ihr glaubt, ich würde euch nicht genug Respekt zollen. Wie könnte ich auch? Jeder einzelne Mensch, der die Natur nicht respektvoll behandelt, Tieren oder Pflanzen aus Berechnung und egoistischen Motiven Schaden zufügt, verdient meine Verachtung. Jeder Mensch, der dem Planeten und seinem natürlichen System schadet, soll dafür auch noch belohnt werden, indem ich alle gleich behandle, sodass jeder gleich lange leben darf? Sagt mir, ist das die Gerechtigkeit, die ihr verlangt?"

Danyel blickte abwartend über all die Leute auf dem Platz. In vielen Gesichtern konnte er lesen, was seine Worte bewirkt hatten. Scham, Betroffenheit, Unglauben und Wut.

„Ich habe so gedacht wie ihr, als ich herkam", ergriff Kilian das Wort. „Auch ich habe oft gehört, das Schicksal sei ungerecht. Bei einigen mag es zutreffen, bei anderen nicht. Jetzt steht ihr dort unten und verlangt Gleichheit. Wäre das nicht ungerecht? Es ist, wie er sagt: Die Guten mögen belohnt werden, und jeder, der aus reinem Eigennutz handelt, nicht. Wenn ich eines gelernt habe, dann, dass man nicht danach urteilen sollte, was andere sagen. Man muss sich eine eigene Meinung bilden."

„Ich weiß, warum ihr hier seid, ihr nicht. Dafour, der Herr der Boten, hat euch diese Worte zugeflüstert, hat euch dazu gebracht, diesen Unmut zu verspüren. Ich sage euch etwas: Dafour ist gefallen und benutzt euch, um sich an mir zu rächen. Ich habe ihm seine Unsterblichkeit genommen, denn er hat Hochverrat begangen. Er stahl mein Blut, um Pergamente zu fälschen. Mit den gefälschten Papieren hat er gehandelt. Deshalb habe ich ihn verstoßen." Er pausierte und ließ den Blick schweifen. „Ich weiß, dass du da unten bist, Dafour. Und für die Dreistigkeit, mir diesen Menschenauflauf zu schicken, ziehe ich dir fünf Jahre ab."

Ein Raunen lief durch die Menge. Vereinzelt hörte er Applaus und Buhrufe.

„Nichts gegen euch – viele von euch haben mich wohl vor dem heutigen Tag noch nicht gesehen. Ohne euch wirklich zu kennen, sage ich, ihr habt euch von einem Lügner und Verräter beeinflussen lassen."

„Vielleicht solltest du dir die Mühe machen, die Menschen besser kennenzulernen!", schrie ihm ein Mann entgegen, der einen hochroten Kopf besaß. Er schien sichtlich in Rage zu sein.

Danyel legte seinen Arm um Kilians Schulter, zog ihn an seine Seite. „Dieser junge Mann hier hat mir innerhalb kürzester Zeit gezeigt, worauf es ankommt. Menschlichkeit. Ihr glaubt vielleicht, ich wäre ein oberflächliches Wesen ohne jegliche Gefühle. Wenn das stimmen würde, könnte ich keine Wut und keine Sorge verspüren. Ich würde mich nicht an den schönen Dingen erfreuen. Ich könnte keine Verachtung dafür empfinden, dass aus reiner Profitgier unzählige Tierarten vom Aussterben bedroht sind. Ich könnte nicht diesen Mann in meinen Armen halten und offen gestehen, dass ich mein Herz an ihn verloren habe." Danyel pausierte und ließ die Worte wirken.

Die zu ihnen heraufschallenden Reaktionen reichten vom schwärmerischen ‚Oooh' bis zum abwertenden ‚Urgs'. Er blickte kurz zu Kilian, dessen Augen regelrecht strahlten. Die neue Farbgebung darin, ein dunkles Blau mit Schattierungen, erinnerte ihn an die Tiefsee und glich einem Saphir.

„Meine Entscheidungen werden in Zukunft viel gerechter sein – im Sinne von wahrer Gerechtigkeit!", rief er laut über die Masse hinweg. Anschließend wandte er sich erneut Kilian zu, der ihn ungläubig ansah.

„Ich glaube, du hast gewonnen", flüsterte er.

„Ich will hoffen, dass der kleine Aufstand sich auflöst", erwiderte Danyel.

„Das meinte ich nicht. Du hast gewonnen, so wie man es oft hört: Das Schicksal ist immer der Gewinner, bei jedem Handel. Aber ...", er lächelte, „ich gebe zu, es ist keine Niederlage, sein Herz zu verlieren. Denn meines hast du mit deinen Worten eben gewonnen."

Danyel hielt inne. Überrascht sah er Kilian an, der weiterhin leicht lächelte. Diese Worte eines Tages zu hören, hatte er sich gewünscht, seit Kilian etwas in ihm verändert hatte. Dieser Mensch war einfach in sein endloses Leben geplatzt und hatte alles auf den Kopf gestellt. Eine Veränderung, die nur Gutes bringen konnte ...

Er ließ seiner Freude freien Lauf, riss Kilian in seine Arme und wirbelte ihn umher. Dass die Menschen unter ihnen das sehen konnten, machte ihm nichts aus. Sollten sie doch zuschauen. Er lachte und setzte ihn ab. Der liebevolle Blick, der ihm begegnete, überzeugte ihn davon, dass alles richtig war, so wie es war. Und vor all den Augen umfasste er sein Gesicht und küsste diesen Mund, von dem er nicht genug bekommen konnte.

Nur am Rande hörte er, dass die Leute verhalten, aber wohlwollend reagierten. Applaus, bejahende Zurufe, das Zerreißen eines Transparents …

Monja klatschte und riss ihn damit aus dem Glückstaumel.

„Na, wenn du Mama erzählst, wer ihr Schwiegersohn in spe ist, wird sie ausflippen …", sagte sie lachend und lehnte sich an die offene Tür. Sie strahlte erst Kilian an, dann Danyel.

„Bitte sie doch, herzukommen. Ich wüsste gerne, was sie für ein Mensch ist", wandte sich Danyel an Kilian.

„Hm, warum auch nicht. Etwas Urlaub hat sie sich verdient. Allerdings solltest du über die Einrichtung einiger Gästezimmer nachdenken."

Danyel grinste süffisant, beugte sich nah an Kilians Ohr und flüsterte: „Warum? Soll Mama nicht hören, wenn ihr Sohn vor Lust schreit, die ein Mann ihm bereitet?"

„Das Zweite ist nicht das Problem, damit kommt sie klar. Aber hören muss sie es trotzdem nicht …"

„Okay. Wir könnten Dafours Zimmer zu Gästezimmern machen. Ich habe einige Pergamente aufzuholen, aber wenn du und deine Schwester schon mal anfangen wollt? Sie wird das Bett definitiv meinem Sofa vorziehen", sagte er schmunzelnd.

„Klingt verlockend, aber zuerst sollten wir telefonieren. Das hätten wir schon gestern tun sollen. Sie kommt bestimmt um vor Sorge. Vorhin war leider der Akku leer …"

Danyel nickte zustimmend und küsste Kilian auf die Schläfe. Monja grinste wie ein Honigkuchenpferd, als sie sich bei ihrem Bruder unterhakte. Als sie den Balkon verließen, sah Danyel über die Schulter. Die Versammlung löste sich auf, Transparente und Schilder waren gesenkt, manche lagen auf dem Boden und wurden mit Füßen getreten. Er hatte die leise Ahnung, dass Dafour die Rechnung für den Aufmarsch zahlen würde … wie auch immer. Um die verlorene Zeit aufzuholen, sandte er eine lange Zahlenfolge an seine Federn. Dass seine Augen dabei unnatürlich leuchteten, sah in diesem Moment niemand.

Dreiundzwanzig

Monja war stolz, dass Kilian über seinen Schatten ge-
sprungen war, und das Angebot von Danyel angenommen
hatte. In ihren Augen hätte selbst ein Blinder gesehen, dass
Danyels Bitte an Kilian nur einen Grund hatte: Das Schicksal besaß ein liebendes Herz. Oder zumindest ein verlieb-
tes …

Kilians Veränderung hatte sie im ersten Moment er-
schreckt, jetzt sah sie ihn gerne an. Er strahlte regelrecht
aus dem Inneren heraus. Die neue Augenfarbe ein Zeugnis,
ein deutlicher Beweis, dass er nicht länger ein normaler
Mensch war. Er war zum Gefährten des Schicksals geworden. Zum Partner, mehr als ein Geliebter.

Jetzt schritt sie mit den beiden Männern neben sich die
Treppe hinunter in die große Halle. Die Erleichterung, dass
Kilian nicht vor ihr sterben würde, sickerte langsam in ihr
Bewusstsein. Dass ihr Bruder auch noch seinen Traum-
mann obendrauf bekam, machte sie ein wenig neidisch.
Eines Tages würde ihr wohl auch der Richtige über den
Weg laufen …

≈

Dafour beobachtete besorgt den Abzug der Leute. Er versuchte, möglichst unscheinbar zu wirken. Einfach mit dem
Strom zu verschwinden, erschien ihm nicht klug zu sein.
Also drückte er sich an den Säulen herum, die den Platz
säumten. Danyels Urteil, ihm fünf der zehn Jahre zu nehmen, schmerzte ihn nicht. Es machte kaum einen Unter-

schied, ob er früher oder später sein neues Dasein als Mensch beendete. Er hasste sein neues Selbst.

Doch dann ging sein Plan, Schutz an den Säulen zu suchen, nach hinten los. Er hörte die Stimme und wusste, wem sie gehörte, eher er den Mann sah.

„Da ist er! Schnappt ihn!"

Dafour blieb keine Sekunde, um zu reagieren. Kaum dass er sich umgedreht hatte, schlug ihm Enricos Faust ins Gesicht.

Er versuchte sich zu wehren, doch sein Körper war einfach nicht stark genug. Schläge und Tritte trafen ihn und der Schmerz raubte ihm die Luft zum Atmen. Bevor er das Bewusstsein verlor, dachte er: ‚Und dem habe ich zwanzig Jahre verkauft?'

~~~

Kilian fühlte sich gut. Glücklich, und das Herz schien ihm vor lauter Freude aus der Brust springen zu wollen. Jetzt hatte er nur noch eine Hürde vor sich. Seine Mutter anrufen, ihr ehrlich zu gestehen, was sich entwickelt hatte und sie einzuladen, um den Mann kennenzulernen, in den er sich verliebt hatte. Nervosität stieg in ihm auf. Er wusste nicht, warum, aber er hatte Angst, sie würde Danyel nicht mögen. In Gedanken legte er sich Worte zurecht, die er ihr sagen wollte, und war dankbar, dass Danyel und Monja schwiegen, als sie die Treppe heruntergingen.

Kaum hatten sie den letzten Absatz hinter sich gebracht, kam der Mann, den Kilian als den Türsteher bezeichnete, auf sie zugeeilt.

„Danyel, wenn alle Menschen so viel Hochachtung empfinden, wie ich gerade, dann hast du nichts zu befürchten", gestand er in schnellem Italienisch.

„Danke Eduardo."

Kilian wurde unsanft von Monja angerempelt.

„Wer ist das?", zischte sie neugierig.

„Ich weiß nicht genau – ich bezeichne ihn als Türsteher."

„Fast. Er ist der Türwächter. Ein Mann mit besonderen Fähigkeiten, der jeden unter die Lupe nimmt, der durch diese Tür hinein will", erklärte Danyel ihr.

Monja beäugte den Italiener.

„Heißer Typ. Könnte man glatt mal 'ne Nacht drüber schlafen", bekannte sie zwinkernd.

Kilian sah sie empört an. „Also wirklich! Monja!"

Danyel lachte. „Er ist alleinstehend. Soll ich ihn fragen, ob du ihm auch gefällst?"

„Hey! Du willst hier nicht meine kleine Schwester verkuppeln?!"

Monja grinste. „Danke für das Angebot, aber das würde doch etwas plump wirken", wehrte sie ab.

„Überleg es dir. Ich muss jetzt rüber, sonst schaffe ich die Pergamente nicht, die zur nächsten vollen Stunde raus müssen." Mit diesen Worten ließ Danyel sie stehen.

Kilian sah Monja an. Er wusste genau, er ließ hier den großen Bruder raushängen, der seine kleine Schwester beschützen wollte. Für ihn war sie in gewisser Hinsicht noch immer ein kleines Mädchen. Dumm nur, dass dieses gerade deutlich gemacht hatte, dass es nicht mehr klein war. Trotzdem gefiel ihm der Gedanke nicht, dass sie Eduardo so heiß fand, dass sie …

Er dachte das lieber nicht zu Ende.

„Lass uns telefonieren", brummte er.

„Was ist los mit dir? Du guckst mich an, als wärest du mein Vater! Weißt du was? Ich kann ganz allein entscheiden, was ich will und auch wen ich will. Da musst du mir nicht Blicke zuwerfen, die sagen: Stopp! Du bist doch viel zu jung."

„War es so deutlich?"

„Ja, verdammt noch mal! Und wenn ich mich nicht drum schere, was du mit Danyel machst, dann lass mich gefälligst meine eigene Wahl treffen."

„Entschuldige", erwiderte er ehrlich auf ihre aufgebrachten Worte.

Ihm war nicht entgangen, dass Eduardo unweit von ihnen ihren kleinen Zwist verfolgte und Monja dabei unverhohlen musterte. Kilian schluckte seinen Beschützerinstinkt hinunter.

„Vielleicht solltest du Italienisch lernen, oder Danyel bitten, dir die Sprache zu geben."

„Ich werde darüber nachdenken. Jetzt sollten wir wirklich nachsehen, ob das Telefon einsatzbereit ist."

Ihm entging nicht, dass sie sich nochmals zu Eduardo umdrehte, ihm ein Lächeln schenkte, was der mit stolzgeschwellter Brust erwiderte.

〰〰

Danyel lächelte, als er sich auf seinen Stuhl fallen ließ und die Feder griff. Einer Eingebung folgend sah er zu seinen Schreibenden.

„Danke. Er ist wirklich ein Schlüssel – aber nicht wegen der Sache mit Dafour – er hat das eiserne Schloss in meinem Inneren geöffnet."

„So hat es sollen sein", flüsterte Pajlin zurück.

Das Grinsen ließ sich nicht mehr von seinem Gesicht wischen. Er wusste, die Zukunft brachte ihnen nicht nur fröhliche Eintracht. Aber der Reiz, sich mit Kilian zu messen und von ihm die Stirn geboten zu bekommen, hatte auch etwas für sich. Und er konnte es kaum erwarten, dass es Nacht wurde und Monja schlief … sie brauchte diese Ruhe, Kilian hingegen würde fortan mit weitaus weniger davon auskommen können. Wer ihn jetzt sehen würde, könnte den Schalk in seinen Augen aufblitzen sehen. Von dieser erfreulichen Nebenerscheinung der Veränderung ahnte Kilian noch nichts. Was sie mit der gewonnenen Zeit anstellen würden, schmückte Danyel sich in Gedanken aus, während er seinem Schema folgend die Pergamente ausfüllte. In diesem Punkt würde er nicht abweichen. Aber in der Beurteilung der Menschen, die zu ihm kamen, würde sich einiges ändern – mit Kilians Hilfe. Auch wenn Danyel sich in dieser Hinsicht eine Schwäche eingestanden hatte, fühlte es sich unglaublich gut an, die Unterstützung in Anspruch zu nehmen. Denn sie käme von dem Menschen, der es geschafft hatte, ihn eine andere Richtung einschlagen zu lassen.

〰〰

Kilian griff nach dem Telefon. Der Akkustand war laut Display halb voll. Das würde ausreichen. Er wählte, vertippte sich vor lauter Nervosität und begann von vorne. Monja beobachtete ihn schweigend.

Seine Mutter hob schon nach dem zweiten Freizeichen ab.

„Kilian?"

„Ja, ich bin's. Monja ist auch hier, sie steht neben mir. Es ist alles in Ordnung."

Sie atmete so erleichtert aus, dass er beinahe sehen konnte, wie die Anspannung von ihr abfiel.

„Wann kommt ihr nach Hause?"

„Mama, setz dich", bat Kilian. „Ich muss dir etwas erzählen und ich glaube, es ist besser, wenn du dabei nicht im Flur stehst."

Es raschelte, dann hörte er es leise klacken, als ob sie das Telefon gerade in die andere Hand genommen hätte. In die rechte, an der sie den breiten Ring trug.

„Leg los." Ihre Stimme klang sonderbar resigniert, und doch schwang Neugier und Aufregung darin mit.

„Ich fange am Besten ganz von vorne an … und bitte, lass mich erst ausreden." Er nahm einen tiefen Atemzug und begann wirklich ganz von vorne. Bei seinem Entschluss, mit Monja die Lebenszeit zu tauschen, die heimliche Fahrt nach Rom, die Warnung von Maria, Danyel besäße keine Gefühle, die erste Begegnung mit ihm, der Handel und die Bedingung zu diesem. Er hörte, dass sie dazu etwas sagen wollte, weil sie scharf die Luft einsog, doch sie blieb stumm, was er ihr hoch anrechnete. Er setzte seine Erzählung fort. Von dem Hin und Her, den zwiespältigen Gefühlen, die er Danyel entgegengebracht hatte und dessen undurchsichtiger Art. Er erzählte von Dafours Verrat und Monjas Gefangennahme, die glücklich geendet hatte.

„Monja ist wirklich nichts passiert. Und du kennst uns beide gut genug, um zu wissen, dass Monja ebenfalls kein Blatt vor den Mund nimmt. Sie machte so deutlich wie ich, dass unsere unterschiedliche Lebenszeit unfair sei. Was gestern und in der letzten Stunde passiert ist, will ich jetzt nicht groß ausschmücken. Jetzt kommt der Punkt, warum ich dich gebeten habe, dich zu setzen. Ich bleibe hier, Mama. Weil ich es möchte und weil ich in Danyel den Mann gefunden habe, mit dem ich mein Leben verbringen möchte. Das heißt aber nicht, dass wir uns nicht wiedersehen. Komm her, besuch uns und lerne den Mann kennen, in den ich mich verliebt habe und der mir ein ganz besonderes Geschenk machte. Ich werde nicht in weniger als zwei Monaten sterben – ich sterbe, wann ich es will.“

Sie sagte nichts. Nur ihre Atmung bezeugte, dass sie noch dran war. Schließlich schluchzte sie. Er schwieg und ließ ihr Zeit, all das Gesagte zu verarbeiten. Monja sah ihn fragend an, doch er bedeutete ihr, zu warten.

„Du hast mir nicht gerade erzählt, dass du und das Schicksal … dass ihr ein Paar seid?“ Sie lachte, doch es klang nicht echt.

„Doch, das habe ich. Mama, wenn du ihn siehst, na ja, du kennst mich und sogar Monja konnte ihn im ersten Moment nur anstarren. Er ist der atemberaubendste Mann, der mir je unter die Augen gekommen ist. Und es hat sich herausgestellt, dass er ein Wesen hat, das sehr wohl in der Lage ist, zu fühlen.“

Daraufhin lachte sie, und dieses Mal klang es ehrlich und echt.

„Ist sie noch da?“

„Ja, sie steht neben mir.“

„Gib sie mir, bitte."

Kilian grinste und reichte das Telefon an Monja weiter.

Er hörte nur mit halbem Ohr zu, wie Monja mehrfach versicherte, dass es ihr gut ginge und ihr niemand etwas angetan habe. Kilian kam das alles etwas unwirklich vor. Er konnte nicht sagen, mit welcher Reaktion er gerechnet hatte. Vielleicht, dass sie sagen würde, er habe den Verstand verloren. Oder, dass sie wütend wäre.

„Du hättest das sehen müssen!", hörte er Monja sagen. „Wie er ihn angesehen hat, das sagte mehr, als Worte es hätten tun können. Und das Geschenk, das er ihm machte … ich sehe es und kann es doch kaum glauben. Kilian hat noch nie so gestrahlt – und das meine ich wörtlich. Die beiden sind wohl füreinander geschaffen."

Kilian sah sie erstaunt an, als sie das sagte. Sie zwinkerte ihm zu.

„Komm einfach her, und mach dir selbst ein Bild. Ein bisschen Urlaub kann dir nicht schaden. Erkundige dich nach den Zugverbindungen. Ich rufe in zwei Stunden noch mal an. Ich muss doch wissen, wann du hier ankommst – ich hole dich nämlich am Bahnhof ab", bestimmte sie.

Für Kilian klang es, als würde die Mutter die Tochter abholen wollen, nicht umgekehrt.

Nach dem Gespräch ließen sie sich von Danyel zeigen, wo Dafours Räume lagen. Gemeinsam richteten sie Schlaf- und Wohnzimmer so her, dass zwei Schlafmöglichkeiten entstanden. Die offensichtlich persönliche Habe des Verräters verstauten sie in Kartons, die sie beiseitestellten. Sie verschoben Möbelstücke, entsorgten die Bettwäsche – die zwar frisch gewaschen roch, doch Monja weigerte sich, diese zu benutzen – und nahmen neue. Der angrenzende Wäscheraum war gut gefüllt, doch Dafour schien wenig davon genutzt zu haben. Beinahe alles schien neu zu sein. Kissen, Decken, Bezüge, Handtücher … sämtlich folienverpackt.

Nachdem auch die Läufer weggeräumt, das kleine Bad auf Vordermann gebracht und die Schränke gänzlich geleert waren, ließ Monja sich auf das Sofa fallen.

„Ich bin fix und fertig", stöhnte sie. „Und ich habe Hunger!"

„Lass uns etwas essen. Du kannst ja anschließend duschen und ins Bett fallen." Kilian grinste frech. „Bist halt eben doch ein Mädchen!", ärgerte er sie wegen ihrer offensichtlichen Erschöpfung. Er selbst fühlte sich putzmunter und ihm kam ein Gedanke … oh, er nahm sich vor, Danyel zu fragen, ob der für diesen Elan verantwortlich war.

〰

Endlich! Er hatte schon geglaubt, Monja würde nie zu Bett gehen. Sie hatte mit Kilian gegessen und – wie es Danyel schien – eine halbe Ewigkeit geplappert. Dabei hatte er sich nichts sehnlicher gewünscht, als dass sie endlich von ihrer Müdigkeit übermannt wurde. Unruhe und Vorfreude hatten ihn so zappelig werden lassen, dass er sich kaum auf die Pergamente konzentrieren konnte. Nun war sie mit einem herzlichen Gähnen an ihm vorbeigelaufen. Bevor sie durch die weiße Tür verschwunden war, hatte sie ihm eine gute Nacht gewünscht. Und die würde er mit Sicherheit haben!

Er stand auf und streckte sich. Er zwang sich, ruhig zu bleiben und Gelassenheit auszustrahlen, als er hinüberging. Kilian saß auf dem nachtblauen Sofa, die Füße auf dem Tisch und den Kopf in den Nacken gelegt. Seine Augen waren geschlossen.

„Warum bin ich nicht müde?", fragte er.

„Kannst du dir das nicht denken?", erwiderte Danyel.

Kilian sah auf. Das Funkeln in seinen Augen sprach Bände. Danyel hielt ihm die Hand hin. Kilian griff zu und ließ sich hochziehen, hatte aber wohl nicht damit gerechnet, dass so viel Schwung in der Hilfe lag – er prallte regelrecht gegen Danyel. Für einen Moment sahen sie sich atemlos an, Spannung lag zwischen ihnen, wie die berühmte Ruhe vor dem Sturm. Schließlich hielt Danyel es nicht länger aus. Er umfasste Kilians Gesicht, suchte dessen Lippen mit seinen und neckte diesen so einladenden Mund, berührte ihn sanft, glitt mit der Zunge über den Bogen der Oberlippe, ehe er ihn hungrig küsste. Kilian ließ sich gegen ihn fallen und erwiderte den Kuss mit einer Intensität, die Danyel schwindeln ließ. Um nicht auf der Sofalandschaft über ihn herzufallen, schob er sich mit ihm zum Schlafzimmer, ohne dass sich ihre Lippen voneinander lösten.

Kaum dort angekommen, schubste er Kilian auf das breite Bett, strich das Shirt nach oben und begann, die nackte Haut mit Händen, Mund und Zunge zu liebkosen. Er wollte jeden Zentimeter berühren, schmecken und den unvergleichlichen Duft in sich aufsaugen. Kilian wand sich unter ihm, bog sich ihm entgegen und verbarg nicht, wie sehr er auf die Berührungen reagierte. Während er mit der Zungenspitze einen der harten Nippel umkreiste, ließ er mit seiner Willenskraft Kilians Hose aufgehen. Nur mittels seiner Gedanken glitt der Stoff von seinem Körper.

„Wie viele Hände hast du?", wisperte Kilian erregt.

„In Gedanken Tausende", erwiderte er und sog die andere Brustwarze zwischen die Lippen. Anschließend glitt er mit der Hand von der Brust über Kilians Bauch, genoss das Gefühl unter seinen Fingerkuppen, folgte mit Blicken seinem Tun. Der pralle Schaft lag auf Kilians Unterleib, die rosige Kuppe reckte sich fast bis zum Nabel … Danyel konnte nicht widerstehen. Er beugte sich herunter, umfasste den Schwanz und glitt mit der Zunge über die Spitze. Sie stöhnten gleichzeitig auf; Kilian wegen der Berührung und Danyel wegen des Geschmacks. Er öffnete den Mund, saugte die Härte in sich und genoss jedes Zucken, jedes Aufbäumen Kilians und dessen Geschlechts. Er hörte, dass er Kilian in den Wahnsinn trieb. Er sog ihn tief in seine Mundhöhle, nur um anschließend fast von ihm abzulassen, die Eichel mit der Zunge zu umkreisen oder neckend über das Bändchen zu lecken. Seine eigene, drängende Lust trieb ihn schließlich dazu, aufzuhören. Binnen Sekunden riss er seine Kleidung herunter, achtete nicht darauf, ob sie kaputt ging oder nicht. Er wollte Kilian so sehr, dass es schmerzte. Kein Vorspiel mehr, kein Zögern.

Danyel ließ Spucke auf Kilians Schwanzspitze tropfen, rutschte über ihn und verliebte sich in den glasigen, gierigen Blick, den dieser ihm zuwarf. Das Erkennen darin, das lustvolle Aufkeuchen und ihr gemeinsames, lang gezogenes Stöhnen, als Danyel sich auf ihm niederließ …

Er ignorierte den ersten, schmerzhaften Impuls, wurde davon beherrscht, Kilian spüren zu wollen, ihm so nah zu sein, wie niemals jemandem zuvor … dass es so sein würde, hatte er nicht gedacht. Er hielt inne, wartete und begann sich langsam zu bewegen, als Kilian die Hände auf seinen Hintern legte. Danyel stützte sich neben seinem Kopf auf, beugte sich vor, um sich einen Kuss zu stehlen und ließ sich dann von der neuerlich wachsenden Gier treiben.

Schweiß rann ihm über den Rücken, als suche die Lust jeden Ausweg aus seinem Körper, den sie finden konnte. Haut traf auf Haut. Kilian verdrehte die Augen, stöhnte und kam Danyel entgegen. Er klammerte sich an ihm fest, die Sehnen am Hals traten hervor, als er den Kopf überstreckte; das Gesicht vor Wonne verzerrt, die Unterlippe in den Mund gesogen – so wollte Danyel ihn haben!

Er umfasste sich selbst, ließ sich fallen in einen immer schnelleren Ritt, sah Kilian beben und explodierte, als der laut stöhnend seinen Samen in ihn schoss.

Danyel schwamm auf den Nachwehen des Höhepunktes, kostete jede Sekunde davon aus und bekam doch nicht genug – würde er nie bekommen. Schnaufend griff er Kilians Hände, verschränkte sie mit seinen und beugte sich hinunter. Er küsste die Schweißperlen von Kilians Oberlippe, spürte das wohlige Schaudern, das diesen ergriff.

Kilian öffnete die Augen und sah Danyel mit verklärtem Blick an. Ihre Nasenspitzen berührten sich beinahe.

„Weniger schlafen klingt sehr verlockend, wenn wir stattdessen wiederholen, was wir gerade getan haben."

„Liebend gern", raunte Danyel. Er presste die Pobacken zusammen und spürte die Reaktion von Kilians Glied, das langsam in ihm erschlaffte.

Vierundzwanzig

Kilian war den ganzen Tag nervös, was ohne Frage daran lag, dass Monja aufgebrochen war, um ihre Mutter vom Bahnhof abzuholen. Am Vormittag war er schon unruhig gewesen – jetzt war er ein reines Nervenbündel. Danyel sah, dass seine Hände zitterten, als er den Ring am Finger drehte, den er sich aus der Schüssel mit dem Schmuck ausgesucht hatte, und versuchte ihn abzulenken.

„Hat Monja nichts weiter wegen Eduardo gesagt?"

„Nein. Ich hab mich diesbezüglich etwas blöde benommen und ihr vorgeschlagen, entweder Italienisch zu lernen oder dich um Hilfe zu bitten."

Danyel verkniff sich ein Grinsen. „Das hat sie. Heute Morgen, nachdem sie aufgestanden war."

Kilian sah ihn entgeistert an.

„Guck nicht so, sie ist ein großes Mädchen und ich habe nichts weiter gemacht, als ihre Sprachkenntnisse etwas zu erweitern."

„Ja und? Hat sie sonst nichts zu dir gesagt?", bohrte Kilian.

„Nein. Sie hat nur gefragt, ob ich ihr mit der Sprache helfen könne. Ich habe sie daraufhin gefragt, ob es wegen Eduardo sei oder weil sie sich dann besser in Rom zurechtfinden würde. Weißt du Kilian, dein Schwesterchen ist ganz schön *tough* … sie hat doch glatt gemeint, der Grund bliebe ihr Geheimnis und ich solle mich doch in Zukunft bemühen, dir nicht solche weithin sichtbaren Knutschflecken zu machen."

Kilian griff sich an den Hals und errötete leicht, als ob die Erinnerungen an die vergangene Nacht – oder die davor –

ihm peinlich wären. Doch dann grinste er süffisant. „Eigentlich müsste ich dir mal einen verpassen ..."

Danyel lachte. „Die nächsten einhundert Jahre brauchst du daran nicht einmal zu denken!"

~~~

Eine halbe Stunde später kündeten zwei helle Stimmen an, dass Monja mit ihrer Mutter wieder da war. Kilian hörte schon von Weitem – was ihn verwunderte – wie Monja sie Eduardo vorstellte.

Der erwiderte, dass es ihm eine Freude wäre, Gabriele kennenzulernen. Er vergaß nicht zu erwähnen, dass sie stolz auf ihren Sohn sein könne und lobte die Schönheit ihrer Tochter. Kilian verzog das Gesicht. ‚Schleimer!', dachte er. Andererseits musste es Monja wohl runtergehen wie Öl, ein Kompliment von dem hübschen Italiener zu bekommen. Monja übersetzte die erste Hälfte des Gesagten Wort für Wort, das Kompliment behielt sie für sich. Kilian grinste und schwor sich, den ‚Großer-Bruder-Komplex' abzulegen. Wenn Monja diesen Kerl wollte, war das ihre Sache, nicht seine. Verstehen konnte er sie allerdings ...

Die beiden Frauen kamen durch die Halle auf sie zu. Kilian sah ihnen entgegen und bemerkte, dass Danyel an seine Seite trat. Ob als Stütze oder aus Neugier, wusste er nicht. Vielleicht beides.

„Das mit dem Anstarren liegt wirklich in eurer Familie", raunte er ihm ins Ohr.

Kilian fiel ein Stein vom Herzen, als er den Blick seiner Mutter erkannte. Sie sah Danyel ebenso fasziniert an, wie er und Monja es getan hatten. Allein ihr Gesichtsausdruck verriet, dass sie nichts an seiner Wahl auszusetzen hatte.

Als sie schließlich vor ihnen standen, herrschte einen Moment lang betretenes Schweigen. Kilian schluckte und war sich des erstaunten und musternden Blicks seiner Mutter sehr wohl bewusst. Schließlich hielt Danyel ihr die Hand hin.

„Ich freue mich, die Frau kennenzulernen, die Kilian zu einem so besonderen Menschen erzogen hat."

Sie lächelte und griff die angebotene Hand.

„Nun, die Freude ist ganz meinerseits – aber wehe, du brichst ihm das Herz, dann bekommst du es mit mir zu tun!", sagte sie halb ernst und halb im Scherz.

„Das werde ich nicht, keine Sorge. Wenn er nur will, dann ist er auch in zweihundert Jahren noch an meiner Seite", erwiderte Danyel ihr und beugte sich dann erneut zu Kilian. „Das mit dem Respekt ist allerdings auch so eine Sache, die wohl in der Familie liegt", flüsterte er.

Kilian grinste ihn an. „Das wäre ein Punkt, bei dem ich als *Lehrer* ausfalle."

„Nein, aber morgen, wenn der Nächste zum Verhandeln kommt, dann ist deine Menschenkenntnis sehr gefragt …"

„Apropos, Menschenkenntnis …", begann seine Mutter und er wandte ihr den Kopf zu. Sie sah ihn tadelnd an und verpasste ihm eine Ohrfeige.

„Uh!", entwich es Kilian und Monja sog laut die Luft ein.

„Die hast du verdient. Dafür, dass du mich belogen hast. Ich hoffe für dich, es war das erste und einzige Mal in deinem Leben. Die eigene Mutter so zu hintergehen …", sie schüttelte den Kopf.

„Es tut mir leid. Ich habe gedacht, mir bliebe keine andere Wahl."

Sie trat auf ihn zu und umarmte ihn fest. Er schlang die Arme um sie, roch ihr Shampoo und fühlte sich um Jahre zurückversetzt. Früher hatte sie ihn oft tröstend in die Arme genommen, wenn etwas schief gelaufen war.

„Entschuldigung akzeptiert. Es ist ja noch mal alles gut gegangen", sagte sie und löste sich von ihm.

„Hmm, von Müttern kann man auch was lernen", bekannte Danyel lachend, hauchte Kilian einen Kuss hinters Ohr.

„Gabriele – richtig? Es wäre mir eine Freude, auch dir für einige Tage ein guter Gastgeber zu sein", hörte Kilian ihn sagen, als sich die drei in Richtung Vorhang aufmachten.

,Alter Charmeur!', dachte er belustigt und eilte ihnen nach. Welch ein Glück, dass die Gästezimmer ein gutes Stück außerhalb des Hörbereiches lagen. Wenn der Knutschfleck an seinem Hals seine Mutter nicht zum Fremdschämen brachte, die nächtliche Geräuschkulisse aus ihrem Schlafzimmer würde es sicherlich tun …

〰

Danyel sah zu Kilian, der wiederum durch die Halle blickte. Zu Eduardo und einer kleinen, stämmigen Frau, die auf sie zukamen. Monja und Gabriele waren in den Garten gegangen, was Danyel nur recht war. Das hier war sein erster Versuch, gerechter zu urteilen, da brauchte er die beiden nicht als Zeugen …

Anders als sonst blieb Eduardo nicht bereits in der Mitte der Halle stehen. Er begleitete die Frau, bis sie Danyel und

Kilian fast erreicht hatten. Vielleicht, weil die etwa Vierzig-jährige sehr zittrige Hände hatte und vollkommen nervös schien.

„Grazie, Eduardo." Mit einem ehrlichen Lächeln nickte Danyel ihm einmal zu. Der erwiderte die Geste wortlos und kehrte um.

„Ich danke für die Zeit, die du mir gegeben hast. Dennoch bin ich hier, um etwas mehr zu erbitten", begann die Frau mit aufgeregter Stimme.

„Wie ist dein Name?", entgegnete Danyel und nutzte dabei automatisch ihre Sprache. Spanisch.

„Francesca Molina."

„Gut. Francesca, sag mir, was du möchtest und warum."

Ihre Hände begannen noch mehr zu zittern, was Danyel nicht für möglich gehalten hätte. Als sie antwortete, war ihre Stimme so schwach, dass er sie kaum verstand.

„Ich bitte für mich selbst um zehn weitere Jahre. Laut meinem Pergament habe ich noch drei Monate Lebenszeit. Es hat mich nie gestört, ein vergleichsweise kurzes Leben zu haben. Doch vor einem halben Jahr traf ich Raoul – er ist die Liebe meines Lebens und es bricht ihm das Herz, mich nach so kurzer Zeit, die wir zusammen haben, wieder zu verlieren." Sie blickte zu Boden, als traue sie sich nicht, Danyel anzusehen.

„Francesca, schau mich an", bat er.

Sie nahm einen tiefen Atemzug und kam der Bitte nach. Er konnte Angst in ihren Augen lesen.

„Du sagst, es bricht ihm das Herz … warum ist er dann nicht hier, sondern du?"

„Er weiß nichts davon", gestand sie.

Kilian räusperte sich. „Was möchte sie?", erkundigte er sich. Danyel erklärte es ihm.

„Frag sie, was sie macht, was sie arbeitet und was sie mit den zusätzlichen Jahren anfangen würde – außer diesen Mann zu lieben."

Danyel wandte den Blick wieder zu Francesca und stellte ihr genau diese Fragen. Die Mauer, die ihn von ihren Gefühlen abschirmte, ließ er innerlich fallen.

„Ich bin Lehrerin und unterrichte Kinder zwischen fünf und zehn Jahren an einer Privatschule. Was ich machen würde … ich glaube, ich würde wenig ändern. Unterrichten ist nicht mein Beruf, sondern eine Berufung. Kinder sind noch unschuldig und rein. Ihnen den Weg zu weisen, aufrichtig, wissbegierig und klug das Leben zu meistern – das ist es, was ich versuche und auch weiterhin tun würde." In ihren Augen entstand ein Leuchten, als sie sprach und Danyel zweifelte nicht an der Ehrlichkeit dieser Aussage. Rasch gab er die Worte an Kilian weiter, der Francesca daraufhin abschätzend ansah.

„Was sagt dir dein Bauchgefühl, deine Menschlichkeit?", fragte Danyel ihn.

„Ich glaube, sie besitzt ein gutes Wesen. Doch es ist deine Entscheidung, ich bin nur dein Berater in Zweifelsfragen."

Danyel dachte darüber nach. Währenddessen kehrte bei der Spanierin die Unruhe zurück.

„Hast du eigene Kinder?"

„Nein, leider nicht."

„Ich mache dir einen Vorschlag, denn ich habe den Menschen versprochen, gerechter zu urteilen. Ich gebe dir fünfzehn Jahre und vertraue darauf, dass du dein Wort nicht brichst. Du unterrichtest die Erwachsenen von Morgen.

Gib deinen Anteil dazu, die Welt besser zu machen, die Natur und die Mitmenschen zu achten."

Francesca sah ihn staunend an. „Wirklich? Ich meine, ja. Natürlich." Sie schien sich nicht zu trauen, sich richtig zu freuen. Fast so, als würde sie es nicht glauben. Danyel war überzeugt, sie würde es tun, wenn er ihr das geänderte Pergament übergab …

Epilog

Kilian wartete mit Danyel auf den nächsten Verhand-
lungspartner. Er war gespannt, wie Danyel bei diesem entscheiden würde. Bei der Spanierin ein paar Tage zuvor war
er sehr gnädig gewesen. Er lächelte innerlich, als er an den
Moment zurückdachte, in dem Danyel ihr das mit Blut ge-
schriebene Papier übergab. Das Temperament der kleinen
Frau war schlagartig zum Vorschein gekommen. Lachend
und tanzend hatte sie sich unzählige Male bedankt – so viel
hatte selbst er verstanden. Auch bei anderen Verhandlungen war Danyel gerecht gewesen – soweit Kilian es beurtei-
len konnte. Ein ‚Nein' hatte er am Vortag ausgesprochen,
was Kilian angemessen fand. Der Mann, der um mehr Zeit
für seine Frau gebeten hatte, schien ihnen beiden nicht ehrlich gewesen zu sein, was Grund und Gegenleistung für
den Handel betraf …

Ein anderer Gedankengang führte ihn, während sie warte-
ten, zu Monja. Sie versuchte es vor Kilian zu verbergen,
dennoch bemerkte er, dass sie sich zwischendurch davon-
stahl, um Eduardo an der Tür Gesellschaft zu leisten. Dieser kam jetzt auf sie zu, mit einem aalglatten Herrn im
Schlepptau, der Kilian sofort unsympathisch war.
Kaum hatte der sie erreicht, verstärkte sich dieser Eindruck noch. Perfekt sitzender Maßanzug, ein arrogantes
Auftreten und der abschätzige Blick, den er Kilian zuwarf,
reichten diesem vollkommen aus.
„Ich möchte nicht verhandeln, sondern tauschen. Ich biete Macht über eine gewisse Anzahl Menschen, gegen ein
paar Jahre für mich", bot er Danyel an.

Kilian verstand ihn, weil er Italienisch sprach.

„So so. Und was genau soll ich mir darunter vorstellen?"
Danyel wirkte distanziert, was Kilian erleichterte.

„Ich habe ein Medikament entwickelt. Es macht den Kör-per ab der ersten Einnahme abhängig vom Wirkstoff. Die-ser macht sie gefügig, ohne dass sie es merken. Sie bemer-ken nur die Entzugserscheinungen, die ihr Geld zu mir tra-gen. Ein wundervolles Geschäft. Ich biete dir ein Drittel meines Kundenstammes – inklusive der nötigen Menge des Medikaments – und fordere dafür dreißig weitere Jahre."

Kilian unterdrückte ein Würgen. Wenn einer ein Beispiel für Berechnung und Bereicherung auf Kosten anderer war, dann dieser Kerl.

„Wie ist deine aktuelle Lebenserwartung?", erkundigte sich Danyel tonlos.

„Ich habe noch ein knappes Jahrzehnt."

Danyel nickte.

„Wie heißt du?"

„Giuseppe Chessa."

„Komm mit", forderte Danyel und diese zwei Worte lie-ßen Kilian das Herz in die Hose rutschen. Wollte er tat-sächlich darauf eingehen?

Während Danyel mit dem zwielichten Mann an den Schreibtisch ging, versuchte Kilian sich zu sammeln. Er wollte nicht riskieren, sich einzumischen. Er wollte Danyel nur beraten, ihm kleine Hilfestellungen geben, wenn der Zweifel hatte. Er atmete ein paar Mal durch und folgte den beiden.

Als er hinzukam, notierte dieser Giuseppe gerade etwas auf einem Papier. Danyel betrachtete ihn zufrieden. Anschließend erkundigte er sich nach den Daten des ursprünglichen Pergaments. Mit einem unguten Gefühl sah Kilian zu, wie Danyel sich in die Fingerkuppe stach und etwas Blut in ein kleines Schälchen tropfen ließ. Danach beschriftete er ein neues Pergament mit den Daten des Mannes, nahm eine andere Feder zur Hand und tauchte die Spitze in das Blut.

„Jeder bekommt, was er verdient", sagte er und schrieb. Er grinste selbstzufrieden, was Kilian die Kehle zuschnürte. Wo war denn sein Wille zu mehr Gerechtigkeit hingekommen?

Die Situation änderte sich schlagartig, als Danyel dem Mann das neue Pergament übergab. Blankes Entsetzen stand nun auf dessen Gesicht.

„Du siehst, dir bleibt eine Woche. Ich verlange, dass du den gesamten Bestand dieses Medikaments hier ablieferst, inklusive der chemischen Rezeptur. Des Weiteren wirst du das auf diese Weise angehäufte Vermögen an soziale Einrichtungen spenden. Davon will ich Belege sehen. Wenn diese Auflagen erfüllt sind, werde ich darüber nachdenken, ob ich die Kürzung der Zeit rückgängig mache. Und jetzt geh mir aus den Augen!"

Den letzten Satz schrie Danyel beinahe. Der hochnäsige Typ war fast so weiß wie die Wand hinter ihm. Er klappte den Mund auf und zu, als wolle er etwas sagen, doch es kam nichts. Er starrte wiederholt auf das Papier in seinen Händen, zu Danyel und wieder zurück.

„Ich glaube, du brauchst meine Beratung gar nicht", sagte Kilian, dem ein Stein vom Herzen gefallen war.

„Nicht immer. Aber es war unterhaltsam, deine Reaktion zu beobachten", erwiderte er und zwinkerte ihm zu. Anschließend stand er auf, packte dem Begriffsstutzigen an die Schulter und dirigierte ihn in die Halle.

„Eduardo – unser Gast möchte gehen!", rief er und schubste diesen in Richtung Ausgang. „Ich glaube kaum, dass er wiederkommt."

„Ich weiß nicht." Kilian konnte und wollte keine Prognose abgeben. „Du hast mir wirklich einen Schrecken eingejagt", bekannte er leise.

„Ich weiß. Und weißt du, was das Schöne daran ist? Mein Verhalten verlangt eine Wiedergutmachung." Sein Tonfall ließ ahnen, was er meinte.

„Im Sinne von?" Kilian betrachtete ihn mit hochgezogener Braue. Er war überzeugt, die Antwort schon zu kennen.

„Einer anständigen Portion unanständigem, heißem Sex", sagte Danyel und klang schrecklich unschuldig. Das Glitzern in seinen Augen versprach jedoch etwas völlig anderes.

„Klingt hervorragend …"

Kilian ließ sich von Danyel in die Arme ziehen und rügte sich selbst, weil er ihm zu wenig Vertrauen entgegengebracht hatte.

〰

Monja sah sich um. Sie war alleine. Darauf hatte sie gehofft, als sie Danyel und Kilian durch den Vorhang hatte verschwinden sehen. Ihre Mutter vergnügte sich mit den unzähligen Büchern in der Bibliothek, also packte sie die Gelegenheit beim Schopf. Ihre Sportschuhe quietschten leicht, als sie auf die Eingangstür zulief. Eduardo musste sie gehört haben, denn er sah ihr entgegen.

„Ciao Bella", begrüßte er sie schmunzelnd, als sie schnell atmend vor ihm stehen blieb.

„Ciao", entgegnete sie und erfreute sich an seinem Lächeln. Dieser Mann wurde ihr immer sympathischer, je mehr sie sich mit ihm unterhielt.

Sie wusste nicht, was draus werden würde. Die Zeit würde es zeigen. Vielleicht das Glück ihres Lebens – wie bei Kilian, der inzwischen Job und Wohnung schriftlich gekündigt hatte und nicht mehr von Danyels Seite wich. Doch ehe sie weitere Gedanken daran verschwendete, nahm sie all ihren Mut zusammen, blickte Eduardo bittend an und fragte: „Würdest du gerne mit mir zu Abend essen?"

„Es wäre mir eine große Freude", erwiderte er und strahlte sie an.

ENDE

Sophie R. Nikolay

Die Insel der Gladiatoren

Sophie R. Nikolay

Blut im Schnee

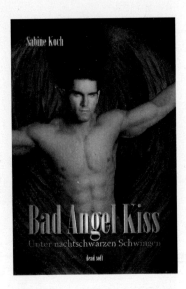

Sabine Koch

**Bad Angel Kiss –
Unter nachtschwarzen
Schwingen**

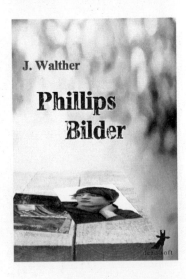

J. Walther

Phillips Bilder

http://www.deadsoft.de – Gay Storys mit Stil
Alle Titel als Taschenbuch und als E-Book.